中華古籍保護計劃

成　果

《書目題跋叢書》工作委員會

《書目題跋叢書》編輯委員會

書目題跋叢書

文禄堂訪書記

上册

王文進 著
柳向春 整理
吴格 審定

中華書局

圖書在版編目(CIP)數據

文禄堂訪書記/王文進著;柳向春整理;吴格審定. —
北京:中華書局,2019.12
(書目題跋叢書)
ISBN 978-7-101-13637-1

Ⅰ.文… Ⅱ.①王…②柳…③吴… Ⅲ.私人藏書-圖書目録-中國-古代 Ⅳ.Z842.4

中國版本圖書館 CIP 數據核字(2018)第 279683 號

責任編輯:劉 明

書目題跋叢書
文禄堂訪書記
(全二册)
王文進 著
柳向春 整理 吴 格 審定
*
中 華 書 局 出 版 發 行
(北京市豐臺區太平橋西里 38 號 100073)
http://www.zhbc.com.cn
E-mail:zhbc@zhbc.com.cn
北京瑞古冠中印刷廠印刷
*
850×1168 毫米 1/32 · 19 印張 · 4 插頁 · 320 千字
2019 年 12 月北京第 1 版 2019 年 12 月北京第 1 次印刷
印數:1-1200 册 定價:128.00 元

ISBN 978-7-101-13637-1

《書目題跋叢書》編纂説明

中華民族夙有重視藏書及編製書目的優良傳統，並以「辨章學術，考鏡源流」作爲目録編製的宗旨。

漢唐以來，公私藏書未嘗中斷，目録體制隨之發展，門類齊全，蔚爲大觀。延及清代，至於晚近，書目題跋之編撰益爲流行，著作稱盛。歷代藏家多爲飽學之士，竭力搜采之外，躬親傳鈔、校勘、編目、題跋諸事，遂使圖書與目録，如驂之靳，相輔而行。時过景遷，典籍或有逸散，完璧難求，而書目題跋既存，不僅令專門學者得徵文考獻之助，亦使後學獲初窺問學門徑之便。由是觀之，書目建設對於中華古籍繼絶存亡、保存維護，厥功至偉。

上世紀五十年代，古典文學出版社、中華書局等曾出版歷代書目題跋數十種，因當年印數較少，日久年深，漸難滿足學界需索。本世紀初，目録學著作整理研究之風復興，上海古籍出版社、中華書局分别編纂《中國歷代書目題跋叢書》及《書目題跋叢書》，已整理出版書目題跋類著作近百種。書目題跋的整理出版，不但對傳統學術研究裨益良多，與此同時，又在當前的古籍普查登記、保護研究等領域發揮了重要作用。

二〇一六年，經《中國歷代書目題跋叢書》第四輯主編、復旦大學吴格教授提議，由國家古籍保護中心聯合中華書局及復旦大學，全面梳理歷代目録學著作（尤其是未刊稿鈔本），整理目録學典籍，將其作爲調查中國古籍存藏狀況，優化古籍編目，提高整理人才素質的重要項目，納入中華古籍保護計劃框架。項目使用「書目題跋叢書」名稱，由國家古籍保護中心統籌管理，吴格、張志清兩位先生分司審訂，中華書局承擔出版。入選著作以國家圖書館所藏書目文獻爲基礎，徵及各地圖書館及私人藏本，邀請同道分任整理點校工作。出版采用繁體直排，力求宜用。

整理舛譌不當處，敬期讀者不吝指教，俾便遵改。

《書目題跋叢書》編委會

二〇一九年五月

前言

《文禄堂訪書記》，民國間王文進編撰。

王文進（一八九四——一九六〇），字晉卿，別號夢莊居士，河北任丘人。幼入鄉塾，以家貧之故，略識字即輟學。適長兄設德友堂書肆於京師文昌會館，招晉卿赴京。由學徒而至協理，歷十四五載。至民國十四年（一九二五），晉卿别設文禄堂書店於東南園。二十二年（一九三三），書店遷至琉璃廠。三十一年（一九四二），再遷至廠甸路南甲二〇六號文佑堂書肆故址。

晉卿篤學好古，勤於鑽研，於流略之學，頗能道其始末，爲當時舊書從業人員中之佼佼者。倫哲如先生《辛亥以來藏書紀事詩》嘗詠之云：「後來屈指勝藍者，孫耀卿同王晉卿」，自注曰：「故都書肆雖多，識版本者無幾人，非博覽强記，未足語此。余所識通學齋孫耀卿、文禄堂王晉卿二人，庶幾近之。」孫著有《販書偶記》、《叢書目録拾遺》，王著有《文禄堂訪書記》，皆共具通人之識，又非譚篤生、何厚甫輩所能及矣。」於晉卿學識，頗加稱譽。謝興堯先生亦曾云：「近十年來，舊書業中頗出了幾位人材，有負盛名者，有無人知者，或以氣魄大而能放手做去，或以『吃得精』而能另闢一途……後者如通學齋、群玉齋二孫、文禄堂之王某，專收冷僻版本，不走大路，以其能合時代，獲利最豐。」可概見晉卿識見之精。

販書之餘，晉卿亦嘗從事出版之業。徐乃昌《文禄堂訪書記序》云：「（晉卿）首爲繆藝風刊行《自訂年譜》，次刊《南峰樂府》。甲戌影印宋本《周禮》、祝允《音注韓文公文集》。丁丑《書影》成册，士林嘉美，流傳甚廣。其代修版印行者，則有福山王氏《天壤閣叢書》，歸安沈氏《枕碧樓叢書》、《沈寄簃遺書》，海豐吴氏《金石彙目分編》等書。」晉卿自身著作，除此《文禄堂訪書記》外，又輯有《毛氏寫本書目》一卷（刊於《周叔弢先生六十生日紀念文集》中），并選輯歷年積存宋元本殘葉爲《文禄堂書影》行世（即徐序所云《書影》）。一九六〇年七月，晉卿以食道癌辭世，篋中尚存《明代刊書總目》（二十六卷）、《宋元以來刊刻年表》（四册）兩種遺著。

晉卿平生收售宋元明本及名家鈔校本甚夥，《文禄堂訪書記》即其經眼圖書之記録。據此書李劭韡跋云：「晉卿既博於聞見，有所得輒記之，三十年來未嘗輟筆，積稿盈尺。今取其中之精確者若干種，勒爲五卷，爰以聚珍印行，以代抄胥。」晉卿自跋此書云：「所見四部，凡北宋本一、南宋本二百五十八、金本十三、元本九十九、明本八十三、明銅活字本十六、校汲古閣本十五、清刻本十五、宋鈔本二、元鈔本二、明鈔本六十九、毛鈔本十三、明人手鈔本二十八、清黄蕘圃校本三十五、各家校鈔本一百九，都七百五十餘種，附唐人寫經三卷……」經眼善本秘籍，可謂洋洋大觀。此書著録諸本，著者、版本、行款之外，多迻録原書所存題識，或可補已刊行之某人題跋專集之遺漏；或雖已爲現行題跋集收録，然可對其内容、字句有所補充；而又有若干題識，則對於某些問題之研究，別具價值。兹分別略舉數例以説明之：

一、楊守敬題跋，多已收入所著《日本訪書記》之中，坊間流行之遼寧教育出版社《新世紀萬有文庫》本，於楊氏自刊本而外，更增補二十餘篇，爲現行楊氏題跋最完備之本。王氏《訪書記》中，更録有楊氏題跋五則，溢出遼寧本之外，可爲補充。

二、袁克文爲民國初期盛極一時之藏書家，其手書題跋，周叔弢先生曾刊行《寒雲手寫所藏宋本提要廿九種》，然此二十九種，遠非寒雲收藏及題跋之全貌。今王氏《訪書記》中，録存袁氏題跋十一則，對於研究其藏書狀況，極有幫助。

三、卷二「國語二十一卷」條所録章鈺題識，已見於章氏《四當齋集》卷二，然兩跋相較，王氏《訪書記》中少「《宋史・輿服志二》：『仁宗天聖二年，南郊禮儀使李維言通天冠上一字，准敕廻避，詔改承天冠。』亦其證也」一句，並多跋文一篇及章氏據士禮居黄氏景宋本所作校語。

四、卷三「老子二卷」條，收有羅振常跋文兩則，一云：「蘇子由注《老子》二卷，錢磬室手録本，有『叔寶』、『文嘉』、『文彦可』、『謝林村氏珍藏書畫』、『淞州私印』諸記。案，磬室生平遇奇書必手鈔，嘗客文待詔門下，故此册爲文氏所藏。曩見吾鄉范氏天一閣藏書，亦有寫本子由注《老子》，蓋焦弱侯未刻以前，此書傳本固甚少也。此本與焦刻未知有無異同，惜篋中無兩蘇《經解》，不得取而校讎。其所據本必甚古，更惜畢氏所作《老子考異》時未見此本也。丁巳閏二月十九日，上虞羅振常觀于蟫隱廬並誌。」此跋見於羅氏《善本書所見録》，然中多異文，未知係羅氏定稿時所改，抑周子美先生刊行時删削。

五、卷二「周禮十二卷」條，録有上海著名園林豫園主人明潘允端刊書跋文。潘氏宦游四方，晚歸家居，築「豫」以怡情。讀此跋文，知潘氏父子又曾刊書行世，此爲研究潘氏及明代刊書添一絶佳材料。

六、卷二「儀禮正義四十卷」條，録丁晏之跋文云：「此書江督陸立夫先生刊版，蘇州剞劂。甫竣，制軍殉金陵圍城之難，未及印行。哲嗣東畬太守携至淮郡，余得見之，借印二十部，紬繹讀之，先覩爲快。胡氏積數十年苦心，成巨帙本，得制軍表章行世，有功於經學大矣。《禮經》之學自鄭君後，朱子有《經傳通解》，元明以來，幾成絶學。胡氏薈萃衆説，既博且精，又得及門楊生補足成之，嘉惠來學，與黄直卿《續修通解》先後同揆，斯文未喪，此書不致湮没。余年逾六旬，目力未眊，細書審視，何樂如之。己未嘉平臘月入後二日，山陽丁晏記。」據此可知胡氏《儀禮正義》曾印行於淮地，可補《儀禮正義》刊行研究之闕。

晉卿此書，用力極深，考核亦多翔實可信，人多有據之考定圖籍版本者，如臺北故宫博物院所藏元天曆本《范文正公集》，係從宋乾道本翻刻，由於版刻古雅及行款與宋本無異，清内府編《天禄琳琅續目》即誤爲乾道本，該院重編院藏善本書目時，以書中刻工如張允、周成、章益、陳子仁諸人，皆與王氏《訪書記》所載之元天曆本相符，遂改定爲元刊本。

然晉卿亦有偶誤者，如杜澤遜先生《文獻學概要》第五章《文獻的版本》四「版本鑒定」中曾云：「《通鑒總類》二十卷，宋沈樞撰。初刻本爲南宋嘉定元年潮陽刻本，有樓鑰序，言之甚明。元至正二十三年浙江中書省左丞蔣德明購得潮陽本，因其罕見，命平江路儒學重刻，周伯琦序，言之亦甚明。現潮陽初刻已罕傳，至正平江路重刻本尚有多部傳世，半葉十一行，行二十三字，細黑口，左右雙邊，單黑魚尾，版心記刻工：平江張俊、景仁、仁、蘆顯、趙伯川、趙海、好顯、好古、遂良、何、可、潘、番、夫、王、周、世、陳、八、元、原、圭、付、傅、東、德、什、昷、朱、亨、祥、中、仲、和、魏、灌、天、忠等。宋諱恒、桓等字缺筆。清乾隆《天禄琳琅書目後編》著録宋刻三部，稱爲潮陽初刻，實際都是元平江路重刻的，原書周伯琦序被人撤去，故有此誤。那時對刻工還不甚留意，其實刻工中有『平江張俊』，平江即元平江路（今蘇州），正是重刻之地，即此亦足以令人懷疑這是至正平江路重刻本了。民國間王文進《文禄堂訪書記》卷二載有元至正本，也同樣誤認爲『宋潮陽刻本』，王氏明明指出刻工有『平江張俊刊、夫、陳、仁、王、趙、可、原』，『平江』二字仍没引起重視。原北平圖書館有元至正本兩部（現存臺北故宫），尚存至正二十三年周伯琦序，經吴哲夫先生核實，與故宫本刻工正同。沈仲濤研易樓藏一部，亦係至正平江路重刻本。《沈氏研易樓善本圖録》云：『刻工如蘆顯曾見於天曆元年所刊《通鑒前編》，趙海見於泰定元年西湖書院所刊《文獻通考》，趙伯川見於信州路所刊之《北史》、饒州路所刊之《隋書》，景仁、好顯、趙海等三人見於元季修補版紹興刊《春秋經傳集解》，斯則可據而推定此刻當係鍥板於元季無疑。』」

即便如此，《文禄堂訪書記》以販鬻之偶得，而爲後世學者所稱道不絶，正如董康序中所言：「發潛闡幽，斠訂同異，津逮學林，當與莫郘亭《知見傳本書目》、邵位西《四庫簡明書目標注》同其功用，風行海内，可戾契致。」

《文禄堂訪書記》僅有一九四二年文禄堂自印聚珍本行世，此次整理，即以此本爲底本。坊間刻書，向稱草率，魯魚亥豕，終未能絶，此本亦是。然以體例攸關，此次整理多未出校。書中所録前人題識，或可見於他書，與此字句間有異同，然以晉卿出自目驗，故非查有實據、確係訛誤者則雖疑而仍舊。避諱之字則逕爲回改。

流略之學向稱問學之門徑，内容遍涉四部，整理者才淺識薄，於此道未能深研，故此整理本之訛謬，當不在少，讀者瀏覽所及，若蒙見教，感激之至。

丙戌孟夏柳向春謹誌

目録

文禄堂訪書記卷第二

文禄堂訪書記卷第三

文禄堂訪書記卷第四

文禄堂訪書記卷第五 …………… 四〇三

序一

任邱王晉卿，今之錢聽默、陶五柳也。隱居閈廛三十年不易肆，訪求書籍，窮極區寓。履綦所逮，北至并，東至魯、豫，南至江淮、吴越。故家世族精槧秘笈，經其目覩而手購者，無慮數萬種，蜚聲當世。余識晉卿有年，恂恂爾雅，不類闤闠中人。進而叩其流略派别、板本得失，口講指畫，若燭照而龜卜，雖積學方聞之士有所弗逮也。服習謙約，動中繩檢，不以窮通易其度，數十年如一日，余以是益賢之。近撮録其平生經眼珍本，輯爲《文禄堂訪書記》，丐余弁言。綜其所列四部書，都七百五十餘種，去取精慎，考覈翔實。一書之官私刊本、雕造區域及名人鈔校、流傳源委，皆記其跋語與收藏圖記，細如行格、字數、刊工姓氏，靡弗備紀，其用力可謂勤矣。嘗謂目録之學，肇自劉更生父子，剖析源流，辯章學術，雖與後世言板本者有殊，但綱紀群籍，首重校讎。更生校書中秘，每一書竟表上，輒言廣稽衆本，有所謂中書、外書、太常太史書、臣向臣參書者。是知校訂得失，必廣求諸本，互資比較，乃得讎正一書。則舊本、異本之重視，從可知矣。迨宋尤袤《遂初堂》、明晁瑮《寶文堂》等書目，始標注舊槧，枚舉同異，遂爲清代藏書家重板本之濫觴。若近代考據之學，邁越往古，漢學大師覃精古籍，莫不以校讎爲始基，百宋、千元非盡其人之標領新異，實與考古有莫大關係。鄭夾漈所謂欲人「即類求書」、「因書究學」，固同其指歸也。晉卿此書，雖爲販鬻之偶得，而發潛闡幽，斠訂同異，津逮學林，當與莫郘亭《知見傳本書目》、邵位西《四庫簡明書目標注》同其功用，風行海内，可戻契致。余故樂而爲之序，以諗世之讀是書者。

壬午中秋日，毘陵董康識於宣南之誦芬室。

序二

目録之學，自漢代劉氏父子《七略》、《别録》而還，官私書目夥頤。其最著者，在宋則有晁氏《郡齋讀書志》、陳氏《直齋書録解題》、馬氏《通考·藝文志》；在明則有《内閣書目》、焦氏《國史·經籍志》、范氏《天一閣》、葉氏《菉竹堂》、祁氏《淡生堂》、晁氏《寶文堂》、毛氏《汲古閣》；清初則有錢氏《絳雲樓》、徐氏《傳是樓》、黄氏《千頃堂》、朱氏《潛采堂》、錢氏《述古堂》、泰興季氏；乾嘉以後，吴縣黄氏《士禮居》、長洲汪氏《藝芸精舍》、海虞張氏《愛日精廬》、錢塘丁氏《善本書室》、平湖陸氏《皕宋樓》、豐順丁氏《持静齋》、虞山瞿氏《鐵琴銅劍樓》、聊城楊氏《海源閣》諸家書目，各有專長，未可偏廢，學者多藉稽考。書友王子晉卿，留意板本之學，嗜古成癖，積三十年之力，勤苦搜訪，所獲實多。常與當代宿儒互相探討，精研益深。首爲繆藝風刊行《自訂年譜》，次刊《南峰樂府》。甲戌，景印宋本《周禮》、祝充《音注韓文公文集》。丁丑，書影成册，士林嘉美，流傳甚廣。其代修板印行者，則有福山王氏《天壤閣叢書》，歸安沈氏《枕碧樓叢書》、《沈寄簃遺書》，海豐吴氏《金石彙目分編》等書。辛巳夏，申江訪得宋蜀刊《南華真經》，其子部書籍世向認無蜀本，竟於無意中得之，如獲奇珍，雖費巨金，毫不吝惜，惟期有所供獻於藝林者。其篤學好古一至於斯，若較諸錢聽默，當復過之。今以其所著《文禄堂訪書記》示余，余以爲《記》中所載各書，均屬罕見秘籍，搜討宏博，考訂精詳，即與諸家書目並列亦無遜色，故加贊許，樂爲之序，用告同好焉。

壬午五月夏至日，南陵徐乃昌識，時年七十有五。

凡例

所記各書，以四部統列，茲不附門類。其有未詳者，蓋早年所遺，無由補録，讀者亮焉。

宋、金、元本諸書，必詳考。別其出係刻于官司，或出于書坊，及刻時刻地。其行格數目、刊工姓名附列備考。

金本皆爲平水所刻，元本多爲建安刊。

宋、金、元殘本卷數，其未見著録者，按《藝文志》補記。

宋「十行本」群經、元「纂圖互注」諸子等書，以習見不録。

宋刻板式、尺寸、邊欄單雙及魚尾二一等，茲不叙録。

宋、元、明、清鈔本，名家手寫手校本，皆記其行格、室名并録跋語。

蕘圃跋已見《題識》者不録，録其未見者。

清代集部，以習見不録。《記》中所列清刻本，皆有收藏家跋語。

各書有名家收藏圖記者，擇要録之。

書名重複、題目不同者舉之。

文禄堂訪書記卷第一

五經

明覆宋刻白文小字本。眉上附《音義》。《易》三卷、《書》四卷、《詩》四卷、《禮記》六卷、《春秋》十七卷。半葉二十行，行二十七字。白口。有「嘉慶御覽之寶」印。又明覆宋刻白文小字不分卷本。《易》二十一葉、《書》廿七葉、《詩》四十七葉、《禮記》九十二葉、《春秋》一百九十二葉。《音義》行款同前。板心下記刊工姓名。王良、李熗、陸華、陸天定、弓受之、陸鋆、唐詩、袁鼋、吴江、徐敖、馬龍、馬相、劉采、劉朝、章逵。

又清盧抱經據宋校明秦璞刻《九經》白文小字本，存《易》、《書》、《禮記》。盧氏手跋曰：「乾隆十六年八月，在北平黄崑圃家借小字宋本校過。至四十九年十一月，在婁東重録此本上。宋本不分卷，音□更詳，與此本異。盧文弨識。」有「文弨盧氏藏書」、「抱經堂」、「其昌通伯」、「桐城馬氏抱潤軒藏書」印。

周易正義十四卷

唐孔穎達撰。宋監刻《五經》單疏本。半葉十五行,行二十五六字。卷九第四、五葉每行三十字。白口。板心下記刊工姓名。王政、王舉、李政、李昇、朱静、朱宥、沈彦、沈升、包端、蔡通、陳常、顧仲、張中、章宇、弓振、仲、弓、陳。附《五經正義表》。卷末刊計若干字一行、端拱元年校勘銜名二十六行。末有唐六如手書「吴郡唐寅藏書」六字。宋諱避至「慎」字。

翁氏手跋曰:「《周易正義》十四卷,端拱元年進本。有趙普、吕蒙正諸人系銜,曾爲俞石磵、季滄葦所藏。此宋槧最古者。《正義》舊刻非一本,如《乾·象傳》云:『象者,發首則歎美卦者。』昔嘗與盧抱經校此句,抱經謂《象》『者』字,舊本或作『有』。今見此舊本却作『者』。《大有·象》下,監本、汲古閣本皆云:『九二亦與五爲體』,此宋槧本云:『九二在乾體。』又如《繫辭上·傳》第三章下《象》謂:『卦下之辭,總説乎一卦之象也。』監本、汲古閣諸本皆脱去『卦下之辭總』五字,惟此本有此五字,然『總』字此本作『言』。《繫辭下·傳》:『恒雜而不厭』下『不被物之不正』句,監本、汲古閣諸本皆作『不正』。抱經云,舊本作『厭薄』,不如『不正』爲長,今此本却作『厭薄』。若此類不可枚舉,皆極有資於考證者。星伯館丈持以見示，因書其卷前。嘉慶十一年丙寅冬十二月朔，北平翁方綱。」

有「俞琰」、「玉吾」、「石澗」、「俞氏家藏」、「林屋山人」、「讀易樓圖書記」、「季振宜讀書」、「滄葦」、「御史之章」、「莊虎孫」、「仲雅」、「翁方綱」、「覃谿」各印。

周易注疏十三卷

宋紹熙浙東庾司刻本。半葉八行，行十九字，注雙行。白口。板心上記字數，下記刊工姓名。包端、徐亮、王禧、范堅、李實、梁文、洪新、章文、孫中、丁璋。「疏」字作白文。宋諱避至「敦」字。楮背有「習説書院」長方印。卷中配明覆本五十五葉，陳仲魚補鈔五十六葉，計四百八十六葉。

錢氏跋曰：「《五經正義》，《周易》、《尚書》、《毛詩》、《禮記》、《春秋左氏傳》也。皆孔穎達與諸儒撰定者。其文辭義兼優，與它經殊勝，號曰『義疏』，凡一百七十卷，詔改爲『正義』。」

「《正義》皆敷演本注，令其曉暢通達。或有譏其絶無異同者，非孔公本旨也。異同之説，始於唐中葉，而廬陵歐陽氏較多駁正。南渡後，先儒傳疏盡削除而宋注始大行矣。」

「此古注疏原本也。蒙古刻本割裁可恨，明興，諸監本皆因之而始失其舊。予所習《周易》一書已與俗本縣絶，它可知矣。古書爲劣儒庸□竄改，每思扼捥，而於《六經》尤可珍惜云。」

又跋曰：「此古注疏本也。經下列注，注後疏自釋經，疏釋經後，疏復釋注。其文通達暢曉，有條不紊，非仲達不能爲也。不知何年，腐儒割裂疏文，逐句逐行列於經注之下，□同部之侏儒，類既截之鶴頸，可爲□歎。予所獲單疏本，一注疏合刻，一又單注本，二皆宋刻，最精好完善者，真天下之至寶也。家貧，古書盡鬻於人，惟此鈔惜之，不啻如寶玉大弓。今後有識者，尚知吾言之不誣。庚戌十二月甲午日記。」

陳氏手跋曰：「常熟錢求赤所藏鈔本《周易注疏》十三卷，後附《略例》一卷、《音義》一卷，前有《五經正義表》四葉。每葉十八行，行十七字。表後半葉有硃筆題誌，凡三條。其第二書於上方，全用硃筆句讀點勘。每卷首有『彭城』、『天啓甲子』、『匪菴』、『求赤氏』、『錢孫保』印，凡五印。卷尾有『錢孫保一名容保』一印。按孫保字求赤，爲人方嚴抗特，勤讀書，有父風。父謙貞，字履之，少孤，嗜學，闢懷古堂以奉母。工詩，能度曲，尤善書法，詳見《常熟志》、《蘇州府志》及馮班撰《傳》。嘉慶十五年秋日，陳鱣記。」

陳氏又手跋曰：「錢求赤此記，亦用朱筆，在十三卷後。庚戌爲康熙九年，求赤生於明天啓四年甲子，則其時年四十七矣。是書記但稱爲鈔本，而後有亭林跋，則稱爲影宋鈔。今以鱣所得宋刻本較之，凡宋本避諱字，是本惟避『玄』、『統』字而不避『敬』、『弘』、『恒』、『貞』等字。宋本注小字雙行，是本注作中等字單行。宋本經文大字，與注疏小字俱頂格相連，每節不提單行，是本每節次行俱低一格，次節提行。又以山井鼎《七經孟子考文》所引宋本較，如《乾卦·初九·疏》：『他皆仿此』，是本作『放此』。『所以重錢』，是本作『重體』。『故交其錢』，是本作『其體』。下方朱筆校云：『二體字宋作錢。』《九二·疏》：『且大人三文』，是本作『之云』。『是上下兩體』，是本無『是』字。『二爲大夫』，是本作『大人』。『故但字明，當爻之理』，是本作『之地』。《九三·疏》：『居上體之下者』，是本作『下有』。『常若厲也』，是本作『當若』。『王以大三，與上下相並』，是本作『正以』。《九四·疏》：『猶豫持疑』，是本作『遲疑』。《九五·注》：『非如何』，是本作『而何』。《上九·疏》：『亢陽之至天而極盛』，是本作『大而』。『純陽進極』，是本作『雖極』。《彖傳·疏》〔二〕：『此明乘駕六龍』，是本作『此名』。『或雖具解』，是本作『其解』。《文言·傳·疏》：『亦於爻下言之』，是本作『有之』。『潛隱避世，心志守道』，是本作『隱潛避世，心志守道』。『而柱礎潤』，是本作『而礎柱潤』。『若磁石引針』，是本作『若碰』。『盛應之事廣』，是本作『感應之事應』。『故云天下治』，是本作『治』下有『也』字。『初末雖無正位』，是本作『初上』。『下文即云』，是本作『下又』。『故心惑之也』，是本作『心或』。斯類甚多。且既校影宋本、鈔本，而求赤校語又何以云「宋作某」，皆屬可疑。然注疏次序與宋本悉合，其書法工整，非影宋鈔者不能。且《五經正義表》巍然冠首，正賴此以存，誠所謂天下至寶也。今藏吴中周氏香嚴堂。餘姚盧弓父學士《群書拾補》曾據以是正。鱣向所得宋刻本最爲精美，惜缺首卷，更無它本可補。借此繕録，得成完書，幸莫甚焉。鱣向有《尚書注疏》十行本二十卷，亦求赤舊藏。始末皆以朱筆手勘，其前後所用印記，正與此同，可稱並美，因并記之。陳鱣載記。」

顧氏跋曰：「《五經》不易言，尤難者《周易》。漢唐諸儒，去聖未遠，故其注釋獨得聖賢微意。至於宋儒，議論紛紜而穿鑿者多矣。余自髫齡習《易》，迄今皓首，終身詳獨玩味，未能稍窺門閾，信乎《易》理難窮也。百家解語，靡有不覽，其中能闡發奥旨者，莫善於仲達是書，但惜無佳本爲可憾耳。甲辰春，偶憩玉峰傳是樓，檢得匪菴錢子影宋鈔本，見楮墨精美，如獲拱璧。因攜以歸，反覆較勘，得正南北監本之誤也。詳載於《日知録》中。按《宋史藝文志考》、家藏書目，皆載十三卷，今之刊本改爲九卷，覩此獨得見古人真面目矣。聊誌數語以歸之。甲辰仲秋八月，亭林老人記。」

陳氏手跋曰：「亭林先生此識，似非其手筆，文集中亦不載入，即《日知録》中未曾勘正及此。既避諱書『校』作『較』，而不避『檢』之作『簡』。所云偶憩傳是樓中檢得，而並無徐氏收藏印記。甲辰爲康熙三年，考亭林生於明萬曆四十一年癸丑，計是時年五十二，不合云『迄今皓首』，且未必遽自稱曰『老人』。又按《日知録》有駁孔氏《正義》，而此云『闡發奥旨，莫如仲達』，種種疑竇，因鈔本所有始附傳。□鱣記。」

有「孫脩景芳」、「汪士鐘」、「陳鱣攷藏〔三〕」、「仲魚」、「鐵琴銅劍樓」印。

〔二〕《彖傳·疏》，原作「《義傳·疏》」，據上海古籍出版社版《十三經注疏》改。

〔三〕陳鱣攷藏：今攷傳世陳氏藏印有「陳鱣收藏」而無「陳鱣攷藏」，此作「攷藏」，當係「收藏」之誤。後同此。

周易本義十二卷

宋朱熹撰。宋臨安刻本。半葉七行，行十五字，注雙行。白口。板心上記大小字數，下記刊工姓名。吴炎、張元或、周嵩、王華、蔡友刊、馬良、蔡明、賈端仁、蔡仁、何彬、游熙。首《本義圖》十九葉，卷末附《五贊》七葉、《筮儀》五葉。汪士鐘依宋補鈔《彖》上下及卷中十餘葉。夾板刻「宋槧周易本義」，右角上刊一「費」字。附俞氏刊題曰：「舊藏陳仲魚先生向山閣，後歸藝芸精舍，屺懷太史得之蕩口蔡氏。古雅可愛。中有鈔補諸葉，亦甚精。光緒丙申仲春，俞樾記。」

有「宋本」印、「升菴」、「汪文琛」、「汪士鐘讀書」、「平陽汪氏藏書」、「陳鱣攷藏」、仲魚圖像、「濟陽蔡氏」、「蔡廷相藏」各印。

又清錢陸燦據宋校汲古閣刻四卷本。卷首題曰：「宋十卷本。」半葉七行，行十五字。錢氏手跋曰：「丙辰年七月二十日，雨色陰晦，理完《周易》一部，時年六五。鐵牛居士識。」

「丙辰六月九日，讀經文完。是日易農載酒，同往鶴莊看荷花。」

「丁巳九月二十七日，晴窗墨筆對完。時鯤倍常州回膠山道中。」

「丁巳九月，湘靈讀《易》識。時年六十有六也。常州寓齋。」

「甲子年，歸自秣陵，卧病東城。連雨，失檢讀《易》，爲水所厄。十月病起，始重加裝緝，因識日月。十月之初八日也。年七十有三。燦。」

有「錢陸燦」、「湘靈」、「鐵牛道人」、「臣燦頓首言」、「書經解元」、「好夢平生」、「不作繝眉事出入幾重雲」、「水身紡車」、「涇上人家」、「湛恩攷藏」、「玉齋藏書」各印。

易傳六卷

宋程頤撰。宋江西刻大字本。存《篇義》、元符二年自序。半葉八行，行十五字。白口。板心上記字數，下記刊工姓名。亨。有「東宮書府」印。

大易粹言七十卷

宋方聞一編。宋劉叔剛刻本。存卷一至三十一、卷四十四至六十六。半葉十二行，行二十三字。線口。首《總論》上中下卷，淳熙二年自序，附元符二年程頤《易傳序》、紹興辛未郭雍《易説序》。後有「建安劉叔剛宅刻梓」八字雙邊木記。淳熙四年門生程九萬、李祐之跋。

宋諱「殷」、「恒」、「貞」、「慎」字，皆缺筆。

書衣韓氏手題曰：「按檢各書目，惟焦氏《國史經籍志》十卷、《傳是樓》鈔本七十卷共六本，《菉竹堂》二十册，不記卷數。他如《絳雲樓》、《述古堂》、《寶文堂》、《千頃堂》、《汲古閣》、泰興季氏各書目皆未登録。咸豐己未九月十一日，應陛識。」有「甲子丙寅韓德均錢潤文夫婦兩度攜書避難記」、「應陛」印。

周易傳義附録十七卷

宋董楷撰。元至正刻本。半葉十二行，行二十二字。黑口。凡例及卷末有「至正壬午桃溪居敬書堂新刊」十二字木記。卷首題曰「同治丙寅春中得于福州，星詒記」一行。有「祥符周氏瑞瓜堂」藏印。

周易會通十四卷附録一卷

元董真卿編。元建刻本。卷題：「周易經傳集程朱解。」附録纂注。半葉十一行，行十九字。黑口。天曆初元自序，元統二年男僎記，總目次，凡例，群賢姓氏，歷代因革，易程子傳序，古易朱子序，程子説易綱領，朱子説易綱領，易圖纂注，胡先生易圖自序。首行題曰：「忠恕堂吕傳中珍藏家寶」一行。有「開府東吴第一家」、「我祖大羅仙」印。

李氏易傳十七卷

唐李鼎祚撰。清朱秋崖校雅雨堂刻本。書衣韓氏題曰：「半農評注《李氏易傳》，男楝松崖參，紅豆齋藏本。戊午六月，蘇州述古堂經手歸於讀有用書齋。」

朱氏手跋曰：「癸丑初，假得余友漪塘周君所藏紅豆齋評本，乃汲古毛氏《津逮秘書》中本也。半農先生用墨筆評注，後加硃筆。松崖先生所參亦用朱筆而無圈點。今悉用墨筆臨半農説，用朱筆加半農後增圈點，因半農前後去取諸家有異也。松崖評仍用朱筆臨之，庶有差別。毛氏所刻是書，顛倒舛誤處甚多，不但魯魚豕亥。今當以盧本爲正，蓋雅雨堂所刻即松崖先生手定本也。其中間有毛本是而盧本誤刊及半農先生以己意改者，或字義兩可而未敢定者，皆注於下闌，俾讀是書者得有稽考焉。重陽前二日，秋崖朱邦衡識。」

有「秋崖居士」、「滋蘭堂藏書」、「松江讀有用書齋金山守山閣兩後人韓德均錢潤文夫婦之印」。

又清韓緑卿録校雅雨堂刻本。卷首眉上題曰：「咸豐五年七月，余得湖客邵姓來朱筆校勘《周易集解》，不署校勘者姓名，蓋或前後副葉另有記語並姓名，其後人賣書時恥爲人指而去之者。眉上及下方共列數十條，尋其語似非無謂，姑移録於此，就正深於《易》理者。校勘本係嘉慶戊寅木瀆周氏刊印。七月十三日應陛記。」

「乾隆己丑八月，從王太史史亭處借沃田先生校定紅豆齋本校。」

有「夏心珊」、「徐大容」、「復堂」、「鹿樵」、「應陛」、「韓德均」藏印。

易翼述信不分卷

清王又樸撰。陳昌圖校舊鈔本。書衣題曰：「乾隆壬子，孫兒豐年初授《周易》，適閒案有介山王氏《述信》一册，其樹義立解雖多有與《本義》齟齬，而所集各説頗多可採。間加箋釋、點勘。昔人云，閒坐小窗讀《周易》，不知春去幾多時。予年六十一矣，聞道不早，寡過無期，可歎也。豐年尚勤勉之。壬子花朝，南屏老人識。」

有「陳昌圖字玉臺」、「潁川南屏老人」、「蘭臺舊史」印。

尚書十三卷

漢孔安國傳。宋刻本。半葉十行，行二十字，注雙行二十二字。白口。板心上記大小字數，下記刊工姓名。陳成、宜之、邵元、劉清、吕奂、劉傑、石椿、王奇、廣、新、隆、李。有「李玉陔」、「明墀」、「木犀軒藏書」、「山東等處承宣布政使司」滿漢文印。

又宋建刻本。半葉十行，行十九字、二十字，注雙行二十三字。線口。釋文作白文。陸德明序後刊書識語五行曰：「《五經》書肆屢嘗刊行矣，然魚魯混殽，鮮有能校之者。今得狀元陳公諱應行精加點校，參入音釋彫開，於後學深有便矣，士夫詳察。建安錢塘王朋甫咨。」

卷首刊圖十九，凡八葉。宋諱避至「慎」字。計一百四十七葉。

有「柳堉」、「白門張氏藏書」、「曾在白門張氏」、「古照堂」、「白堤錢聽默經眼」印。

尚書注疏二十卷

唐孔穎達撰。宋紹熙浙東庾司刻本。半葉八行，行十九字，注雙行。白口。板心上記字數，下記刊工姓名。陳俊、王林、陳錫、陳安、陳仁、洪先、朱明、梁文、丁璋、許中、李寔、徐茂、毛昌、陳仲、李詢、包端、徐亮。宋諱避至「敦」字。補鈔卷七、八，卷十三、第六至二十九葉。卷十四、第十四至二十五葉。卷二十。下半卷。楊守敬跋，見《訪書志》。

有「楊星吾東瀛所得秘笈」、「飛青閣藏書記」印。

又金平水刻本。半葉十三行，行二十六字至二十九字，注雙行三十五字。白口。板心上記字數。「疏」字作白文。《正義序》後有《新彫尚書纂圖》，首爲《書篇名十例》、《逸書篇名》，次爲圖，凡十九。而《地理圖》中刊「平水劉敏中編」一行。卷中補鈔五十七葉。計二百八十七葉。

有「季振宜」、「滄葦」、「汪士鐘讀書」、「虞山瞿紹基」、「鐵琴銅劍樓」印。

尚書集傳六卷拾遺一卷

宋蔡沈撰。宋刻大字本。存卷六、拾遺。嘉定己巳序。半葉八行，行十五字。線口。板心上記字數，下記刊工姓名。文、友、肖、中、玉、元、劉、子、央。有「東宮書府」印。

會通館校正音釋書經十卷

明華燧刻活字本。半葉九行，行十七字。線口。蔡序作小字雙行。板心上剜去弘治年號，下刊「會通館活字銅板印」八字。卷一末剜去木記。有「曾在郁泰峰家」印。

毛詩注疏二十卷

漢毛亨傳，唐孔穎達疏。金平水刻本。存卷二。半葉十三行，行二十八字，注雙行三十五字。白口。板心上記字數，下記刊工姓名。成。「疏」字作白文。

詩集傳二十卷

宋朱熹撰。宋臨安刻本。存卷四至八、卷十四至十七。半葉七行，行十五字，注雙行。白口。板心上記大小字數，下記刊工姓名。張儀、何彬、蔡明、蔡仁、蔡友。宋諱避至「慎」字。

毛詩不分卷

宋建刻巾箱本。附圖。存二册。半葉十行至十二行，行二十字。又十五行，行二十一字不等。線口。宋諱「匡」、「恒」、「慎」、「桓」、「貞」字，皆缺筆。朱氏手跋曰：「乾隆丙子歲夏四月，古歙浯村水南鄉吉城鄙人朱嘉勤記。」有「譚錫慶學看宋板書籍」印。

吕氏家塾讀詩記三十二卷

宋吕祖謙撰。宋建刻本。半葉十二行，行二十四字，注雙行。線口。板心上記字數。

後部宋刻本。半葉十三行，行二十五字。前部卷中缺葉，配入十三行本。文字不接，是一憾事也。

有「毛晉」、「汲古閣」、「浙右項氏德枝希憲藏書」、「萬卷樓」、「遼西郡圖書」印。

詩經疑問七卷

元朱倬編。清初影鈔元本。附趙悳《説》一卷。半葉十一行，行二十字。末有「至正丁亥，建安書林劉錦文因書以識卷末」識語一行。

有「賁園書庫」、「光緒辛丑後惟峰重檢藏書記」印。

毛詩旁注四卷

元建刻本。半葉十四行，行大字十六字，注行三十四字。綫口。板心下記字數。卷一首行有「羅氏祖禹校正刊行」白文一行。有「江夏蕭氏」印。

明經題斷詩義矜式十卷

元林泉生著。元建刻本。半葉十一行，行二十一字。線口。

詩經不分卷

清郭仲穆手鈔本。附林宗澤録鄭方坤撰《約園小傳》。

郭氏手跋曰：「約園，福清人，康熙間以詩、字名。著《集虚堂詩》，手書者，公得意之作。餘則身後門人莊紹寧彙刻耳。出處詳鄭荔薌《詩鈔小傳》。公書法遒勁，閩人多寶之。蠅頭楷尤爲罕見。是編以《詩》語注《詩》，更爲學者三昧。庚子六月二十八日，蒹秋郭伯蒼書於于麓古天開圖畫樓。」

林氏手跋曰：「余先大父通守公舊存書禪先生書老杜《秋興》詩册，今亡矣。近於坊間見一故家子弟攜書求售，中有書禪手録《毛詩》一册，末有鄉先輩郭蒹秋先生跋語，蓋郭氏插架物也。以厚值得之，付賈裝池，并録《約園小傳》一通於左，以資考核。丙午三月二十八日，侯官林宗澤記於平次草堂。」有「雪舟領略」、「簡菴珍弆」印。

周禮十二卷

漢鄭玄注。宋相臺岳氏刻本。存卷三。半葉八行，行十七字，注雙行。綫口。板心上左記字數，下記刊工姓名。王圭刊、守中、伯恭、永言、金拱、陵史、永、何、忠、顧、吳。左欄外刊小題，卷末刊「相臺岳氏刻梓荆谿家塾」十字亞形木記。

又明萬曆覆岳氏本。無刊工姓名。卷末刊題辭曰：「《周禮》六官廼姬公致治之成法，遭祖龍虐焰，殘缺過半。有漢劉更生父子及鄭康成諸儒先後考訂，差還舊觀，而坊本傳訛猶多亥豕。先子恭定公得宋刻善本，校以授梓，成藝林珍焉。未幾，公謝賓客，板從束閣，購之者若和璧隋珠矣。爰命侍史，搜尋原板，猶幸無恙，乃鳩工印行，以廣其傳。既以副博雅君子之望，且毋泯我先子嘉惠後學之意云。時萬曆戊子孟春之吉，上海潘允端謹識。」有「盱眙王氏十四間樓藏書」、「李書勳」印。

又宋乾道本。半葉十行，行十九字，注雙行二十三字。白口、線口不一。板心上記字數，下記刊工姓名。仲甫、蔡昇、彥通、劉丁、江成、應成、李元明。釋文作白文。左欄外刊小題。宋諱避至「慎」字。

費氏手跋曰：「光緒壬辰閏六月，武進費念慈段讀校於士禮居黄氏本上。同時所見單注本，一爲繆炎之前輩藏巾箱本，有『重言』無『重意』。一爲傳是樓藏『纂圖互注』本，槧印絶精，爲宗室伯羲前輩所得。一爲北宋婺州本，止餘六卷，『腊人』下疏語兩條，尚未誤衍入注前，明嘉靖間《三禮》合刻本所從出，章碩卿故物，今不知誰屬矣。與此而四。此本失序跋，無刻書年月，避宋諱極謹，皆加墨圍。以行款考之，當是南宋建本。郋亭師於辛卯夏得於京師，命題數字，因并近日所見牽連及之。癸巳四月十一日，念慈記。」

有「費君直」、「李盛鐸」、「木齋」、「德化李氏」、「凡將閣珍藏」、「木犀軒藏書」印。

纂圖互注周禮十二卷

宋建刻本。半葉十一行，行二十一字，注雙行二十七字。線口。板心下記刻工姓名。互注字作白文。左欄外刊小題，卷末刊經、注、音義若干字三行。有「張敦仁藏」印。

纂圖重言重意互注周禮十二卷

宋麻沙刻本。半葉十二行，行二十一字，注雙行二十五六字。線口。「重言」、「重意」、「互注」字作白文。左欄外刊小題。

有「毛褒」、「華伯」、「徐健菴」、「乾學」、「陳廣綬茗靄圖書」、「完顏景賢鑒藏」印。

周禮疏五十卷

唐賈公彥疏。宋紹熙浙東庾司刻本。存卷七，卷四十七、八。每半葉八行，行十五六七字，注雙行二十二字至二十六字。白口。板心上記字數，下記刊工姓名。劉仁、徐亮、范堅、李寔、陳錫、孫中、章文、梁文、李祥、洪新、洪乘、朱明、鄭埜、朱允升、潘佑。宋諱避至「敦」字。

有「晉府書畫」、「君子堂圖書記」、「君子堂」、「風流八詠之家」、「勗誼」、「彥忠書記」、「吳興沈氏」、「助義」、「彥忠章」各印。

周官講義十四卷

宋史浩撰。宋臨安刻本。存卷七、八，卷十三、四。半葉九行，行十八字。白口。板心下記刊工姓名。洪新、葉迂、陳仁、王昌、劉文、許中、蔡先、趙通、陳俊。宋諱「樹」、「豎」、「緣」字，皆缺筆。有「孔教授任内續置到官書」印。

鬳齋考工記解二卷

宋林希逸撰。宋江西刻本。附釋音。半葉十行，行十八字。白口。板心上記字數，下記刻工姓名。宸。元補刻。板心下「延祐四年補刊」六字。

查氏手跋曰：「林希逸，字肅翁，又號鬳齋，福清人。乙未吴榜，由上庠登第，凡三試皆第四，真西山所取士也。是歲以『堯仁如天賦』預選，時稱『林竹溪』。周草窗《雜識》中載其登第事甚詳〔二〕。查慎行手識。」

有「葉氏菉竹堂藏」、「得樹樓藏」、「慧海樓」印。

〔一〕周草窗《雜識》中載其登第事甚詳：原文誤作「周學窗《雜識》」，其所云真西山取林希逸事，見周氏《癸辛雜識》後集「私取林竹溪」條。

儀禮注疏十七卷

漢鄭玄注，唐賈公彥疏。清吴志忠校汲古閣刻本。序末朱書題曰：「乾隆甲戌秋九月望，長洲後學江聲閱。」有「吴志忠」、「曾經妙道人眼」印。

江氏手跋曰：「《儀禮》十七篇備載古今行禮之儀文，纖曲詳盡，洵大觀也。據劉歆之說，古經尚多三十九篇，今皆不傳，不得而見，深可惜耳。今此十七篇中，于『五禮』僅有其四，軍禮闕焉。案《周禮·大宗伯》所載，軍禮有大師、大均、大田、大役、大封之等，意三十九篇之中必有其禮，然不可考矣。余幼時未見此書，癸酉歲，吾家阿昭十一歲，以此課之，因先點其句，然因初閱是書，不敢讀其經文，先用黃筆讀其注疏，且以朱子《經傳通解》校閱。間有譌字、缺文，或用黃筆，或用墨筆改之、補之。或陸氏《釋文》、或賈氏《疏》誤混入注者，皆標識之。甚至如《喪服篇》内有割裂鄭注，且以注混入傳中者，亦爲訂正之，而録鄙見於書首。若夫注疏之或有得失，姑俟再閱時更考，今不敢爲之説也。乾隆甲戌秋九月丁丑朔，長洲後學江聲記。」

段氏跋曰：「丁未，依張稷若《監本正誤》校。癸丑九月，又校於經注，譌字略得其八九矣。偏觀諸本集釋，最善岳本。次之沈冠雲氏所謂嘉靖本者，即明刻岳本也。九月又書，段玉裁。」

江氏手跋曰：「嘉慶庚申，元和顧廣圻覆校于經注云宋本者，張忠甫所謂嚴本是也。以《覲禮》載「大旆定之餘」亦合。疏云宋本者，單行五十卷本也。七月十三日記。」

「己巳初夏，沅館于段先生家，以所校本精擇而過之。得此本者，幸善寶之也。江沅。」

吳氏手跋曰：「《儀禮》經、注、疏就今存於世者，經以唐《開成石經》，注以宋嚴州本，疏以宋五十卷單行本，皆爲第一善本。若南宋時元人所刻諸注疏附釋音本，《儀禮》未曾刊梓，略以楊復《儀禮圖》鑱入，備其名目而已。至明正德間，陳鳳梧始補刻足之，雖亦十行，而格式殊別。厥後閩、監、閣三刻，實祖於此，而賈氏五十卷之面目晦焉不彰，差脱處觸手而見，愈滋經生《儀禮》難讀之口矣。嘉慶間，蘇郡士禮居黃氏廣蓄秘籍，物以所好而集於是，單疏本及嚴州單注本兩書皆出復得。我故友顧君千里，參互考訂，遂獲流通，藝林得讀之，洵良會也。庚子夏，李方伯方赤先生從陳碩甫借得校本，命覆臨一過，開閱底本，即向十餘年前忠爲潘理齋世璜世丈録臨者也。碩甫借來稿册，係其師江鐵君沅以段懋堂《集釋》校注單疏校疏之本，續於乃祖艮庭先生舊讀本，故有朱、墨、緑、黄之别。惜其中有未盡善，方之鐵君所云『精擇』，擇之實未精。蓋賈文古邃，僅以時文之眼讀之，簡奥處或翻以爲誤去而不取，一也；段校《集釋》并雜以鍾人傑，不知鍾刻較明代諸劣刻則善，若云嚴本尚去霄壤，二也；《集釋》雖佳，何如嚴本？段以得見嚴本者乃去嚴而從李，三也。有此三未善，而所謂三善者，失矣。然嚴州單注本蕘圃黄君曾覆刻之，單疏則朗園汪氏覆刻之。又有張古餘先生合單注、單疏五十卷刻之。三刻悉出顧君千里手校，上板頗皆精審。忠昔年與千里晨夕晤語，時獲得聞其緒論，故於賈、鄭文義偶有一二窺見末斑，知讀是書者，不以文從字順爲長，而貴得其精括古質之義。兹姑就向歲之筆，依樣葫蘆。以方赤先生來書詢促，日月既迫，而又衣食於奔走，暇日無多，倘有紓我以半載之力，陳列諸刻，校而細抉之，或有稍勝一籌處也。時道光二十年七月七日竣事書，吴縣吴志忠。」

儀禮十七卷儀禮圖十七卷旁通圖一卷

宋楊復撰圖。元謝子祥合刻本。半葉十行，行二十字。小黑口。板心下記刊工姓名。文甫、昭甫、漢臣、季和、子仁、希孟、子興、七才、興宗、子應、伯玉、進秀、宗文、時、貢、傔、叔。

有「晉府藏書」、「敬德堂圖書」、「季振宜藏書」、「怡府世寶」、「明善堂珍藏」印。

儀禮集説十七卷

元敖繼公撰。元大德刻本。半葉十二行，行十八字。線口。板心上記字數。卷一首葉板心下記刻工姓名。孫仁。

有「廣運之寶」、「禮邸官書」、「蕉林藏書」、「曾爲古平壽郭申堂藏」印。

儀禮鄭注句讀十七卷

清張爾岐撰。舊鈔本。卷末鈐朱文曰：「素安居士達文手校重裝。」有「古愚張敦仁讀過」印。

張氏手跋曰：「右《儀禮鄭注句讀》十七篇，附《監本正誤》、《唐石經正誤》二篇。濟陽張爾岐著。爾岐字稷若，號蒿菴，濟陽諸生也。嘗自叙《蒿菴處士墓誌》云：『處士著

《儀禮鄭注句讀》，鮮愛者。遇崑山顧寧人炎武，録一本藏山西祁縣所立書堂。長山劉友生孔懷取一本藏其家。』而亭林亦稱是書根本先儒，立言簡當爲可傳。又自以爲『獨精《三禮》，卓然經師，吾不如張爾岐。』于其没，弔之云：『從此山東問「三禮」，康成家法竟誰傳！』蓋其推重者如此。案先生所著尚有《易》、《詩》二經《説略》，《夏小正傳注》一卷、《弟子職注》一卷、《老子説略》二卷、《蒿菴集》三卷、《蒿菴閒話》二卷、《濟陽縣志》九卷、《吴氏儀禮考注訂誤》一卷，俱藏家塾。又《春秋傳義》未成，而唯是書及《夏小正傳注》今已板行。此本乃鳳臺牛達文家藏者，乾隆癸卯，予從借録，因爲整齊脱誤，標諸簡端，並略述舊聞於後而歸之，俾讀其書略知其人云。甲辰四月，陽城張敦仁謹識。」

儀禮正義四十卷

清胡培翬著。道光己酉木犀香館刻本。有「丁晏」印。

丁氏手跋曰：「此書江督陸立夫先生刊板，蘇州剞劂。甫竣，制軍殉金陵圍城之難，未及印行。哲嗣東畬太守攜至淮郡，余得見之，借印二十部，紬繹讀之，先覩爲快。胡氏積數十年苦心，成巨帙本，得制軍表章行世，有功於經學大矣。《禮經》之學，自鄭君後，朱子有《經傳通解》。元明以來，幾成絶學。胡氏薈萃衆説，既博且精，又得及門楊生補足成之，嘉惠來學，與黄直卿《續修通解》先後同揆。斯文未喪，此書不致湮没。余年逾六旬，目力未眊，細書審視，何樂如之。己未嘉平臘月入後二日，山陽丁晏記。」

禮記二十卷

漢鄭玄注。宋刻大字本。存卷五至八、卷十一至十五。半葉十行，行十七字，注雙行二十五六字。白口。板心下記刊工姓名。卷末刊經注若干字二行。嘉慶二年黄丕烈跋二則，見《題識》。

張氏手跋曰：「韓舍人緑卿篤好宋本書，昨年得殘《禮記》於吴門汪氏，凡九卷，爲黄蕘圃先生士禮居舊藏。卷七缺十一、二十一兩葉，卷十四缺第十葉，卷十五缺九、十兩葉。蕘圃先生後有跋，據《月令》『耒耕之上曲也』之『耕』字定爲佳本。因假歸，取前録惠氏校汲古本對勘一過。惠校固精密，訛脱處大半訂正，惟字畫間有異同，如《月令》『是察阿黨』注：『阿黨，謂治獄吏以私恩曲橈相爲也。』惠云：『北宋作撓，南宋作橈。』案，此作『橈』，當是南宋本。『命奄尹申宫令』注：『宫令，譏出入及開閉之屬。』惠云：『南宋作幾。』案，此『讖』與惠校南宋異。其餘不能悉記。又宋本書遇廟諱字多缺筆，今『殷』、『桓』等字亦有不缺，此皆蓄疑而待考者也，鄙人弇陋未敢論定。舍人近欲編輯刻書人姓名以資考證，如鑒別鼎彝古器必徵款識以爲信，其用心可謂勤矣，故書此以要其成。夬齋張爾耆跋。」

有「黄丕烈」、「蕘圃」、「士禮居」、「汪士鐘」、「閬源」、「藝芸書舍」、「松江韓應陛藏」各印。

又宋建安余仁仲刻本。半葉十一行，行十八九字，注雙行二十六七字。線口。板心上記字數，有無不一。卷末刊經、注、音義若干字三行。左欄外刊小題。卷一末「余氏刊于萬卷堂」一行，每卷「仁仲比校訖」或「余仁仲刊于家塾」。宋諱避至「慎」字。

有「桂坡安國賞鑒」、「張雋」、「金元玉」、「小懷軀舫所藏」、「元和陸氏藏」、「臣潤庠奉勑審定内府經籍金石書畫」各印。

又宋建刻本。附陸氏《釋文》。半葉十一行，行二十字，注雙行二十六字。線口。板心上記字數，有無不一。卷末刊經、注若干字二行。宋諱避至「惇」字，卷中諱字不缺筆者加墨圍。

有「周良金」、「毘陵周氏九松迂叟藏書記」印。

禮記釋文四卷

唐陸德明撰。宋淳熙撫州公使庫刻本。半葉十行，行十六字，注雙行二十四字。白口。板心上記大小字數，下記刊工姓名。李杲、李高、周昂、周辛、周俊、吴昌、吴山、吴生、吴立、吴明、吴平、吴羔、王才、王全、王顯、陳昇、陳文、陳中、陳辛、陳祥、陳光、余中、余實、余仁刀、余英、余俊、余定刊、余文、江國昌、江翌、高安國、高安道刊、高文顯刊、嚴太、南昌嚴誠、劉振、劉元、鄭才、蕭韶、阮升、崇仁、鄒郁、鄧成、葉中、潘憲、朱諒、黄珍、俞先、蔡正刀、許其、李三、張太、弓顯、弓刀、政刀、管彥刊、官元。宋諱避至「慎」字。計一百二十三葉。庚申孟秋顧廣圻跋。

有「宋本」印、「廣圻審定」、「千里」、「汪印士鐘」、「閬源真賞」、「汪印振勳」、「楳泉」、「鐵琴銅劍樓」各印。

纂圖互注禮記二十卷

宋刻。存卷九。半葉十一行，行十九字，注雙行二十五字。線口。宋諱「匡」、「筐」、「殷」字，皆缺筆。

京本點校附音重言重意互注禮記二十卷

宋刻巾箱本。存卷六、七。半葉十一行，行十九字，注雙行二十字。白口。左欄外刊小題。有「飛青閣藏書記」印。

監本纂圖重言重意互注禮記二十卷

宋建刻本。半葉十行，行十八字，注雙行二十四字。線口。左欄外刊小題。卷首《月令中星圖》、《所屬圖》、《玄端冠冕圖》、《委貌錦衣圖》、《衣冠圖》、《器用圖》、《月令春夏昏星圖》、《月令秋冬昏星圖》。宋諱避至「慎」字。書衣有魏皵篆書題記并印。

楊氏手跋曰：「右宋槧《纂圖互注重言重意禮記》，與予所得《論語》款式見《留真譜》。悉同。有『毛子晉』印、『玉蘭堂』印、『季振宜』印，欄外有橢圓『宋本』印。又有『乙』字方印，蓋汲古閣藏宋本爲中駟也。雕鏤之精，與《論語》不相上下。避宋諱，唯『敬』字不缺筆，與《論語》亦同，蓋南渡已祧也。日本吉漢宧謂互注起於唐人，而余所見則起於南宋；

或謂起元人者，誤也。余所得《論語》，校以注疏本，有異同，今爲李木齋所得。已備録於《日本訪書志》中。此本亦必與世傳經注本注疏及陸氏《釋文》大有關係，惜余老耄，不能通校一過。沅叔得此，自當悉心以著其異。蓋鄭氏《三禮》，前輩於《周禮》、《儀禮》多有詳校，而於《禮記》獨略，以世傳《禮記》除岳本、撫本注疏外，無多宋本足以互勘也。余在日本，所得經書古鈔本至多，惟《禮記》自足利本外，只古鈔本一通。俟回上海運書來，當與沅叔對參之。甲寅閏五月十三日，鄰蘇老人記，時年七十有六。」

有「宋本」印、「乙」字印、「毛晉」、「子晉」、「季振宜讀書」、「玉蘭堂」、「楊守敬」印。

禮記正義七十卷

唐孔穎達疏。宋紹熙浙東庾司刻本。存序、卷一、卷二、卷六十三至六十六。半葉八行，行十六七字，注雙行二十二字。白口。板心下記刊工姓名。施俊、王茂、魏奇、王六、徐賓、友、山、應俊、蔣伸、趙愚春、朱子文。宋補刻刊名。王恭、王佐、王全、王志、李光祖、陳允升、陳邦卿、朱子文。宋諱避至「敦」字。

有「君子堂」、「敬德堂圖書」、「勗誼」、「彦忠書記」、「吴興沈氏」印。

禮記注疏六十三卷

清吴志忠録校汲古閣刻。有「吴志忠」、「有堂」、「曾經妙道人眼」印。

陳氏手跋曰：「此本係江艮庭先生取惠先生校本用墨筆過者。嘉慶己巳，江鐵君師復將段懋堂師所過惠本，微有異同，因又用黄筆檢校其同者，用黄筆圈之。兹則於校宋本處悉用紅筆，於批閲處悉用墨筆，使讀者可瞭然也。嘉慶癸酉冬十二月，陳奂識。」

吴氏手跋曰：「《十三經正義》南宋已前與經、注别行，所謂單疏本者也。南宋以後，始有經、注、音義、正義四合之本，題曰『附釋音某經注疏』，惠跋所稱『附釋音本』也。然合刊實始於是本，其前未之聞附釋音，俗呼之曰『十行本』，以自後閩、監、毛刻皆改九行也。惠松崖前輩所校《禮記注疏》、《正義》既用北宋單疏本，而經、注不得校，乃從十行本補綴之。故其跋云：『南宋本間亦有參焉。』惟十行實刊於元至正間，忠曾見初印《易經注疏》卷末有『至正某年』結款，後來印者則脱之已。元有兩至正，此爲宋理宗同時元世祖年號，則稱之曰南宋亦無不可。松崖所校北宋單疏書，屬我家故物，惠稱『璜川書屋』，先曾祖藏書之舍也。□讀遂初園中，園甚著，沈歸愚宗伯輩皆有詩文以紀，今爲靈巖名迹。稱『拙菴行人』者，忠先伯祖也。稱『企晉博士』者，忠之伯父，號竹嶼，名泰來，後舉乾隆庚辰進士。壬午南巡，召試，授内閣中書，與松崖先生等七人齊名都中，目爲『吴中七子』，有吴中七子詩合刊行於世。當時璜川書塾有兩書爲希世珍，一《禮記》是本，一《前漢書》。《漢書》以後歸當路呈進，入《天禄琳瑯書目》。《禮記》則歸曲阜孔葓谷家，世遂不得復見。賴松崖校筆流傳，尚得藉以窺豹，但展轉過渡，源一而派已稍判。兹據碩甫所稱者二：一則江艮庭從惠過；一則段懋堂從惠過。二君已微有異同，而碩甫又從江鐵君過段本者覆校之，未免書經三寫，真有帝虎之憾。道光庚子夏，忠承李方伯方赤先生之命，即碩甫筆覆録一本。丹墨之下，覺其稍有遺脱，因取昔年忠家向艮庭過本覆校者，重加參核，補出數百餘處。此非碩甫之疏懈也，蓋惠氏、江氏祖孫三本皆用汲古毛本，獨段氏移用北監本。北監與毛又多不合，有監未誤而毛滋誤者，碩甫但視其殊處而未省監、毛之不同耳。忠今凡經之繙審辨，自覺愜心，不知尚有目力未遍？有惠跋曾載入阮氏《十三經校勘記》，則知芸臺先生亦僅見校本而未獲親覩孔氏真本矣。乾隆間，和中堂曾有翻刊宋本，指爲『璜川吴氏北宋本依然尾有惠跋』云云，實非其書，乃即附釋音十行本，行款、字式與十行本分毫無異，想被書賈欺弄爾。恐傳世已久，又致傳訛。謹記所聞，敬質諸方赤夫子。道光二十年七月七日，吴縣吴志忠識。」

附釋音禮記注疏六十三卷

唐陸德明釋音。清彭元瑞校和珅覆宋劉叔剛本。半葉十行，行十七字，注雙行二十三字。綫口。左欄外刊小題。《正義序》末有「建安劉叔剛宅鋟梓」隸書木記。卷首眉上朱書題曰：「嘉定金日追正譌，知聖道齋勘臨。」

彭氏手跋曰：「乾隆丙午五月二十九日，大駕幸避暑山莊，未預扈從。時領禮曹，退食少閒，暑窗清課，取北監本《禮記注疏》，用朱筆臨金氏《正譌》，加以尋勘。少有節潤，義取易曉，其金所校而此本尚未譌者，計不下千條，猶是善本。别有所得，以墨筆綴其間，凡月有二日而竣。少恒苦《注疏》難讀，卒業三復，文從字順，安得群經之盡若斯也。炳燭之光，良用自憙，且留爲家塾課本。七月初一日，南昌彭元瑞手記。」

禮記集説一百六十卷

宋衛湜撰。宋紹定刻本。半葉十三行，行二十四字至二十六字。白口。板心上記字數，下記刊工姓名。首魏了翁序佚，僅存「了翁序」三字。附「鶴山書院」四字亞形木記。姓氏末刊「紹定辛卯，趙善湘鋟板江東漕院。越九年，復爲覆定，別刊於新定郡齋」二行。宋諱「玄」、「恒」、「慎」字，皆缺筆。補鈔卷三十四至四十，卷九十三至九十五，卷一百零一至一百零七。有「華亭朱氏珍藏」、「秦蕙田」、「味經」、「秦尌峰」、「錫山秦氏家藏」、「味經窩藏書」、「汪士鐘」、「閬源真賞」、「郁松年」、「泰峰審定」、「茲谿草堂」各印。

大戴禮記十三卷

漢戴德撰。元至正刻本。半葉十行，行二十字，注雙行。線口。板心上記字數，下記刊工姓名。沈成刊、沈顯刊、周東山刀。□□甲午鄭元祐序，淳熙乙未韓元吉跋。末有「乾隆三十八年二月翰林院編修錫山嵇承謙受之校」朱筆一行。夾板上刊「元槧大戴禮記」，右角上刊一「費」字，附俞氏刊題曰：「元至正甲午劉貞刻於嘉興路儒學，孔顨軒未見此真本，致誤『劉貞』爲『劉貞庭』。得此考正之，大快。屺懷其寶之。光緒丙申，樾記。」有「晉府書畫」、「敬德堂圖書」、「皇十一子」、「永瑆」、「詒晉齋」、「劉世珩」印。

文公家禮十卷

宋楊復注，劉垓孫增注。宋建刻本。存卷五。半葉七行，行十四字，注雙行低格，二十字。綫口。有「毛晉」、「子晉」、「毛扆」、「斧季」印。

皇朝五禮精義注十卷

宋韋彤編。清初鈔本。半葉十行，行二十五字。目後有「至元又五月朔，江浙等處儒學提舉佘謙刊於西湖書院」二行。政和新元宋敏求序。莫友芝手注曰：「此序爲節鈔歐陽永叔《上太常因革禮序》之文，與書全不契勘，何也？」書衣某氏題曰：「乾隆丙申得自水村項氏，戊申秋購於虎林書肆。得慶元己未原刊本，惜腐爛。歸校鈔本，獲補《五禮·内蘆精義》缺佚五字，而餘無增益，則鈔本亦賴有元刊流傳也。相閲已十二年，喜而識此。雲泉。戊申九月初三日夜，聽雨拯燈書。」莫氏手注曰：「此紙非此書題識，觀改易數字甚不可解。裝者誤取以置首耳。邵亭記。」

葉文莊公跋曰：「余求之三十年不可得，壬辰冬，始遇此政和《五禮精義》一册於京師，如獲寶玉。然鈔畢略觀一度，正誤亦平生一閏也。此本傳自四明范氏天一閣，蓋從舊鈔本傳録。」

春秋經傳集解三十卷

晉杜預撰。宋蜀刻大字本。存卷九、卷十。半葉八行，行十六字，注雙行二十一字。白口。宋諱避至「慎」字。

又宋興國軍學刻本。存卷二十二。半葉八行，行十七字，注雙行。白口。板心上記大小字數，下記刊工姓名。胡桂、張、正、壽、劉。宋諱避至「慎」字。有「宋本」印、「汪士鐘」、「三十五峰園主人」印。

又宋淳熙撫州公使庫刻本。存卷一、卷二。半葉十行。行十六字，注雙行二十三四字。白口。板心上記大小字數，下記刊工姓名。鄭才、余定刊、陳中、占奐、黄珍、余先、周新、張太、陳祥、高安道、阮升、劉永、陳辛、鄧成、余安、李三。宋補刻板心有「壬戌刊」三字、刊名。王彦、劉明、祝士正、吴仲、余章、思敬。「癸丑重刊」四字、刊名。范從、陳浩、高安國。「癸酉刊」三字、刊名。詹英、黎明、伯言、志海。序接經文，卷末刊經注若干字二行。宋諱避至「慎」字。

李氏手跋曰：「《春秋左傳》岳刻大字、淳熙小字爲最近古，二刻以有明覆本，流傳較廣。其不附釋音者，惟日本官庫之興國軍本、歸安陸氏之蜀刻大字本，均在海外，不可得見。其他蓋無聞焉。此本避諱至『慎』字止，自是乾道、淳熙間所刊。其重刊之葉，標明『癸丑』者，當爲紹熙四年；『壬戌』爲嘉泰二年；『癸酉』爲嘉定六年。玩其字體結構、刊雕刀法頗爲相合，而半葉十行，每行大字十六，小字廿四〔二〕，與淳熙四年撫州公使庫《禮記》正同。沅叔得此，審爲撫州本，良不誣也。撫州本之傳世者，《禮記》外，聞有《公羊》，得是本堪與鼎峙，雖殘珪斷璧，亦當球圖視之。癸亥小寒後八日，盛鐸記。」有「天禄琳瑯」、「乾隆御覽之寶」、「五福五代堂寶」、「八徵耄念之寶」、「太上皇帝之寶」、「白拙居士」、「淵之」、「李盛鐸」各印。

又宋相臺岳氏刻本。缺首卷，附《春秋名號歸一圖》。半葉八行，行十七字，注雙行。線口。板心上記字數，下記刊工姓名。永言、全拱、史永、伯恭。左欄外刊某公幾年，卷末刊「相臺岳氏刻梓荆谿家塾」十字篆文楕形木記。

又宋鶴林于氏刻本。存卷二十六。附音切、經注、圈句。半葉十行，行十六字至十九字，注雙行三十二字。白口。板心下記刊工姓名。田文、周忠、翁信之、鄭林、呈圭、徐進。宋補刻。半葉九行，行十九字，注行三十八字。線口。卷末刊「鶴林于氏家塾棲雲之閣鋟梓」十二字木記。宋諱「敬」、「儆」、「殷」、「貞」、「桓」字，皆缺筆。有「謙牧堂藏書記」、「南昌彭氏」印。

〔二〕小字廿四：原作「二十四」，據中華書局版傅增湘《藏園群書經眼録》改。

京本點校附音春秋經傳集解三十卷

宋建刻巾箱本。存卷二十九。半葉十一行，行二十字，注雙行二十一字。線口。「重言」、「重意」、「互注」字作白文。左欄外刊哀公幾年。宋諱「桓」、「徵」、「慎」字，皆缺筆。

附釋音春秋左傳注疏六十卷

唐陸德明釋音。宋劉叔剛刻本。存卷一至二十九。半葉十行，行十九字，注雙行二十三字。線口。板心上記字數。卷二十五末葉板心刊名。仁甫。首孔穎達序，有「建安劉叔剛父鋟梓」八字木記，「桂軒藏書」四字鼎式木記，「敬齋」二字爵式木記，「高山流水」四字琴式木記。宋諱避至「敦」字。

有「史氏家傳」、「翰院收藏書畫」、「毛褒」、「華伯」、「皇次子章」、「養正書屋珍藏」、「謙牧堂書畫記」各印。

春秋經左氏傳句解七十卷

宋林堯叟撰。又題《音注全文春秋括例始末左傳句讀直解》。元建刻本。存卷七至七十。半葉十三行，行二十四字。小黑口。左欄外刊某公幾年。

左氏傳説二十卷

宋吕祖謙撰。明藍格鈔本。

王氏手跋曰：「吕東萊《左氏傳説》二十卷，鈔本。二十年前得之青州高唐，王府藏書也。康熙丙寅歲，皇上詔求遺書，唯重經史，張南溟中丞方巡撫山東，使來宣索此書。是冬，中丞擢刑侍北上，以元本見還，卷中硃字乙注即中丞所讎校也。其書似吾友朱竹垞太史之子昆田手迹，或方客中丞幕中。又渤海王太史家植《史薈》、渠丘馬禮部應龍古本《周禮》與此書同經進呈，凡三部。士禎。」

有「濟南王士禎」、「王阮亭藏書記」、「池北書庫」、「宫詹」、「學士」、「國子祭酒」、「寶翰堂章」、「華陽高氏鑒藏」、「尚同校定」各印。

公羊穀梁不分卷

宋合刻白文小字本。眉上附音釋。半葉二十行，行二十七字。白口。板心上記字數，下記刊工姓名。世昌、余、錢、王。

春秋公羊注疏二十八卷

周公羊高撰，漢何休注，唐徐彦疏。清姚世鈺校汲古閣刻本。

高氏手跋曰：「此與《穀梁傳》皆前輩姚薏田先生手録義門何太史校本也。太史既據各本正其譌脱，詳審無遺，先生於此傳復從宋鄂州官學本校其異同，備注於邊闌之上，尤爲精密。學者不獲見宋刊，得此亦可以無憾矣。丁酉冬日，蘋洲老人記。」

姚氏手跋曰：「馬氏叢書樓有何義門先生手校此經，余因攜本借勘，凡句讀悉仍其舊。佩兮四兄又出家藏宋鄂州州學官書，俾余覆校，并記其異同於邊闌之上。義門跋語欲重開，以公諸人人，蓋其珍重如此。今原書已歸江北，余復爲移謄，流布浙西，倘有有力者克廣其傳，是亦何先生嘉惠來學之心所樂與，豈獨汪氏家塾珍秘而已。乾隆丙寅，姚世鈺記於揚州寓齋。」

有「包虎臣藏」、「吴興包子莊書畫金石記」、「方是閑居」、「高鈺」印。

春秋穀梁注疏二十卷

晉范寧注，唐楊士勛疏。清姚世鈺校汲古閣刻本。

姚氏手跋曰：「余既假馬氏叢書樓所藏義門先生《公羊》校本校勘竣事，復假此經，得以刊改訛脱一過。時乾隆丙寅七月十有七日，姚世鈺記。」

有「包虎臣藏」、「吴興包子莊書畫金石記」、「陳淑貞」印。

春秋傳三十卷

宋胡安國撰。宋豫章官學刻本。半葉十行，行二十字。綫口。板心上記字數，下記刊工姓名。金山、王俊、曾立、陳選、吴榮、吴仲、余章、王禮、高仲、袁新、上官、信、吴世榮、高。宋諱「殷」、「讓」、「桓」、「貞」、「恒」字，皆缺筆。《紹興六年上書表》、卷十、卷二十三、卷二十五、卷二十八末刊「曾孫修職郎隆興府司户參軍繹校勘，從政郎充隆興府府學教授黄汝嘉校勘」二行。

卷末刊書識語曰：「右文定胡公《春秋傳》三十卷，發明經旨，當與三家並行。乾道四年，忠肅劉公出鎮豫章，鋟木郡齋，以惠後學。歲久磨滅，讀者病之。汝嘉備員公教，輒請歸於學官，命工刊修。會公之曾孫繹庀職民曹，因以家傳舊稿重加是正，始爲善本。工迄造成，識歲月於卷末。慶元己未中夏既望，莆田黄汝嘉謹書。」

有「季振宜字説兮號滄葦」、「毛扆」、「李玉陔明墀」印。

又宋建刻本。首《上書表》，存卷一至三。半葉十二行，行二十四字。白口。宋諱「桓」、「慎」字，缺筆。

春秋胡氏傳纂疏三十卷

元汪克寬撰。元建刻本。存卷二十五。半葉十一行，行二十字，注雙行低格。黑口。

春秋集注十一卷綱領一卷

宋張洽撰。宋臨江刻本。存卷四。半葉十一行，行十八字，注雙行二十七字。白口。板心上記字數，下記刊工姓名。圭。

春秋諸國統紀六卷

元齊履謙撰。元建刻本。半葉八行，行二十字。白口。有「翰林院」大方印、「姑蘇吴岫家藏」、「姚氏世昌」、「繡谷亭藏書」印。

春秋諸傳會通二十四卷

元李廉輯。元至正刻本。半葉十二行，行二十二字，注雙行低格二十一字。黑口。眉上刊評語，卷末刊「至正辛卯仲冬，虞氏明復齋刊」十二字木記。有「天禄繼鑑」、「乾隆御覽之寶」、「太上皇帝之寶」、「五福五代堂」印。又元刻本。卷末刊「至正辛卯臘月崇川書院重刊」十二字木記。

春秋金鎖匙一卷

元趙汸撰。清吴兔床校鈔本。吴氏手跋曰：「乾隆壬寅冬日，從沈吕璜孝廉借紅欄書屋新雕本校正。」有「兔床手校」、「鐵笛」、「林下書堂」、「紅藥山房攷藏」、「九杞山人」印。

鄭志三卷

魏鄭小同撰。清吴兔床、陳仲魚校武英殿聚珍活字本。附增十二條，補鈔司農《魯禮·禘祫義》一卷。末有「新豐鄉感化里人唐翰題藏」題記。吴氏手跋曰：「甲辰春二月二十又二日，吴騫從槃齋學士案頭借臨，丁君小疋同觀。」

陳氏手跋曰：「乾隆四十九年閏三月，陳鱣借閲於武原客館，並從雅雨堂刻《鄭司農集》中《魯禮·禘祫義》參校一過。」

盧氏手跋曰：「乾隆四十五年九月七日，盧文弨閲於京師李倩邸舍。」有「槎客」、「陳鱣」、「仲魚」、「江山劉履芬觀」、「海豐吴重熹」印。

又清劉玉麐校武英殿聚珍活字本。

劉氏手跋曰：「此册從霅溪丁孝廉小山借曲阜孔氏名廣林本校勘。辛丑正月之十日，淮南劉玉麐識。」

經典釋文三十卷

唐陸德明撰。清王菉友校通志堂刻本。有「王筠菉友」印。

葉氏跋曰：「此書從兄林宗借錢牧齋絳雲樓藏本影寫，書工謝行甫也，余幼時曾爲之校勘。至己巳春仲，林宗死，所藏宋元刻本并校謄未見之書盡爲不肖子孫散没，糕擔煙拾往往見之，惟此書幸存，因而留之。今之學者工于程朱之學，漢注、唐疏塵封蠹蝕，安知有此等哉。按《唐書》，陸德明成此書，太宗讀而喜之。太宗之時，儒臣濟濟，文教大興，未若宋人之疑經謗傳也。後人不察，風靡草偃，且不知有德明其人，何必此書！今絳雲樓已爲祝融所收，此書安得不寶重之邪？記之以勉後人，勿效林宗之子孫爲幸厚矣。葉萬。」

臧氏跋曰：「癸丑十月初九日臨校畢。巫山知縣段先生若膺曰：『寫本名銜在《毛詩》末甚是，故此書係南宋本。故《尚書》、《孝經》等《音義》竄改最甚，全非陸氏之舊。而《毛詩》或本之北宋，有乾德、開寶間名銜，因仍之。如徐、盧兩家刻本，移此卷終，似全書皆本北宋矣。』余是甚論斷之精，遂識以爲校勘之跋。内《周官》、《儀禮》最善，餘亦多佳者，不暇詳論云。段君校定處，別以墨筆，帀月而卒業。武進臧鏞堂，時寓館於金閶袁氏拜經樓。」

「此書舊藏吴臬朱文游家，學士盧召弓先生曾借校本，今刊行抱經堂本是也。近又歸同邑周漪塘，金壇段明府若膺聞之，往借是編，屬余細校，因覆臨一部。馮、葉二跋，舊鈔有之。更有陸稼堂、盧學士題，未録。庸堂同日記。」

王氏手跋曰：「内弟高敬菴光儼贈余此書，因借朱石君先生所藏宋本及葉氏所影宋本校之。其佳處固多，而謬誤亦不少。或且以宋本譌字改此本之正字，過矣。凡兩本所缺，□其旁；所無，□其旁。亦有明知其譌而姑存之者。道光乙亥八月朔，王筠記。」

新編十一經問對五卷

元何異孫撰。元至正刻本。半葉十四行，行二十五字。黑口。戊戌自序。李氏手跋曰：「此書於光緒甲午十一月流轉廠肆，以十八金收得之。以校顧氏《彙刻書目》，方知汲古毛氏原有兩元刊。初收者無序，故通志堂本缺序文。後收得此本，有序，即陳仲魚所云『鮑以文據以補缺』者也。十二月十日，順德李文田記。」

「此《通志堂經解》之祖本也，可不寶諸。仲約記。」

有「元本」印、「毛晉」、「毛扆」、「斧季」、「汲古主人」、「李文田」、「仲約」印。

經傳考證八卷

清朱彬撰。許印林校原刻本。道光二年王念孫序。

許氏手跋曰:「戊子客京師,汪孟慈農部以是書贈予。予甚寶愛,而文字或涉魯魚,乃檢群籍,校勘一過。孟慈見之,復攜去,他日求之,則云已寄呈先生付梓人改正誤字,改訖當還。己丑秋,予以憂旋里,遂不復能索其書。越辛卯臘,應僊查師命赴浙。過寶應,舟凍三日,極思此書而趨謁無因,作短歌以志。至浙,則先生令從子又汾先生在焉。壬辰,又汾先生歸試秋闈,乞代詢,乃知孟慈固未嘗寄也。又汾先生攜有此本,輒復校之,然未□前校之詳矣。冬至後三日夜半,金華試院校畢并識,海曲許瀚。」

有「南陵徐乃昌審定善本」印。

中庸或問二卷

宋朱熹撰。元至元泳澤書院覆宋本。半葉八行,行十五字。白口。板心上記字數,下記刊工姓名。熊叔賢刊、德新刊、曾亮。褚背有「泰定三年六月二十七日司吏蔣勝令史陳文玉付」押及鈐官印。

論語十卷

宋朱熹集注。元至元泳澤書院覆宋本。存卷五至卷十。半葉八行，行十五字，注雙行低格。白口。板心上記字數，下記刊工姓名。俞寅、李。

監本纂圖重言重意互注論語二卷

宋建刻本。半葉十行，行十八字，注雙行二十四字。綫口。左欄外刊小題。卷首《魯國城里之圖》、《集解序》。末刊「劉氏天香書院之記」八字木記。有「楊守敬」、「星吾海外訪得秘笈」印。

楊氏手跋曰：「右宋監本《纂圖互注論語集解》，序後有『劉氏天香書院之記』八字木記，又有《魯國城里之圖》一葉。書中宋諱並缺筆，唯『敬』字不缺，蓋因已祧之故。又『蓋有不知而作』章，注末引朱氏曰『識音志』，則知此本刊于《集註》既行之後也。今按，其與注疏本尤異者：若『不患人之不己知』章有注曰：『徒患己之無能知。』與皇疏本、十卷注疏本合。『一貫』章有注曰：『忠以事上，恕以接下，本一而已，其唯人乎。』與岳本合，見《經解鈎沈》。『託孤』章有注曰：『重稱君子者，乃可名爲君子也。』與十卷注疏本合。此並足訂近本之脱漏。其他經文尤異者：『君子疾没世而名不稱焉』，『名』作『民』。『曰敢問死』，無『曰』字。與《集注》同。『可與言而不與之言』，無『之』字。『窺見室家之好』，『窺』作『闚』。『出納之吝』，『納』作『内』。注文之尤要者：『其爲人也』章，『孔子』作『孔子曰』。此注疏本誤。『吾十有五』章，『有所成也』，『也』作『立』。此亦注疏本誤。『子游問孝』章，『豕畜』之『畜』作『交』。『或謂孔子』章，『與爲政同』，『與』上有『即』字。『禘自既灌』章，『列尊卑』，『列』作『别』。此亦注疏本誤。『里仁』章，『里者人之所居』，『仁』作『人』。此亦注疏本誤。『公冶長』章，『絏攣也』，『攣』作『繫』。『令尹子文』章，『姓鬬名穀』，『穀』作『㝅』。此亦注疏本誤。『子在陳』章，『狂簡者』，無『簡』字。『雍也』章，『孔曰以其能簡』，無『孔曰』二字。『子謂仲弓』章，『騂，赤也』，『也』作『色』。此亦注疏本誤。『季氏使閔子騫』章，『託使者』，『託』作『語』。『我辭焉』，作『辭説』。『賢哉回也』章，注『簞飲食』下有『瓢飲』二字。『孟之反』章，『前日啓』，『啓』作『奔』。此恐誤。『博施』章，『皆恕己』，『恕』作『如』。『默識』章，『無是行於我』，『我』上有『人』字。『孔子言用行』章，『孔子言』，『子』作『曰』。『文莫』章，『凡言文』作『言凡文』。『曾子有疾』章，『不敢欺詐』，『詐』作『誕』。『如有周公』章，『周公者』，無『者』字。『才難』章，『人才難得』，『人』作『大』。『麻冕』章，『下拜然後成禮』，『後』下有『升』字。『畏匡』章，『未喪此文』，『此』作『斯』。『彌高』章，『有所序』，『所』作『次』。『反魯』章，『反魯』下叠『魯』字。『在川』章，『言凡往也者』，無『也』字。『唐棣』章，『而不自見者』，『見』作『得』。『回也非助』章，『無發起』，『無』下有『所』字。『厚葬』章，『割止』作『制止』。『長府』章，『則可也』，無『也』字。『善人』章，『然亦不入』，『入』上有『能』字。『司馬牛』章，『孔子行仁難』，『子』作『曰』。此亦注疏本誤。『棘子成』章，『與犬羊别』，『别』下有『者』字。『年饑』章，『孔曰孰誰也』，無『孔曰』二字。『辨惑』章，『孔曰』作『包曰』。『子張問志士』章，『其志慮』，『志』作『念』。『會友』章，『友相切磋』，『友』作『有』。『仲弓問政』章，『人將自舉其所知』，『舉』下有『之各舉』三字。此注疏本脱也。『多學』章，『而一知之』作『一以知之』。『三年之喪』章，『子生於歲』，『於』作『未』。此注疏本誤。『待孔子』章，『聖道難成』，『成』作『行』。『荷歸女樂』章，『廢朝禮三日』，無『三日』二字。『荷蓧』章，『不分植五穀』，『植』作『殖』。『大師摯』章，『居其河內』，『其』作『於』。『大德』章，『小德則不能不踰法』，無『則』字。『堯曰』章，『殷豕而白』，『豕』作

『家』。此並注疏誤。凡此者，雖不免小有譌誤，而其佳者或與《釋文》合，或與皇疏，或與日本正平《論語》合，皆證據鑿鑿，優於注疏本。其他字句小有異同，句末多有虚字，不甚關出入者，别詳《札記》。按《集解》自《集注》盛行之後，學者束諸高閣，故有明一代，唯存永懷堂一本，然是從注疏本剌取，非重刊宋本也。國朝唯惠定宇及見相臺岳氏本，至阮氏作《校勘記》，並岳本不得見焉。此本爲自來著録家所不及，即日本亦罕知之者，唯吉漢宧《近聞寓筆》載其所見永正年古鈔《論語》，有清原明經、宣賢父子跋。其中依唐本補入二處，即「忠恕」章與「託孤」章。與此本合，而吉漢宧亦不能指其據何宋本。此本爲琳瑯閣書估從日本西京搜出，未經日本諸名人鑒定，故無多印記，而通前後無倭訓，尤爲難得。余以重價購之。至其雕鏤之精，紙墨之雅，則有目共賞，誠爲希世之珍。余初攜歸時，海寧查君翼甫一見心醉，不惜重金，堅求得之。余與約，能重刊此書者方割愛，後查君東歸不果。而碩卿章君亦酷愛此書，余亦與約必重刻餉世，碩卿許諾，乃跋而賚之。昔錢牧齋售《漢書》於季滄葦，自稱如李後主揮淚對宫娥。此情此景，非身歷者焉知其沈痛也。光緒丁亥正月，宜都楊守敬記。」

「又按，十行以下《論語注疏》皆不附《釋音》，此本獨載之。往往與宋本《音義》合，且有足訂宋本之誤者。」

尹和靖論語解二卷

宋林逋撰。明祁承㸁鈔本。半葉十行，行二十字。藍格。板心下刊「淡生堂鈔本」五字。書衣韓氏題曰：「咸豐己未十一月朔日，得之蘇州汪氏。金順甫椿來，價洋一元七角。應陛記。」

有「汪士鐘藏」、「韓德均錢潤文夫婦」印。

論語注疏解經二十卷

魏何晏注，宋邢昺疏。宋紹熙浙東庾司刻本。存卷十一至二十。半葉八行，行十六字，注雙行二十二三字。白口。板心下記刊工姓名。李林明、張亨、符彦、許文、沈思忠、沈仁舉。「疏」字作白文。宋補刻板心上記大小字數，下記刊工姓名。楊明、王桂、沈珍、婁正、德潤、陳松、徐榮、祝明。卷中明補作白口。又卷十二第八葉黑口。宋諱避至「敦」字。

孟子注疏解經十四卷

漢趙岐注，宋孫奭疏。宋紹熙浙東庾司刻本。存卷三、卷四、卷十三、卷十四，均分上下。半葉八行，行十六字，注雙行二十二字。白口。板心上記大小字數，下記刊工姓名。吴玉、吴洪、吴宥、李信、李彦、許成之、許貴、許詠、許文、毛食、毛俊、丁之才、丁銓、余阿平、茂五、曹榮、董用、范華、立子文、王榮、徐仁、祐圭、顧祐、張享、楊昌、宋瑜、沈思忠、金濳、李林明。「疏」字作白文。宋諱避至「敦」字。

孟子集注十四卷

宋朱熹撰。宋浙刻本。存卷一、卷五至十四。半葉八行，行十六字，注雙行。白口。板心上記字數，下記刊工姓名。余同甫、詹、占、芳、元、何友、王、翁、古、介、徐。宋諱「玄」、「匡」、「恒」、「樹」、「敦」字，皆缺筆。有「仁山茲泉」印。

又宋建刻本。存卷五。半葉七行，行十二字，注雙行低格十五字。線口。

四書經疑問對八卷

元至正刻本。半葉十一行，行二十一字。黑口。卷末刊書識語曰：「右《四書疑》八卷，其得多所發明。相傳以南進士董彝宗文所編，第恐石氏所録程子之説未免有殊已。專書達本人，冀有以補其未備，訂其訛舛，而求真是之歸，幸甚。至正辛卯仲夏，建安同文堂謹啓。」

四書通證六卷

元張存中編。明毛子晉影鈔元本。半葉十三行，行二十四字。墨格。泰定戊辰胡炳文序。卷末有「琴川汲古閣秘鈔校定本」篆書一行。

有「東吴毛氏圖書」、「西河季子」、「光熙所藏」印。

瑟譜十卷

明毛子晉鈔本。次題「山陽酒狂仙客著」。半葉十二行，行二十五字。墨格。板心下寫「汲古閣」三字。嘉靖庚申朱載堉序。壬戌五月黄丕烈跋一則，見《題識》。有「毛晉」、「毛氏子晉」、「黄丕烈」、「蕘圃過眼」、「讀未見書齋」、「義州李放珍秘」印。

樂述三卷

清毛乾乾撰。稿本。康熙癸酉自序。目後題曰：「是編起於壬申之夏，竣於癸酉之冬。結搆匡山，增修吴下，得力于同人者不少。凡六易稿，至癸未冬始成。一紀嘔心，頗無遺憾。至鐘重及嘉量厚，匪鑄莫詳，非貧士所能辦。姑闕所疑，以俟來者，同志君子，有以教我可也。」

「《樂述》既成，彙以四編，首曰《審音》，原其體也。次曰《制器》，明其用也。體用兼資而樂以備，故繼《播樂》。無徵不信，古之人已有先得我心者矣，故以《徵古》終焉。《餘録》則未盡之緒也。夫有疑于音者，以器驗之，而音非虛懸；疑於器者，以樂陳之，而器非圖具。樂能未辨，則蓋證之古人之書，蓋古人迷天，我迷古人。是古人者遵之，非古人者正之，固其宜也。世儒襲舛承訛，奉漢律爲不刊之典，見其弗類而或咤之，曾何足異！是猶久珍贗鼎，精神純注其中，一旦真者當前，鮮不駭以爲怪。非故怪也，常其所怪，自怪其所常也。嗟乎，秦火而後，學者多作聰明以亂舊章，而語非甚奇則世不尚，中庸一道，久束置高閣矣，寧特一樂然哉。有心者好古搜求，則群指以擅翻前案，不知此所翻者，乃其翻案之案，非舊案也。且古人定案，何可翻也。聖人以心爲案，神瞽以耳爲案，載在典章，幾同天覆地載，亘古不移。而乃妄憑意見以謂善翻，則是自翻其心，自翻其耳。而任口以思，任目以聽，其于樂爲何等矣，不亦惑乎！撥雲霧以覩青天，豈曰好事；三代故物，幸而拾之，敢委塵土。請以還之古人。癸未冬日，乾乾再記。」有「詩庭謹藏」印。

爾雅三卷

晉郭璞注。元平水刻本。附《釋音》。半葉八行，行十五字，注雙行。板心上白口，記大小字數。下黑口。郭《序》末刊書識語六行，曰：「一物不知，儒者所恥。聞患乎寡，而不患乎多也。《爾雅》之書，漢初嘗立博士矣，其所載精粗鉅細畢備，是以博物君子有取焉。今得郭景純集注善本，精加訂正，殆無毫髮訛舛，用鋟諸梓，與四方學者共之。大德己亥，平水曹氏進德齋謹誌。」

有「況周儀」、「夔生」、「恬裕齋藏」、「稽瑞樓」、「瞿氏鑒藏金石記」印。

刊謬正俗八卷

唐顏師古撰。清何義門校舊鈔本。半葉十行，行十八字。首《上書表》，紹興十三年汪應辰序。

何氏手跋曰：「康熙戊戌二月，燈下讀此書，既無他本可以借校，而自愧見書不多，遇有所疑不能決定，僅略改其所知者。異日子弟中向學者，其爲我成之。顏監之作，亦以補《家訓》中《書證》、《音辭》二篇所闕，後人當有至於希賢也。焯記。」

有「毛晉」、「何堂」、「仲子攷藏」、「虹橋何氏」、「小何水部」、「松齋」、「青松白玉」、「辛未」、「黄絹幼婦」、「不薄今人愛古人」、「玩此芳草」、「古裒堂」、「逍遥遊」、「隨菴道人」、「隨菴圖書」、「閑官養不才」、「游戲三昧」、「吾師老莊」、「聖華醉月」、「靜觀樓」各印。

群經音辨七卷

宋賈昌朝撰。宋汀州刻本。存卷三、卷四。半葉八行，行十四字，注雙行二十三字。線口。板心下記刊工姓名。黄戬、黄七刊、黄七刀。宋諱避至「覯」字。有「毛晉」、「子晉」、「汲古閣」、「乾隆御覽之寶」、「太上皇帝之寶」、「古稀天子之寶」、「八徵耄念之寶」、「五福五代堂」、「天禄繼鑑」、「聖清宗室盛昱伯羲」、「完顔景賢精鑒」、「小如菴秘笈」各印。

急就篇不分卷

漢史游撰。清黄丕烈校明鈔本。半葉十四行，行二十二字。藍格。黄復翁跋三則，見《題識續録》。

鈕氏手跋曰:「嘉慶辛未六月,余游廣陵,汪君孟慈出其家藏趙文敏正書《急就篇》墨迹見示,末有王覺斯跋云:『此册出自内府,余爲審定。』其文實從皇象碑本者,以王伯厚所稱碑本第七章全缺。又稱碑本『屏側』句在『壄鯀』句上,『變化』句在『姦邪』句上,而此本悉與之合也。亟假細録一通,并列其異同於後,蓋碑本與顔合者,王氏但著顔,不更出碑本,甚與顔本異而王氏未著八十餘字。又王稱碑本與趙書不合者十餘字,恐傳刻有譌也。然趙所見碑本已有殘缺,其缺而空者九字,失空者七字,凡缺一十六字,而王注不云碑本,蓋其略也。今王本既無善本以相校,足正其譌舛,則此册之足寶貴,不僅書法精妙也。古『升』、『斗』字形相近,趙本作『蠡斗參升』,『蠡』與『麗』聲相近,則『蠡斗參升』猶『兩二斗三升』耳,而顔本『斗』亦作『升』。又『祠祀社保莪獵奉』,蓋因疾病而禱祀社保,則社者鄉社也,保亦其類。而顔本『保』作『稷』,訓爲先農,似以失考。略舉二條,以見古本之精。葉石林臨本《急就篇》今存者一仟三百九十九字,明初宋温仲補六百一十六字,合之凡二仟一十五字。正統間吉水楊君政刻於石,今在華亭,其文與趙本多合,蓋同出皇本,足以參考。鈕樹玉。」

附鈕氏致黄氏手札曰:「蕘翁大兄大人,前適有瑣事,不及專候爲罪。尊作及鄙著《急就篇跋》録上,希鑒收。其所鈔趙本《急就篇》,徧尋不得,俟檢出再呈。率此附請晨安。

樹玉頓首。九月二十九日。」

說文解字三十卷

漢許慎撰。宋乾道刻本。半葉十行，行十六字至十八字，注雙行二十五字至二十八字。白口。板心上記大小字數，下記刊工姓名。何昇、何澤、徐薪、丁之才、鄭埜、吴祐、詹德潤、李德瑛刊，金大明刊，敬明、胡勝、石中。宋諱避至「慎」字。

丁氏手跋曰：「道光戊戌四月初六日，孟慈户部以宋槧小字《説文》見示，余究心許書二十年，得見斯書，良可慶幸。其中亦有誤字，然因此可以考見原文，不似近刻臆改許書，失却本來面目，是可歎也。山陽丁晏記。」

有「臣晉」、「虞山毛氏汲古閣收藏」、「海虞毛表奏叔圖書記」、「季振宜」、「滄葦」、「阮元」、「雪經老人」、「顧廣圻」、「揚州汪喜孫」、「孟慈」、「桂馥」、「許瀚」、「葉東卿」、「志詵」、「何紹基」、「何紹業」、「汪延熙」、「仲恪」、「陳慶鏞」、「季因是珍藏」、「新安汪灝藏本」、「姚伯山」、「楊以增」、「至堂」、「楊紹和藏書」、「海源閣」、「四經四史之齋」各印。

説文篆韻譜五卷

南唐徐鍇撰。元延祐刻本。半葉七行，字數不接。目後刊：「丙辰菖節種善堂刊」八字木記。有「趙宧光藏書」款、「鶴道人」印。

説文解字注匡謬不分卷

清徐承慶撰稿本。

何氏手跋曰：「咸豐四年，按試閬州，從哲嗣讓泉老兄處借歸省署，命兒侄輩録一副本。次年初夏，再至閬中，持還讓翁。蝯叟何紹基記。」「蝯」印。

又手札曰：「《説文注匡謬》精確之至，有功小學，不可不急謀刊刻。弟擬攜至省城，先寫一副本，寫畢即奉還原書，計夏間必可收到也，萬不致有污損。著書人事略，希便中示及爲感。此頌讓泉大兄世大人時佳。弟基鞠躬。」

姚氏手札曰：「鶴樵賢弟足下，接展手書，並助刻書銀三十兩均已領悉。徐謝山先生

《説文段注匡謬》，兄於去臘底從繆小山太史處借到，現已謄出清本，即付刊刻。俟刻成校對後，即將原本送還心渠兄，決不有誤，亦斷不致遺失損壞，望先轉致。將來歸還時，即逕寄貴署，不必再由碩卿處轉，仍當以刻爲賸也。手此即頌，秋祺不盡。愚兄姚覲元頓首。」「師古」印。

施氏手札曰：「筱珊老前輩大人左右，昨領大教，并承屬呈徐先生《説文匡謬》，本擬親送，緣日間欠適，延至許久，近仍忌風，只得遣介送上。計書陸本，其上年稟稿附内呈閱，可否專傳，尚希青鑒。至前附傳稿，便中鈔出擲下是荷。此上，即請開安。侍施紀雲頓啓。」

佩觿三卷字鑑五卷

宋郭忠恕撰，元李文仲編。清何小山校張氏澤存堂刻本。

何氏手跋曰：「康熙五十八年正月初八日，用趙清常鈔本、萬玉堂刻本粗校一過。明刻此書，所見者三本，而萬玉堂爲勝。趙氏本云借鈔于孫唐卿，惜無從見之也。□夫煌記。」

「毛斧季一生不見宋槧《佩觿》。」

有「松江讀有用書齋金山守山閣兩後人韓德均錢潤文夫婦之印」。

古器款識二卷

明沈竹東手鈔本。末有「對過」二字印。目後鈐朱文五行曰：「家積古今書史萬餘卷，間有鈔本。以文章公開，不敢自私，愧在束置而不知其味耳。大人先生取觀者，少加愛護，或鈔本字有舛譌，煩改正發下，書之幸也。倘厚跋教，又出望外焉。竹東野人謹告。」

許氏手跋曰：「余自幼有志攻字學，先君子授以《醴泉銘》，頗知筆法。尋好行草，聞議論於歐矩軒，既又知溯原於古篆隸。弱冠館寓羅峰，閱《博古圖》，臨寫《款識》，於是慨然欲友耆古賅洽之士相與切磨。荏苒二十餘年，至京師又十年，始得沈竹東先生。迺約李貞夫往訪，積書充棟，一一標籤，手自校讎，且謄且讀，篆隸真草，無不精進。借余《款識》，刻意臨之，喜以示余，筆畫清新，不失古法，瞻玩歎伏，深愜素懷，敬書其後而歸之。竹東，雲間人，官錦衣户侯。謙然退處，恥爲罔力争榮，是宜其發之筆端不碌碌也。正德壬申中春望後之十一日吉，賜進士出身徵仕郎禮科右給事中閩莆梅坡許瀚書于東瑣清閒處。」

有「華亭沈氏」、「竹東」、「世讀家傳書籍」、「毛晉」、「子晉」、「毛扆」、「斧季」、「汲古主人」、「虞山錢曾遵王藏書」、「孔繼涵」、「葒谷」各印。

復古編二卷

宋張有撰。元至正刻本。半葉七行，篆書一約當小字六，注雙行二十四字。白口。板心上記大小字數，下記刊工姓名。徐德充、天祥。大觀四年陳瓘序、至正丙戌虞集序。末刊大字篆書曰「至正丙戌曹南吴志淳刻於好古齋」二行。補鈔政和三年程俱序。

楊氏手跋曰：「篆籀滅於李斯，何也？昔者先王六藝之迹盡於天下，斯火古學而亡之，而大盜之，篆籀滅矣。吾猶恥李陽冰之愚，不知其本，至翁事斯，甘爲之子孫孥妾，非至愚而何！斯非能制作，從荀況學六藝，固□識古文倉頡科斗。非特斯也，趙高能《爰曆》，胡毋敬能《博學》，當是時，秦人多能之者。斯一旦揣吕政狹小三皇五帝以自侈大之意，乃一切焚蕩先迹而盜之，以自爲秦作古而已。爲《史》、《倉》以欺其後人，其罪大矣！

不知書未脱筆，而吕政已改，向使獄徒之隷，被官被府稱衡石，視斯書更無用。未幾，野火亦焚其嶧山之隈。漢興，未嘗貴之，故表章《六經》，孝宣召通《倉頡》讀者，孝平召説古文未央庭中，王莽詔甄豐改定古文，馬援上書光武，極論其弊，皆未嘗及斯書以嶧爲美者。斯書本末若此。至陽冰乃一旦好之，而不知有先聖賢之迹，以爲古書無出其右，陽冰若知言者，當舉李斯焚蕩之罪而不當珍其大盗之迹，故直以陽冰爲至愚。自是輕好附會寡能之士，矜眩點畫，搜竊僻怪，以鉤名聲，争黨於斯、陽冰，不知其愈下。惟公乘《説文》有補學者，則徐鉉爲有功小學。嘗考近世吴興張有識《倉頡》書，嘗正俗訛爲《復古編》，大氐皆附《説文》理致，非阿黨斯也。淮海李紱得其編，習其法字，書行於燕薊，猶寶惜之，來徵余言，以是語之，俾進於大。紱字希文，老而篤學，資蓋愈堅。洪武甲子秋九月二十日，天台楊哲書於燕官舍。」「秉哲」印。

首鈐「漢壽亭侯」僞印，題曰：「壽亭侯印。辨《學古編》云漢有摹印，其法只是方正，近乎隸。凡屈曲盤回，唐篆如此。今碑刻有顔魯公官誥尚書省印可考。編中所載壽亭、昌邑侯印圖刻，正與其説相合。今觀石湖老人所獲此印，篆刻綢繆宛轉，布置匀圓，雖後人好事者爲之，然精製亦已極矣！尤宜珍藏之。」

附條鈐「燕相府」大印，中寫「初一日」三字。左角上寫「左相」二字，又「慶雲縣印」，中寫「四年十二月初二日，知何」。又「壽清右衛指揮使司印」，中寫「洪武二十二年八月二十九日」。

有「趙子昂」、「吳國司馬」、「李芾圖書」、「◎樞齋」、「大癡」、「天下同文」、「觀海生」、「安樂堂藏書」、「東郡楊紹和字彦合藏書」、「宋存書室珍藏」、「瀛海僊班」各印。

班馬字類二卷

宋婁機撰。清馬氏小玲瓏山館覆宋本。有「會稽李氏困學樓藏」印。李氏手跋曰：「乙丑之夏，予歸自都，止於西泠逆旅。適蓮士太守自粤東返浙，先寓此館。各述離況、相思之狀，間及故業，則又相對慨然，以著述未成，藏書盡燬，惜日力之不繼，迫生事之有涯。乃出其近年粤中所得此書及鈔本《沈下賢集》二種爲贈，予篋中先已有玲瓏山館所刻此書，因不忍拂君意，乃還《下賢集》而留之。復檢舊藏微波榭本《五經文字》、《九經字樣》兩書爲報。甫一年，而君歸道山矣。時予方嬰臯魚之痛，苫凶倚形，復喪同志，悲可知也。今年，令子子宜寫君遺文眎予，中有跋予所詒兩書跋，展卷歎息，爲之涕流。爰取是書，亦系之跋以報君，而仍以書還子宜。子宜，予門下士也，年少英發，能讀父書。古人云，讀書必先識字，今之秀才識字者尠矣。是書孽綜《史》、《漢》，有裨《六經》，誠因此而導之，可以通訓詁、釋文章，不特慰鑿楹之志，亦予之所以望及門者夫！時同治六年，歲在丁卯三月，李慈銘悉伯書。」

龍龕手鑑四卷

遼釋行均撰。宋浙刻本。半葉十行，大字，一約當小字四，注雙行三十字。白口。板心上記大小字數，下記刊工姓名。李良、李生、林茂、林盛虞、何林子、徐永、圓寶范刊、良刊、張刊、澄刊。統和十五年智光序。

徐氏手跋曰：「《夢溪筆談》云：『幽州僧行均集佛書中字爲切韻訓詁，凡十六萬字，分四卷，號《龍龕手鏡》。燕僧智光爲之序，甚有詞辨。契丹重熙二年集。契丹書禁甚嚴，傳入中國者，法皆死。熙寧中有人自虜中得之，入傅欽之家。蒲傳正帥浙西，取以鏤板。其序末舊云重熙二年五月序，蒲公削去之。觀其字音韻次序，皆有理法，後世殆不以其爲燕人也。』右《夢溪筆談》如此，尠四十年前讀之。偶於萬曆己酉過杭州，購得此書，乃高深甫家所藏宋板宋紙也。深甫有印記。前序有統和十五年丁酉，乃宋太宗至道三年也。實契丹原本，非蒲帥重梓于浙西者，計今七百餘年。卷帙完好，《夢溪》所云重熙二年者，又後統和三十餘年。予考其序，總有一十八萬九千六百餘字也。行均字廣濟，智光字法炬，《夢溪》末詳矣。崇禎戊寅元夕，徐𤊹興公識。」

傅氏手跋曰：「《龍龕手鑑》四卷，北宋刊本。半葉十行，注雙行，每大字一約當小字四。序每行十四五六字不等。白口，左右雙闌。板心魚尾上記大小字數，大在右，小在左。下記人名，可辨者『囻寶范刊』、『□良刊』、『□澄刊』、『□張刊』。李良、何林子、李生、林茂、林盛虞、徐永。中縫題『龍一』、『龍二』等序。第一行題『新修龍龕手鑑序』。第二行低三格，加黑蓋子，題『燕臺憫忠沙門智光字法炬撰序』。末題『統和十五年丁酉七月一日癸亥序』。本書首行題『龍龕手鑑平聲卷第一』，下加黑蓋子，題『釋行均字廣濟集』。次行目録。部首金居第一，人加鄰第二云。每部内字分四聲，其平、上、去、入聲字用陰文標識之。篇中『鏡』字缺末筆，餘皆不缺。每卷有元人手押在闌外上方。收藏有『武林高瑞南家藏書畫印』、『武林高深甫妙賞樓藏書』、『鰲峰徐氏宛羽樓藏』各印，皆朱文。副葉有崇禎戊寅徐興公手跋。庚申十一月二十三日，以事赴津門。晨起訪文林閣主人王茂齋，言此地有《龍龕手鑑》一書，號爲遼刊。其人甚秘，惜不得持示人。余因動搜奇之念，遂同乘車至河北。時冰雪滿地，嚴寒徹骨，車行北向，風朔大作，飄雪入衿袖中，手足皴瘃。下車入委巷中，主人獻縣張培湘圃持敗篋相示，啓函展觀，精采炫目，審爲北宋刻本。張君言咸豐庚申，其先人得之京師，蓋圓明園燼餘也。今以歲饉來此，將鬻以易米，非六百金不欲去。余憫其意，毅然許之。持首册行，連訪數友，如數貸得，夜深乃挾全帙來。回都晤文友堂主人魏經腴，言八月中即聞是書，往來京津間，百計求之不可得。嗣張君菊生託爲物色，亦久不得耗，而余乃無意獲此奇秘，寧非快事。且是書自庚申之役流出人間，今甲子重周，復顯於世，且恰入吾家，與宋代欽之遥相應和，尤足異也。因書小詩數章於卷首，而詳考源委，博爲條説，以附此後焉。」

「《讀書敏求記》稱爲契丹鏤板者，原目按《夢溪筆談》、《郡齋讀書志》並稱《龍龕手鏡》，以『鏡』爲『鑑』，當是宋人翻刊，避諱而改。此序中『鏡』字缺筆，金部並不載『鏡』字，宀部『完』字缺筆，木部並不載『桓』字，以及『構』、『博』、『殷』、『敬』、『讓』、『恒』、『樹』、『慎』、『擴』、『昀』等字皆刊落，其宋刻而非遼刻。」

「詩曰：『近規篇韻遠埤蒼，印度支那考譯詳。十九萬言精且博，書成五度變炎涼。流傳序藉智光師，出物闌干虜禁奇。爲問南朝誰得見，吾宗乃有傅欽之。蒲帥重刊付浙西，重熙削號費參稽。統和依舊遼元在，展卷翻疑沈夢溪。字鏡何人得寓觀，封畺隔越見應難。遍尋簿録尋孤證，嬴得鰲峰説契丹。御名惇昚未全删，八百年過皕葉完。此是燕臺初墨本，上追天禄掩虞山。圓明餘燼泣庚申，片紙能逃萬劫塵。六十年間重出世，披裘犯雪訪書人。』庚申十一月二十五日，江安傅增湘書。」

「是日所祭書，无夢詳其目於《隋書》副葉，别有景宋本《柳州外集》、《李涪刊誤》、《老子道德經古本集注》、校宋本《常建集》、《王建詩集》、《碧雲集》、《群玉集》，皆保山吴偶能遺書。手迹猶新，墓有宿草，流連盛會，深惜斯人。增湘附記。」

張氏手跋曰：「庚申十二月癸巳日，藏園祭書。綬金以新刻《中州集》，翼盦以宋本《嘯堂集古録》，森玉以弘治本《吴越春秋》，嘉叔撫詒晉齋設色山茶一幀，伯宛攜松花江白魚來侑祭。書衡、蘭泉、明允、冷僧、元夢及余咸無所將。期而不至者，江寧鄧正闇也。涇陽張允亮記。」

有「武林高瑞南家藏書畫」、「武林高深甫妙賞樓藏書」、「鰲峰徐氏家藏書畫」、「興公」、「宛羽樓藏」、「雙鑑樓」、「張允亮」各印。

又清經井齋傳鈔宋本。行款同前。注行異。

沈氏手跋曰：「遼僧行均編撰，以平、上、去、入爲部次，隨部復列以四聲，凡二萬六千四百三十餘字，注一十六萬三千一百七十餘字，釋藏之字胥在焉。統和十五年丁酉七月，燕憫忠寺僧智光爲之序。遼聖宗統和丁酉即太宗至道之三年也。小學放失久矣，章逢之士肆筆爲文，茫然不知偏傍翻切者，相習以爲常，行均以異端曲學，乃能殫心精求而纂是書，爲緇白之津梁，補前賢所未備，可謂有志者也。昔洛僧鑒聿著《韻總》，歐陽文忠以爲若櫛之於髮，績之於絲，雖細且多而條理不亂，行均此書亦猶是也。蓋佛之徒無功名之念，室家之累，心專一而屏外慕，故其所就若是。世之逐逐人海者，中材既苦於不能爲，其上者又不暇爲，雖杖杜雌霓接於前，已無非之者矣，此學者之共患也。此書注所云《寶燭》、《隨函》、《郭迻》、《香嚴》諸書今俱不可見，而吕忱《字林》往往疏於篇中，則宋時猶存也。又智光序云：『又撰《五音圖式》附於後』，今鈔本無之，豈亦如神珙《五音九弄》之類乎？然不可考矣。余初聞此書於惠徵君松崖，求之數年。去春始從吴門朱君文游，借得影鈔宋本。會經君井齋自禾來，願爲手録，總爲字一十八萬八千九百六十有畸，始六月朔，大暑祁寒勿輟，歷半載乃竣，而君亦去館它氏矣。以此書求之之難如此，得之之難如此，鈔之之難又如此，而惠君告之，朱君假之，經君樂成之，洵非偶然也。凡楮筆饔飧之費，計縻白金三鍰，其裝而弆則主人江君鶴亭實佐之。備書以諗後人，俾無易視焉。乾隆三十有一年，歲次疆圉大淵獻季冬，雲間沈大成學子撰。」

六書正譌五卷

元周伯琦撰。元至正刻本。半葉五行，篆書一約當小字六，注雙行二十字。綫口。板心上記字數。至正十一年自序。

有「明善堂覽書畫」、「安樂堂藏書記」印。

隸韻十卷

宋劉球撰。宋刻搨本。缺卷四。卷末有「御前應奉沈亨刊」七字。有「范大澈藏」印。

錢氏手跋曰：「金石集録昉於歐陽文忠公，厥後好古之士著録日緐。搜採之博無過趙德甫；考證之精無過洪文惠。文惠《隸釋》、《隸續》，續書世多有之，惟《隸韻》不傳。乙巳夏，於四明盧氏抱經樓得見此刻，雖殘缺不完，款識都失，要爲文惠之書無疑也。文惠嘗模鴻都石經殘字刻於會稽之蓬萊□閣，論者謂淳古不異真漢刻。予往來越中，求其隻字不可得，而兹本□出於六百年之後，神物護持，洵非偶然哉。竹汀居士錢大昕記。」

盧氏手跋曰：「洪盤州《隸韻》乃刻之紹興蓬萊閣者，全謝山太史云世間已無傳本，此殘帙乃范序班所藏，後歸之黄氏一層樓，數十年流落不知歸于誰氏。己丑冬，於迎鳳橋舊書鋪中得之，驚喜殊甚，即殘本當寶同拱璧也。乾隆乙巳夏六月，書船焯識于抱經樓。」

錢氏手跋曰：「盤州《隸釋》自序云：『既法其字爲之韻，復辨其字爲之釋。』又竹垞跋《隸續》云：『繹後叙尚有《隸韻》、《隸圖》，今不得見。』是《隸韻》之不傳久矣。此本抱經樓所藏，雖殘缺不完，而精彩焕發，規矩可師。考顧南原《隸辨》一書，亦以韻採輯，取以相校，所收不及是刻之詳備，豈非考古者所當斤斤寶愛哉！乾隆乙巳中秋後一日，毗陵錢維喬識於四明官舍之小林棲。」

「光緒三年丁丑三月十又八日，歸安吴雲愉庭、秀水杜文瀾静逸、元和顧文彬怡園、武進盛康旭人、吴縣潘曾瑋養閒、吴大澂恒軒集罔師園同觀。」

漢隸分韻七卷

不著撰人名氏。元至正刻本。存卷二至末。半葉六行，行十一字，注雙行二十字。黑口。

吴兔床手跋曰:「歲乙巳冬日,周松靄大令偶得此不全《漢隸分韻》,特以見遺。予舊有寫本甚精,似從此本傳録,雖不及松靄所藏宋槧本之佳,然視近來萬氏刻本,則有上下床之分矣。」

有「國子監」滿漢文大方印、「鶴安校勘秘籍」、「蘇閣」、「石蓮闇藏書」印。

廣韻五卷

不著撰人名氏。元泰定刻本。半葉十二行,大字一約當小字四,注雙行三十字。黑口。孫愐序。末刊「泰定乙丑菊節圓沙書院刊行」十二字木記。

楊氏手跋曰:「此泰定本《廣韻》,已刻入《古逸叢書》中。其中固多誤字〔一〕,然足以補正宋本者不少。黎星使必欲據張刻校改〔二〕,余屢争之不得。幸存此原本,他日一一列其異同,别爲札記,亦有功小學不淺,木齋兄其有意乎? 丙戌夏四月,守敬記。」

有「森氏開萬册府之記」、「讀杜草堂」、「楊守敬」、「李木齋」、「木犀軒」印。

〔一〕其中固多誤字:原作「其中固□誤字」,據楊守敬《日本訪書記》改。

〔二〕黎星使必欲據張刻校改:原作「黎星使必欲參張刻校改」,據《日本訪書記》改。

增修互注禮部韻略五卷

宋毛晃增注。宋嘉定國子監刻本。半葉十行，行十八字，注雙行三十二三字。白口。板心上記大小字數，下記刊工姓名。文可、景從、胡。增注作白文。首《進書表》。紹興三十二年《上書表》。宋諱避至「擴」字。有「彭瑞毓圖書記」、「賜龍堂」、「鴻寶堂」、「定丞過眼」印。又元至正刻本。半葉十一行，行十四字，注雙行二十八字。黑口。左欄外刊小題。首《上書表》。卷一後挖去「至正乙未仲夏日新書堂新刊」木記。有「子京」、「懷新堂攷藏」、「百川書院」、「臣卧真賞圖書」印。

附釋文互注禮部韻略五卷條式一卷

清初影鈔宋本。半葉十行，行十八字，注雙行三十二字。卷末有「嘉定六年四月望，鋟板於雲間洞天」二行。宋諱避至「擴」字。

成氏手跋曰：「《附釋文互注禮部韻略》四大册，按《宋史·藝文志》載，《韻略》凡五書，中無此名。顧亭林云，今所傳《韻略》則衢州免解進士毛晃增注，於紹興三十二年表進者。據此，知亭林所見者止毛晃一本。今校此書之刻在寧宗嘉定六年，上距高宗紹興三十二年已逾五十一年矣。前後不著校定名氏，未知誰作。後魏了翁作《六經正誤序》云，柯山毛居正以其先人嘗增注《禮部韻》奏御於阜陵，遂又校讎增益，以申明於寧。考更化之日岳珂刻《九經》，自述亦云毛誼父以其父晃所增注《禮部韻》，於乾道、淳熙間進之朝，後又校定增益，申於嘉定之初。然則書乃毛晃之子居正誼父所定，下距理宗淳祐十二年劉淵平水改併韻目時又先三十九年矣。檢《欽定四庫書目提要》中亦不載之，此殆秘本之可貴者歟！鄒平西郭篛園成瓘。」「篛園之塾」印。

「黄公紹《古今韻會》云，平水劉淵始併通用之類以省重複。顧亭林《音學五書》云，《唐韻》分部雖二百有六，然多注同用。宋景祐又少廣之，擅改昔人相傳之譜。至平水劉氏，師心變古，一切改併，其以『證』、『嶝』併入『徑』韻，則又景祐之所未詳，毛居正之所不議。本注，毛居正議併『東』、『冬』等韻。愚按顧、黄二公所言皆坐未見居正此書耳。此書每卷總目雖依舊式，而韻之分部已經改併，如『二冬』之部已併『二鍾』在内，第於行間尚存『三鍾』部分，未曾删去。及『江部』尚曰『四江』，未嘗改稱『三江』耳。又於上聲尚存『拯部』，未併於『迴』;去聲尚存『證部』,未併於『徑』耳。據此考之,劉淵所併者止『澄』、『嶝』兩部入『徑』,若他部之合併,正用毛氏舊式。亭林或聞毛氏有併韻之議,而未見此書,故以一切改併專咎平水,平水不亦負素冤耶!篛園又識。」

善本排字通併禮部韻略五卷

元至正刻本。又題「文場備用《禮部韻注》,分毫點畫正誤」字樣。卷末刊「至正壬辰臘月一山書堂新刊」十二字木記。

有「黃丕烈」、「士禮居」、「沈濤」、「十經齋藏」印。

書學正韻三十六卷

元楊桓集。元浙江儒學刻本。半葉八行,字數大小不接。線口。板心上記字數,下記刊工姓名。卷末有「至正二年八月浙江等處儒學余謙補修」一行。有「翰林院」大方印。

古今韻略五卷

清邵長衡纂。王西莊校宋犖刻本。附程東冶、王西莊《論韻學書》。

王氏手跋曰：「此書行世數十年矣，家置一編。即文章大家爲衆所推者，亦皆奉爲律令，莫敢異議。嘻，舉天下無一讀書人，自古然矣！西莊。」

寶珣手跋曰：「咸豐九年初春，得於宣南書坊。東山珣誌。」

有「王鳴盛」、「西莊居士」、「光禄卿之章」、「寶珣」、「東閣珍藏」、「竹銘藏書」印。

四聲韻譜不分卷

清楊錫震輯。稿本。附吴才老《韻補》。次題：「梁中書令吴興沈約撰，國子監歲貢監生臣楊錫震輯。」計三十四册。

楊氏手跋曰：「始于康熙十二年癸丑仲冬，竣于康熙二十八年己巳首秋，經營一十七載，始獲成書。但家本寒素，媿乏史乘，或假寓書坊，或就觀友館，焚膏繼晷，獨力尋求，學識疏淺，挂漏不免。然所以矻矻窮年，研精弗懈者，仰體我皇上崇儒重道，文教誕敷，濱海萬里，草莽小臣竊願附於聲詩之末，以上佐盛世同文之治云爾。國子監歲貢生臣楊錫震稽首恭識。」

六藝綱目二卷附録一卷

元舒天民述。明毛子晉影鈔元本。半葉九行二十二字。烏絲格。有「甲」字印、「元本」印、「毛晉」、「毛扆」、「斧季」、「汲古主人」、「笥河府君遺藏書畫」、「大興朱氏竹君藏書」、「朱錫庚」、「茱華吟舫」、「浣江樓夫婦讀書記」各印。

文禄堂訪書記卷第二

史記一百三十卷

漢司馬遷撰。宋乾道刻本。半葉十二行，行二十二字至二十四字，注雙行二十八字。白口。板心上記字數。補《史記序》，末刊：「建安蔡夢弼傅卿謹案京蜀諸本校理寘梓於東塾。」目後：「三峰樵隱蔡夢弼傅卿校正。」卷一上：「建谿蔡夢弼傅卿親校刻梓於東塾，時歲乾道七月春王正上日書。」卷一下：「建谿三峰蔡夢弼傅卿親校，謹刻梓於望道亭」雙邊木記。卷三：「建谿三峰樵隱蔡夢弼傅卿親校刻於東塾。」卷四：「建谿三峰蔡夢弼傅卿校正，謹刻梓於望道亭。」卷十五、卷十六：「建安蔡夢弼傅卿謹案京蜀諸本寘梓於東塾。」卷十七同，有雙邊木記。卷二十二、卷二十三：「建谿蔡夢弼校正刊於東塾。」卷二十五：「建谿蔡夢弼傅卿謹案京蜀諸本校理寘梓於東塾。」卷二十六：「建安蔡夢弼傅卿謹案京蜀本校理寘梓於東塾」雙邊木記。顧柔嘉補鈔前後序及卷中四十二葉。按《楹書隅録》云：「梁溪顧柔嘉所録，舊有題款，在別紙。二百年前名迹。」又楊保彝補鈔《趙世家》一卷二十五葉，末有「保彝影寫」四字，欄外有「光緒元年七月宋存書室依宋本影鈔」。後序末季氏手書：「泰興季振宜滄葦氏珍藏」十字。欄外錢謙貞題曰：「共三十本，辛丑年孟春重裝。褱古堂識。」宋諱避至「慎」字，計一千五百三十八葉。

有「趙宋本」印、「彭城錢興祖」、「季振宜藏書」、「汪士鐘」、「閬源真賞」、「楊以增晚號冬樵子」、「楊紹和曾觀」、「天禄琳瑯秘籍」、「協卿」、「道光秀才咸豐舉人同治進士」、「楊氏海源閣藏」、「宋存書室」、「四經四史之齋」、「六陶居」各印。

又宋建刻本。半葉十二行，行二十三字，注雙行二十七字。卷二第三、四葉半葉十四行二十四字，注雙行二十九字。以下至末，半葉十三行，二十四字至二十七字，注雙行二十七八九字。板心上記字數。卷五、六、七配北宋本。半葉十四行二十八九字，注雙行三十一二字。白口。「列傳」三十七配元彭寅翁本二葉。卷五、十末葉板心朱書「北宋校」三字。宋諱避至「敦」字。計一千零四十九葉。

有「宋本」印、「劉氏家藏」、「友荆汝枯漢玉孺」、「會稽毛鳳苞」、「子晉」、「毛子久讀書記」、「毛扆」、「斧季」、「汲古閣藏書記」、「汪士鐘」、「閬源審定」、「楊以增字益之又字至堂晚號冬樵」〔二〕、「楊紹和曾觀」、「天禄琳瑯秘籍」、「宋存書室」各印。

又宋百衲本。凡六刻。有「商丘宋犖攷藏」、「緯蕭草堂藏書記」印。

宋百衲本之一，宋紹興刻大字本。存「世家」卷一至六，卷九，卷十八至二十，卷二十二至二十五，卷二十七至三十，「列傳」卷十二至二十三，卷三十三至三十七，卷六十七至七十。半葉九行，行十六字，注雙行十九字至二十二字。白口。板心上記字數，下記刊工姓名。王全、王祐、王澤、楊謹、楊安、楊守道、張真、張英、袁佾、袁俊、戚聰旺、李恂、陳彥、宋寔、趙明、石昌、吳佐、周永、何通、顧昭、韓仔、施光、羅成、華再興。元補刊。線口。板心上記字數，下記刊工姓名。李用、本政刊、茂之刊、叔、石。「列傳」卷三十五末刊「左迪功郎充無爲軍軍學教授潘旦校對」一行，「右承直郎充淮南轉運司幹辦公事石蒙正監雕」一行。宋諱「弘」、「殷」、「讓」、「玄」、「敬」、「貞」、「樹」、「桓」字，皆缺筆。

百衲本之二，宋監刻本。存「本紀」卷一至四，「世家」卷二十六，「列傳」卷十一，卷三十八至四十五，卷五十二至五十八，卷六十至六十六。半葉十行，行十八九字，注雙行二十七八字。白口。板心上記大小字數，下記刊工姓名。郭敦、吳永年、魏正、伍祥、曹允、陳彥、范敏、余翌、劉山、郭書、王芬、沈明、趙宗義、范云、應三秀、熊道瓊、詹允、馮祥、占德潤、胡慶、君玉刊。宋諱「弘」、「泓」、「殷」、「桓」字，皆缺筆。元補刊。黑口。明修亦有黑口者。白口，板心上刊「弘治三年」，下刊「監生孫蕙寫」五字。目後「元統三年五月日刊補完成」一行，又「承仕郎江浙等處儒學提舉余謙」等銜名五行。

沈氏手跋曰：「南監《集解》向來校刊家不甚注意，余獨重視之，而苦無佳印本。今日與淳化本亦一几同觀，乃知此是淳化嫡子也。紹興詔下諸郡索國子監元頒善本校□重刊，此其是歟？元統重修銜名亦有關考證者。寐翁。」

百衲本之三，宋黄善夫刻本。存卷五至八。半葉十行，行十八字，注雙行二十三字。線口。板心上記字數。左欄外刊小題，卷末刊「史注」若干字二行。宋諱「泓」、「貞」、「徵」、「桓」字，皆缺筆。

百衲本之四，元中統刻本。存「表」卷三，「列傳」卷三十至三十二。半葉十四行，行二十五字，注雙行。白口。板心下記刊工姓名。張一、薛、姚、吉。左欄外刊小題。

百衲本之五，元大德九路刻本。存「本紀」卷五，「表」卷四、五，「書」卷一至八，「世家」卷十八、十九，卷二十一，卷二十六，「列傳」卷一至十一。半葉十行，行二十二字。線口。板心上刊「番洋」二字，下記字數、刊工姓名。丁應、程義、何璋甫、徐子榮、言恭甫、成甫。明補刊。黑口。行十六字，注雙行二十四字。

百衲本之六，元彭寅翁刻本。存「本紀」卷四，「列傳」卷二十四至二十九。半葉十行，行二十一字，注雙行。線口。板心上記字數。左欄外刊小題。又元彭氏刻本。首董浦序。目後刊：「安城郡彭寅翁刊於崇道精舍」十二字木記。「列傳」卷十三「至元戊子安城彭寅翁刊」一行。「表」後：「安城郡彭寅翁鼎新刊行。」

〔一〕楊以增字益之又字至堂晚號冬樵：原文無「又」字，「冬」作「松」，據北京圖書館出版社林申清《明清著名藏書家藏書印》補。

漢書一百二十卷

漢班固撰，唐顏師古注。宋紹興刻大字本。存《東方朔、王莽傳》。半葉九行，行十五六字，注雙行二十一二字。白口。板心上記大小字數，下記刊工姓名。王成、王舉、王桂、王全、王渙、王高、李仲、李景、李俊、李憲、李章、李耑、陳詢、陳鎮、陳壽、陳浩、陳鍈、陳萬、沈玠、沈亨、沈昌、徐仁、徐泳、徐經、徐友山、金坦、金榮、胡昶、吉泰、顧逵、卓宥、方中、金震、賈祥、金萃、黄亨、高諒、何道、洪武、全山、文玉、俞榮、茅七、茅文龍、朱六、章文郁、蔣蚕。宋諱避至「慎」字。

後漢書一百二十卷

宋范曄撰，唐章懷太子賢注。宋紹興刻大字本。半葉九行，行十六字，注雙行二十字。白口。板心下記刊工姓名。林仁、林俊、陳伸、陳從、陳敏、王中、王榮、王允成、王永從、林康、林芳、林志遠、陳彦、陳振、章駒、章英、李棠、李秀、李芳、李椿、李昇、周清、蔡仁、華定、郭惇、毛仙、卓受、余中、揚垓、李安明、章旼、龐汝昇。元補刊。線口。板心上記字數，下記刊工姓名。黄子敬、壽之、弓華、洪來、伯忠、士忠、石閬、政、金、王、中、叔、彭、建、陳、盛。宋諱避至「慎」字。季滄葦補鈔目録三十四葉，卷一上、下六十九葉，又卷中三十五葉。計三千一百九十九葉。

有「季振宜」、「滄葦」、「子祈」、「茱華吟舫」印。

又宋黄善夫刻本。存卷五至二十五，卷四十，卷四十一，卷四十五至末。半葉十行，行十八字，注雙行二十三字。線口。左欄外刊小題，目後刊：「建安黄善夫刊於家塾之敬室」十二字木記。卷四十八末刊：「此卷僅將高天祐校本比對是正一百三十一字」一行。

三國志六十五卷

晉陳壽撰，宋裴松之注。宋蜀刻小字本。存《魏志》卷七至九，卷二十至三十。半葉十三行，行二十五字，注雙行。白口。有韓緑卿跋。

有「汪士鐘」、「閬源」、「徐紫珊」、「渭仁」、「松江韓應陛藏」印。

又宋衢州刻本。存《諸葛武侯傳》。半葉十行，行十九字，注雙行二十一字。板心上記大小字數，下記刊工姓名。鄭彥、祝文、陳圭、張圭、徐辛、江太。元補刊。綫口。宋諱「玄」、「敬」、「貞」、「徵」字，皆缺筆。

又金平水刻本。存《魏志》卷十八。半葉十行，行十八字。綫口。

又元大德九路刻本。半葉十行，行二十二字，注雙行。綫口。板心上記字數，下記刊工姓名。程信父刊、張椿年刊、劉宗輝、朱可山、吴、郁、文、元。《吴志》卷十二至十五，宋衢州本。板心下記刊工姓名。王百九、陳邦卿、陳日祐、陳仁、北陳、葉禾、夏乂、何通、弓、華問鼎、孫康、鄭春、齊明、方中久、章亞明、郁仁、劉仁、朱、曾九、褚蘇。元補刊。綫口。上記字數、刊工姓名。宗二、王、元。有「朱文石史」、「華亭朱氏」、「横經閣攷藏」、「吴興劉氏嘉業堂藏」印。

晉書一百三十卷

唐房喬撰。宋秋浦郡齋刻大字本。半葉九行，行十六字。白口。板心下記刊工姓名。王明、王大成、李正、李春、唐彬、唐恭、劉彥中、劉彥龍、熊才、曹甫、黄定、士正、賈林、成畢、駱興宗。宋諱避至「廓」字。原書襯裝，存三十三册，配明覆本四册。

卷末刊書識語曰：「謨閒歲分經太學，因取監中諸史閱之，獨《晉書》無善本。嘗有意焉。未幾，除奉常博士，故弗果。越明年，蒙恩假守秋浦，不忘初意，到官首稽郡帑之虧盈，省節費用，以供億之餘，鳩工鏤板，且與同志三友校閲是正，期與學士共之。肇工於嘉泰甲子六月，至開禧乙丑三月竣事。郡太守宣城陳謨。」「池州州學學録何巨源校正」、「宣城免解進士馮時校正」、「迪功郎前監紹興府知旨酒庫丁黼校正」三行。

有「楝亭曹氏藏書」、「桂林唐氏仲實珍藏圖籍」、「函雅樓藏書」印。

宋書一百卷

梁沈約撰。宋紹興刻大字本。存卷三十三、四。半葉九行，行十八字。線口。板心下記刊工姓名。沈文、李庚、金榮、章亞明、孫斌、彦明、魏泰、毛端、王禧、沈昌、沈定、何昌、徐良。宋補刊名。德裕、谷仲、王定、詹世榮、許茂、李茂、王明、徐忠、李仲、朱珖、陳伸、陸春、錢宗。宋諱「玄」、「弘」、「恒」、「桓」、「徵」字，皆缺筆。

南齊書五十九卷

梁蕭子顯撰。宋紹興刻大字本。半葉九行，行十七字至二十字。白口。板心上記字數，下記刊工姓名。繆恭、曹鼎、毛端、賈祚、何建、章忠、孫琦、翁子和、龐汝升、章忠、項仁。元補刊。黑口。卷末治平二年崇文院送杭州開板牒文五行。宋諱「玄」、「殷」、「弘」、「敬」、「貞」、「禎」、「慎」字，皆缺筆。

有「吴郡趙宧光」、「吴中尤氏」、「㬇菴圖書」、「南京吏部文選吏司」、「湛皇」印。

陳書三十六卷

唐姚思廉撰。宋紹興刻大字本。存卷八至十五，卷二十五至二十七。半葉九行，行十八字。綫口。板心下記刊工姓名。王生、高異、吴志、施寔、王能、王華、朱言、袁民、來民、陳壽、沈思忠、金震、王春、宋琚、徐相、宋芾、王丙、任欽、王太、余貴。宋補刊名。詹世榮、吴宗林、劉昨昇、童遇。宋諱避至「慎」字。

有「晉府書畫」、「張氏家藏」印。

魏書一百十四卷

北齊魏收撰。宋紹興刻大字本。半葉九行，行十八字。綫口。板心上記字數，下記刊工姓名。劉昭、章忠、宋芾、宗二、王六、洪源、張榮、高文、陳彬、徐艾山、求裕、石昌、王信、宋琳、毛文、章東。目後范祖禹序。宋諱避至「慎」字。季振宜補鈔「帝紀」卷三至十二，「列傳」卷一至七。有「禮部官書」長方印、「季振宜」、「滄葦」印。

唐書二百二十五卷釋音二十五卷

宋歐陽修、宋祁撰。元大德九路刻本。半葉十行，行二十二字。綫口。板心下記刊工姓名。廖緍、高安、王珍、吴睡、李友生、金谿、何清、汪鑑、俞廷桔、張克明、王玉、孫魯寫、陶桂岩刊、胡彔、孟、文、沈、誠、方、吴、曾、成。嘉祐五年曾公亮《上書表》。卷末校勘銜名二葉。

石壁精舍音注唐書詳節□□卷

宋建刻巾箱本。存卷五十四至五十八，卷六十二至六十四，卷一百二十二、三。半葉九行，行十八字。線口。左欄外刊小題。宋諱「匡」、「讓」、「恒」、「貞」、「徵」字，皆缺筆。

五代史記七十五卷

宋歐陽修撰，徐無黨注。宋慶元刻本。缺卷二十六、七、八。半葉十行，行十六七八字，注雙行二十一字。白口。板心上記字數，下記刊工姓名。程元、子明、受之、仲高、君、成、天、中、伯、祥、汝。卷十八末刊「慶元五年魯郡曾三異校正」二行。

又宋刻本。存卷十三、卷十五。半葉十二行，行二十一字至二十四字。白口。板心下記字數、刊工姓名。王立、王受、高安禮、高智廣、高安道、高智立、吴俊、吴世榮、吴小二、熊焕、徐信、蔡侃。宋諱「敬」、「驚」、「朗」、「貞」字，皆缺筆。

又元大德九路刻本。存卷六十一至六十四。半葉十行，行二十二字，注雙行。線口。

板心上記字數，下記刊工姓名。朱。

又元刻殘本。半葉十行，行二十二字。板心下刊「宗文書院」四字。

遼史一百十六卷

元托克托撰。元大德九路刻本。存卷六。半葉十行，行二十二字。線口。板心下記刊工姓名。徐子中、長壽。

竹書紀年一卷

梁沈約注。明馮巳蒼校鈔本。黑格。半葉九行，行十八字，注雙行低格。馮氏手跋曰：「憶昔丁未年，先君子假是書于錢太史受之，因命三周録之。比析書，此本遂留偉節處。今年春，偶得洞庭葉君本，遂令謝行甫録焉。因從偉節借先君子手鈔本，爲之校對，筆迹宛然，而丁未去今則已二十一年許矣。是本同出汲冢，而視《周書》、《穆天子傳》獨爲完善。注稱休文，然落落不詳。世有刻本，最爲訛謬，然每至注處則低一字，而仍以大字寫之，別有異同。增注處，則以小字分注，雖識者不知何人，然其非隱侯原注則曉然可辨。葉君概以小字混寫，而原注、補注渾爲一矣，賴有原鈔本猶可是正。而謝君所鈔本邑中已是十餘，誤書誤人將何極哉！所以知其誤者，以葉君得之徐公良夫，而良夫本則又借之先君耳。今因如原本列之上方，以俟他年得善本更録而後正之。時丁卯春季之十二日，護浄居士記。」

有「上黨馮氏藏本」、「虞山馮氏」、「馮舒」、「空居閣藏書記」印。

漢紀三十卷後漢紀三十卷

晉荀悦、袁宏撰。清黄丕烈校明黄省曾刻本。有「大樹將軍」、「孫潛」印。

黄氏手跋曰：「此書係明刻，合前、後《漢紀》而爲一部。予於辛亥歲得諸西山書肆中。開卷見硃墨兩筆，稍有點讀而未終，遇脱落處則曰『疑有誤』，乃知此人亦未得善本校讎，故所閲未竟。惟落款『孱守老人』，初不知爲何人，及檢錢遵王《讀書敏求記》，知爲馮巳蒼，方悟卷首之『大樹將軍』印本馮氏印也。然讎校未竟，頗爲惋惜。今秋偶過學餘書肆，見插架有舊鈔《前漢紀》，攜歸與此本對勘，此所脱落，大半賴鈔本補完，誠一快事。舊鈔卷首多目録一紙。書中遇宋諱如『恒』、『匡』、『慇』、『敬』，盡從闕筆，其爲照宋鈔無疑，雖殘缺，亦所不免，想宋刊亦同〔一〕，故無從補完耳。壬子九秋朔日校畢，書此誌喜。古吴黄丕烈。」

〔一〕想宋刊亦同：原作「想宋刊亦亡」，據《士禮居題跋記》改。

資治通鑑二百九十四卷

宋司馬光撰。宋建刻本。半葉十一行，行二十一字。線口。卷一百五十五至一百六十配宋本。行同。白口。板心上記字數，下記刊工姓名。王先、王德才、方昇、仲明、新秀、德元、汪恩、張龍、阮興、蕭昱、九明、袁盛、洪臣、景從、江中、覲仁、金中、胡定夫、見可、趙珍、今翁、震甫、震卿、世昌、辛、公、龍、同、貴、可、袁、恭、先、震、宗、方、德、周、惠。在欄外刊小題。宋諱避至「廓」字。汪士鐘補鈔卷一至五，卷一百六十七至一百七十，卷一百七十八至一百八十六。計五千八百五十八葉。

卷末附目録，元豐七年《上書表》，八年准官書劄子，奬諭詔書，奉旨校定，元祐元年奉旨鏤板，司馬康、范祖禹等銜名六行。又張耒、晁補之等校對銜名十三行。

紹興二年七月一日，兩浙東路提舉茶鹽司公使庫下紹興府餘姚縣刊板。又三年十二月二十日，畢工印造進入列主管司文字兼造賬官及提舉茶鹽司大人校勘監視者等銜名。有「趙子昂」、「敬德堂圖書」、「桂堂王氏」、「季櫝圖籍」、「汪士鐘」、「閬源」、「平江汪憲奎」、「秋浦」、「子進金石」、「有竹居」、「紹基秘笈」、「鐵琴銅劍樓藏」各印。

又宋蜀廣都費氏進修堂刻大字本。存卷四十八。半葉十一行，行十九字。白口。板心上記字數，下記刊工姓名。劉松、昌、申、文、炎。宋諱「玄」、「匡」、「弘」、「恒」字，皆缺筆。

又元胡三省注。元興文署刻本。半葉十行，行二十字，注雙行。黑口。板心上記大小字數，下記刊工姓名。王伯玉、王仁甫、葉克明、文忠、惟志、余平父、余子共、劉子昭、朱士行、克敬。

又清彭兆蓀校胡果泉覆元本。

彭氏手跋曰：「鄱陽中丞摹雕元板《通鑑》，予與顧君千里司校勘之役。繼而千里以事他往，予獨任之。其刊工譌誤者，校正於每字上方，明本之譌則不復及。惟明人誤改之字，或恐據後疑前，間爲標出。若元本顯有脱誤，別本無可據更，則旁考他書，必有確正，乃爲刊改，仍疏其所自，以質將來，稍不自信，即仍其舊。所稱明本，非獨陳明卿本，亦兼他刻言之。初意欲作《考異》，附于全書之後，而寥寥百十條，不成卷帙，聊書於草樣之上，復録數紙以備檢查。至於避諱、缺畫，或有增多字形、通借，不皆一律，宋元舊刻例固如斯，識者自瞭，不更申述。全書既繁，益友復去，雖竭愚陋，舛漏必多，他日當與千里再商榷之。嘉慶乙亥七月上旬，甘亭彭兆蓀記。」「凡所校勘，皆記於上方，刊刻時從中間起工，卷數羼雜不齊，隨刊隨校，其校語間有應在前而轉列於後者。職是之故，讀者能將此本與明本反覆循繹之，方知舊本之可寶。至陳少章之《胡注舉正》，别有書，且非校勘此書之例，不贅及也。兆蓀記。」「嘉慶丙子，自夏徂冬，於江蘇節署復勘一過，又得譌字數十百條。甚矣，掃葉之難也！懺摩居士又記。」

又清季滄葦校明吴勉學刻本。卷首題曰：「康熙十年七月，季振宜閱《通鑑》之第七遍，略得頭緒。」

翁氏手跋曰：「咸豐庚申冬，天子在灤陽，以翰林未得扈從，常蹙蹙無所適，日從書肆檢舊書。一日與寶東山丈遇於隆福寺三槐坊，見季滄葦先生校涑水《通鑑》，劇愛之。已而爲丈所得。余戲曰：『公不能獨有，必假余徧讀乃可。』丈笑頷之，約曰：『月讀一函，月盡一易。』未幾，丈敭歷中外，余亦直内廷，竟未踐諾矣。光緒甲午，余在農曹，而丈之哲嗣叙五爲郎官，偶談及之，慨然見假。時余職事猥并，實未暇也。乃令堂吏以朱色移寫，畢，余又校勘一過，且繙且讀，一字未嘗遺，十閱月而卒業。蓋於輿中爲多，固未得横几攤卷也。回憶曩□，渺如隔世，喜叙五能承鑿楹之志，而余濱老炳燭，乃感慨題尾而歸之。時丙申二月二十一日，常熟翁同龢記。」

有「季振宜」、「滄葦」、「濬陽東山寶珣」、「同龢」、「巡按河東鹽運」滿漢文官印。

資治通鑑釋文三十卷

宋史炤撰。宋建刻本。半葉十二行，行十九字至二十二字，注雙行二十七八字。綫口。板心上記大小字數，下記刊工姓名。國夫、明章。紹興三十年馮時行序。有「宋本」印、「阮元」、「户部尚書」、「家住揚州文選樓隋曹憲故里」、「阮氏琅環仙館」、「汪文琛」、「汪士鐘」、「平陽汪氏藏書」、「袁廷檮藉觀」各印。

陸狀元集百家注資治通鑑詳節一百二十卷

宋陸唐老編。元建刻本。半葉十三行，行二十二字，注雙行二十六字。白口或綫口。板心上記字數，下記刊工姓名。眉上附刊評語。首司馬光、馮時行序，元好問序。末刊「新又新」三字鐘式木記，「桂堂」二字鼎式木記。姓氏後有「□□□氏萬卷堂刊」八字木記。有「蒙菴主人」印。

又元建刻本。題冠「增修」。半葉十四行，行二十三字，注雙行。線口。左欄外刊小題。有「乾隆御覽之寶」、「天禄繼鑑」、「天禄琳瑯」、「閔國勳曾讀」、「芹城閔氏叢桂書屋」、「璞先居士」各印。

司馬温公經進稽古録二十卷

宋司馬光撰。清黄丕烈校明弘治刻本。半葉十行，行二十一字，注雙行低格。大黑口。弘治辛酉黄珣、楊璋序。康熙甲辰葉石君跋二則、嘉慶丙寅黄丕烈跋一則，均見《題識》。首繪復翁像，書衣葉石君、席玉照、張蓉鏡題簽。

「嘉慶庚申十月，竹汀居士錢大昕讀。」「大昕」印。「道光甲申首夏，平湖朱爲弼觀。」「茱堂」印。「道光丁酉暮春，辛峰老民蔣因培借讀。」「伯生」印。

袁氏手跋曰：「司馬温公《稽古録》二十卷，明刊最善之本，宋刊外當推此刻。卷中缺葉，皆蕘圃手自影寫，尤爲精好。首册小像，係張氏自宋槧《揮麈録》卷首孫子瀟所繪蕘翁像臨出，鬚眉神態不稍異，亦能手也。丙辰五月既望，記於西苑流水音。棘人袁克文。」「八經閣」藍印。

有「葉樹廉」、「石君」、「樸學齋」、「歸安陸樹聲叔桐」、「席玉照」、「蕘圃」、「不烈」、「士禮居藏」、「張伯元別字芙川」、「芙初女史」〔二〕、「雙芙閣」、「藝風審定」各印。

〔二〕芙初女史：原作「芙初女士」，據林申清《明清著名藏書家藏書印》改。

資治通鑑綱目五十九卷

宋朱熹撰。宋浙刻大字本。半葉八行，行十七字，注雙行。白口。板心上記字數，下記刊工姓名。李文、李洽、李千、潘亮、潘太、潘木、李涣、李廷、李番、王中、王友、王室、丁厚、曾立、黄先、周明、丁方、高宣、明乂。

卷九配宋本。行同。板心上刊「天」、「地」、「玄」、「黄」等字，下記刊工姓名。王涣、王進、王汝霖、王壽、王恭、丁松年、馬祖、毛祖、沈珍、吴春、曹鼎、蔡郃、蔣容、顧建、陳彬、詹世榮、凌宗、童遇、全祖、金嵩、金榮、吕有、吴志、楊潤、陳壽、陳伸、石鼎、毛端、顧永、宋琚、徐義沾、李仲、龐柔和、龐汝升、方中、方信、宋玩、馬松、陳良、張升、宋通、劉昭、吴祐、章九、光玉、陳浩、沈忠、求然、陳潤、孫日新、何澤、錢宗。

卷四十六配宋本。半葉八行，行十五字，注雙行二十三字。白口。板心上記字數，下記刊工姓名。范仁、劉元、子文、虞全、蔡仲、蔡正、劉從、陳英、弓定、鄧授、曾宣、益、成、英、清。

卷四十八至五十配宋本。半葉十行，行十六字，注雙行二十二字。綫口。板心下記刊工姓名。王秀、陳興、元吉、爲印。宋諱「玄」、「弘」、「朗」、「徵」、「桓、「敦」字，皆缺筆。有「松郡朱氏」、「碧山學士藏書」、「廣乘山人」、「王譚肆延之印」。

續資治通鑑節要十三卷

不著撰人名氏。宋乾道刻本。存目録、卷一至六。半葉十一行，行二十三字。白口。板心上記字數，下記刊工姓名。謝珠、瑛、合、同。乾道四年李燾《進書表》。宋諱避至「慎」字。卷末鈐朱文二行曰：「嘉興崇德鳳鳴世醫蔡濟公惠，家無甔石之儲，惟好蓄書於藏。爲子孫計，因此傳之不朽。」有「蔡公惠」、「汪士鐘」、「閬源真賞」、「志遠堂」印。

皇朝中興繫年要録節要□□卷

不著撰人名氏。宋乾道刻本。存卷八至十七。半葉十一行，行二十三字。白口。板心上記字數。宋諱避至「慎」字。卷末鈐朱文二行同前。有「蔡公惠」、「汪士鐘」、「閬源真賞」印。

通鑑紀事本末四十二卷

宋袁樞撰。宋湖州刻大字本。半葉十一行，行十九字。白口。板心上記字數，下記刊工姓名。王興宗、王興忠、王大用、王亨祖、王燁、徐嵩、徐楠、徐琪、徐侃、徐拱、沈祖、沈杞、沈榮、沈昌祖、劉霽、劉隱、何祖、何文政、梁貢、梁仁甫、余和甫、熊杲、金榮、賈端、翁期、范刊、虞原、馬良、周嵩、吴炎、錢玷、史祖、顧其、黄佑、張榮、林茂、卜仲、濮仲、蔡成、方得時。淳熙元年楊萬里序、寶祐丁巳趙與簒序。宋諱「玄」、「弘」、「恒」、「貞」字，皆缺筆。

「此大字本《通鑑紀事本末》爲宋寶祐刻本，諸書考據二三之最詳。其間紙色不一，其白色者類明紙，或係宋印明補、元印明補。首尾朱文印曰『禮部官書』，確爲明永樂時禮部之物。其舊色之紙，古氣者甚多，惟夾雜數十頁似染色者，殊覺討嫌，或係賈所僞爲，幸未全諸。戊申年近，鏡古堂持書來售，議價二百五十金，裝修在外。天寒歲暮，不及重裝，來春再議可耳。十三日，燈下記。」

鳳氏手跋曰：「宋寶祐丁巳，趙與簄以嚴州本字小且譌，易爲大書，出私錢序刊於湖州。迨元延祐六年，陳良弼時爲嘉興學，據與簄之孫明安出所藏書板示良弼，因白御史宋公一齋、僉憲鄧公善之，以中統鈔七十五錠移置禾學，良弼爲記。明初，板歸南監，成化中重爲修補。《南雍志》載：『《通鑑紀事本末》四十二卷，板完，計四千四百面。』即此刻也。己酉五月三日燈下記，其時雷聲隆隆，雨聲滴滴。」「初刻於淳熙乙未，爲嚴陵小字本，編二百九十卷。此大字本迺汴趙節齋重併卷第，刻於寶祐五年。後延祐六年，節齋之孫明安寘之嘉禾學宫，遞有修板，陳良弼爲之序。」

有「宋本」印、「禮部官書」、「鳳山禹門審定」、「自强齋」印。

又宋嚴州刻小字本四十二卷。半葉十三行，行二十四字。白口。板心上記字數，下記刊工姓名。方昇、方淳、余先、蔡方、李德正、毛舉大刊、方正上刊、江彬、董永、江輝、方文虎、毛杞、亨、江、翁、毛、吴。淳熙元年楊萬里、朱熹、吕祖謙序，又魏楫序。末分録進士王俊等八人銜名，四行。又舒文韶等四人銜名。二行。卷末：「宣議郎權通判嚴州軍州主管學事張杼。」一行。「奉議郎權發遣嚴州軍州主管學事魏楫。」一行。

有「彭城中子審定」、「豫園主人」印。

三朝北盟會編二百五十卷

宋葉夢莘編。明王肯堂鈔本。缺卷一至十。半葉十一行，行二十一字。黑格。板心下刊「鬱岡齋藏書」五字。卷末僞錢謙益跋。

古史六十卷

宋蘇轍撰。宋衢州刻。存卷六、卷二十八至三十。半葉十一行，行二十二字，注雙行。白口。板心上刊「子」，下記刊工姓名。方中、朱祖、宋琚、曹鼎、石昌、項仁、孫春、劉昭、陳壽、蔡邦、蔣容、金祖、金榮、王渙、馬松。宋諱避至「慎」字。

又明洪武刻小字本。半葉十四行，行二十四字，注雙行。白口。板心下記刊工姓名。劉宣、劉保、劉貫、劉伯安、吴原禮刊、趙寄刊、陳子達刊、丘老、景舟、原良、黄夢龍、潘晉刊、六付、吴中、范彦、從六、晏貴全、宗文、薛和尚、江子名、彦正、林安、虞亮。卷中補刊。黑口。卷七：「右迪功郎衢州司户參軍沈大廉同校勘」一行，卷十：「右修職郎衢州録事參軍蔡迪校勘兼監鋟板」一行。

有「長白敷槎氏堇齋昌齡圖書」、「古潭州袁氏卧雪廬攷藏」印。

契丹國志二十七卷

宋葉隆禮撰。清汪士鐘影鈔元本。半葉十一行，行二十二字。眉上附評語。

唐鷦安手跋曰：「此汪氏從元刊本影出，誤字以朱筆校改。丁卯八月十日得于吴通和公廨，因記。」

章氏手跋曰：「此書《漁洋書跋》、《讀書敏求記》均未標明何本，惟士禮居藏十七卷乃殘元本也。今通行掃葉山房刻本，係出《四庫》，不但删去胡安國説及上方小字標目，凡文中觸目字樣均經館臣改過，與鈺前見孔葒谷鈔校邵二雲手輯《舊五代史》原本相同。此本尚存真面目，至可珍秘。乙卯四月，長洲章鈺借校一過，因記。」

有「曾藏汪閬源家」、「鷦安秘籍」、「海豐吴重熹」、「章式之讀書記」印。

大金國志四十卷

宋宇文懋昭撰。明天一閣鈔本。半葉九行，行二十字。藍格。首《上書表》、《世系年譜》。

章氏手跋曰：「吾吴黄蕘翁得殘《契丹國志》十七卷，上方有小字標目，定爲有元刻本。海豐吴氏藏舊鈔十一行二十二字本，上方標目與黄説同，則必景元本也。《大金國志》則未聞有標目之説，而吴氏又藏一鈔本，亦十一行二十二字，上有標目與《契丹志》一律，可知元時兩《志》必有同時同地刻本，特《金國志》已斷種耳。此爲天一閣故物，行格雖改，標目則有吴藏本脱去而此尚存者。吴氏又有五硯樓鈔校本，無標目，無《世系圖》，末卷有佚脱。鈺取吴藏兩本及此本校入掃葉山房刻本，知三本各有勝處，不可偏廢。掃葉係出閣本，經館臣改去違礙字樣，與鈺前校孔葒谷手校邵二雲輯《舊五代史》原稿流失相同。不多見舊本，又烏從知之？互勘既竣，輒書管見於卷端，沅叔見書最多，願有以廣我也。乙卯四月，長洲章鈺記。」「鈺」印。

莫氏手跋曰：「柳君蓉村以明鈔本《大金國志》相貺，取席刻略校一過，眉間標題、卷首《世系表》皆掃葉所無也。莫棠。」

國語二十一卷

吴韋昭注。清陸敕先、葉石君據景宋明道本校。又李明古校、明張一鯤刻本。陸氏題曰：「宋本半葉十一行，行二十字，注雙行廿三字。共二百三十四葉。」卷末校記曰：「校於豐玉堂。」書衣「遜敏齋藏本」題簽并印。有「宋本」印、「善本」印、「陸貽典又名貽芳」、「陸氏敕先玫藏」、「葉樹廉」、「石君」、「葉衍珍楚」、「李鑑」、「明古」、「錢天樹」、「覿玄」、「毛純孝子文」、「王景子佳」、「清歗客」、「歸來草堂」、「遜敏齋藏」、「唐翰題」、「鷦安秘籍」、「重熹鑑定」、「石蓮闇藏書」各印。

陸氏手跋曰：「錢遵王景寫錢宗伯家藏宋刻本與今本大異，今歸於葉林宗，借勘一過。戊戌夏六月六日，常熟陸貽典校畢識。」「陸貽典」印。

「葉石君爲余校此，今再校一過，改正處頗多。六月八日記。」「敕先」印。

葉氏手跋曰：「戴剡源先生讀《國語》曰：『先儒奇太史公變編年爲雜體，有作古之材。以余觀之，殆放於《國語》而爲之也。』此真讀書好古之識。世無戴書人，但知蘇、歐通套評論之而已。洞庭葉石君識，時年六十有七。三月十一日識。」「葉樹廉」印。

附條李明古手記曰：「宋本《國語》從來希有，義門先生以不得購見爲恨事。此書晚出，可謂唐臨晉帖矣。末册有跋語，原委可證。」

唐氏手跋曰：「此條舊夾卷中，大似史西村手迹。石君後跋尾有『明古』二字朱文印，則當時瀏覽所及，遂書於别紙亦未可知。余近於吴市得西村姓名印，并押於副而記之。戊辰七月，書於抱山廔。」附「史鑑」印。

「陸氏從錢遵王景寫錢宗伯家藏宋刊本勘校手寫，始仲春，訖季夏，歲在戊戌，爲順治十五年。至同治元年壬戌，閲二百有四年。嘉興新豐鄉人得寶藏之。」「福地散仙」印。

「是書舊藏同里沈氏稻香齋。咸豐癸丑，子壽八弟得之，寄至南清河。子壽篤於友愛，無他嗜好，而于予所好者，必購以寄。是本爲陸敕先先生手校宋刊，後有題記并葉石君跋語，源流具在，予寶愛甚摯。甲寅旋里，攜之行篋中，家藏于吴門相溪吟舫。陳氏庚申之亂，賴容齋伯仲攜遊東海濱，得不罹于劫。壬戌冬十一月十四日，容齋自海門來訪，于淮浦舉以見歸，如進故人，而子壽殁已兩日矣。嗚呼，傷哉！每一展卷，爲之泫然。同治二年春三月朔日，新豐鄉人唐翰題記於淮安郡丞公廳之唯自勉齋。」「唐翰題」、「歷劫不磨」印。

「錢塘汪遠孫明道本《考異》，所據宋公庠《補音》，以明嘉靖間許宗魯、金李二本參訂異同。此本張侍御一鯤所刊許、金後，以所引異同證之，當與兩本無甚優劣。明道本外，以公庠《補音》爲古，惜原本單行，經後人散附於卷中致失公庠之舊耳。庚午二月十七日，重檢記。」「晉昌」印。

丁氏手札云：「日昨承命對《國語》，歸時略校一過，知其校勘精細異常，在黄氏未刻以前，洵秘篋也。黄刻從錢鈔影宋本重刊，每半葉十一行，行大字十九至二十二字，夾注三十至三十五不等。卷末署名及增減之『減』字殘缺，並與校本相同。專此奉繳，祈即督收。所有詩集即付去人帶下無誤。此請台安，不莊。世愚姪丁伊桑頓首。」

章氏手跋曰：「吾吴士禮居黄氏刊天聖明道本《國語》爲覆宋佳刻，稱重藝林。其札記序語謂：『用所收影鈔者開雕餉世。』蓋即指校宋本《國語》跋所謂『繼得影寫明道本也。』惟是本果否即爲錢遵王影寫絳雲樓宋刻真本，抑係傳録之本？蕘翁並未揭明。與金壇段氏序文謂『用錢氏原抄付梓』云云，微有不同。此本即蕘圃跋校本所謂『陸敕先校真本，藏於西船廠吾蘇巷名。毛氏者』。蕘翁當日未克親見，越百餘年，爲海豐吴氏得之。敕先於此書致力最深，再三讎勘，心細於髮，如字迹小有異同，必於第一見端摹眉上。『通』字爲宋真宗后劉氏父名，仁宗立，尊爲皇太后，故天聖間避諱作『迵』、『涌』，明道間復舊，是爲天聖刻本之真據。葉林宗題語具存。末黏『宋本《國語》』云云一紙，乃義門弟子李明古鑑手迹，與書之後半眉上所黏校語係出一手。唐鷦菴以名字適同，目爲明之史西村，殊屬失考。前半闌下墨筆校語疑即李明古校出，由同人代爲繕正，友人或指爲義門弟子沈寶硯手書，證以蕘翁臨惠松崖校本跋語，謂『陸敕先本寶硯秘不示人』，是此本先歸沈氏，後入毛子文家。寶硯校書甚多，似當年同學商量，審定迻録，尚屬可信。毛氏印記既備列首尾，即蕘跋所記浙人。戴君經所臨之名，亦見於第六卷十五葉，合校勘諸尊宿彙一書，精確可信。藏書簿録中，鮮有過於此者。得見蕘翁所未見，可謂驚人秘笈矣。敬取士禮居刊本比勘，知敕先親見錢氏影宋真本與蕘翁所稱影鈔本尚多異同，一一記出。約分兩類：一爲陸改明本而與黄刊本異者；一爲陸仍明本而與黄刊本異者。陸仍明本尚可謂敕先係取明本之長，故未塗改。陸改明本則敕先校例精嚴，決非專輒爲之。據此，則黄氏所稱影寫明道本係屬傳録之本，段序謂用錢氏原鈔付梓之説亦爲同好叚借之詞也。因録校記一通，請石蓮先生正定。另有可備參考者，亦舉出附後。至墨筆校語及黏籤校語，是爲讀明本及影宋本互勘之助，則別録一分藏之，不復備列。後敕先校畢之二百五十七年，歲在閼逢攝提格孟冬大雪節，長洲章鈺謹記。」

「甲寅秋日，海豐吴先生出秘笈命讀，因取吾郡士禮居景宋本比勘，成校記一卷。長洲章鈺記。」

陸改明本與黄本異者：

卷三「執厲公而殺之於匠麗也」，陸改「殺」作「弑」，黄本仍作「殺」；「亦不可以施目也」，陸改「不可」作「可不」，黄本仍作「不可」。卷五「女知莫若婦男知莫若夫」，二「知」字陸均改作「智」，黄本均仍作「知」。卷八「抑撓志以從君」，陸改「撓」作「橈」，黄本仍作「撓」。卷十「進佐上軍爲升一等」，陸改「爲」作「外」，去「升」字，黄本「外」作「升」；「直擊」，陸改上「直」字作「立」，黄本仍作「直」。卷十三「荀首時將上軍」，陸改「時」作「將」，仍存下「將」字，黄本作「荀首將上軍」；「顆之子魏頡也」，陸去「也」字，黄本有「也」字。卷十六「物一無文」，陸改「物」作「色」，黄本仍作「物」。

陸仍明本與黄本異者：

叙「採唐虞之信善」，黄本作「虞唐」；「亦所以覺」，黄本作「以所」。卷一「奕世載德」，黄本作「弈」；「奕亦前人也」，黄本作「弈」；「且猶不堪」，黄本作「猶且」；「以巫人有神靈」，黄本無「以」字；「所以阜財用衣食者也」，黄本「所」上有「其」字；「不得掌事」，黄本「得」作「特」；「諸侯將避遠也」，黄本無「也」字；「降下也」，黄本「下」上有「謂」字；「則上衡」，黄本「上」作「尚」；「自以子繼父之位」，黄本「自」作「目」；「文公三讓後就也」，黄本「讓」下有「而」字；「心中則不偏也」，黄本「中」作「忠」。卷二「三德仁義祥也」，黄本無「德」字；「薄德而以地賂諸侯」，黄本作「德薄」；「其散亡乎」，黄本「散」作「敬」。卷三「振救也」，黄本「振」作「拔」；「黎民阻饑」，黄本「饑」作「飢」；「周靈王之子太子晉之弟也」，黄本作「周靈之太子晉之弟也」，脱「王」字、「子」字；「終則復故樂也」，黄本「復」作「奏」；「周之分野也」，黄本無「之」字；「凡神人以數合之」，黄本作「人神」；「而即慆淫」，黄本「慆」作「惂」。卷四「以正班爵之義」，黄本「班」作「斑」；「薄其鳩不死」，黄本「不」上有「而」字；「故請從司徒里舍也」，黄本「徒」作「徒」；「凡祭秋日嘗」，黄本「祭」下有「祀」字。卷五「必當咨之於忠信之人也」，黄本「咨」作「諮」；「旦至日中也」，黄本「旦」作「早」；「漆姓汪芒氏之姓也」，黄本「氏之」作「之氏」，無「姓」字。卷六「逆子糾於魯魯莊不即遣」，黄本「壯」上無「魯」字；「使均平相應也」，黄本作「平均」；「謂四時凝釋之間也」，黄本「凝」作「疑」；「火旂也」，黄本「旂」作「旗」。卷七「未知成不死而待君於曲沃之爲貳也」，黄本「貳」作「二」；「難謂欲殺三公子也」，黄本「謂」作「爲」；「疆埸無主」，黄本「埸」作「場」。卷九「謂異姓大夫曰舅」下無空格，黄本「舅」下空六格；「蛾析諫曰臣聞之」，黄本無「諫」字、「之」字。卷十「汝謂武王也」，黄本無「謂」字；「故其聖敬之道」，黄本無「其」字；「效鄭非義也」，黄本「義」作「禮」；「豫三至五有坎象」，黄本無「豫」字；「辰大火也」，黄本無「也」字；「遽見之」，黄本「見」上有「出」字；

「馹傳也」，黃本「馹」作「駟」；「立其常官」，黃本「官」作「宮」；「加大夫之家田」，黃本「家」作「加」；「襄王周惠王之子」，黃本無「周」字；「昭叔襄王弟」，黃本「弟」上有「之」字；「以啓東道」，黃本「啓」作「求」。卷十一「其言匱非其實」，此葉影補。黃本「實」下有「也」字；「今陽子之情譿矣」，同上。黃本「譿」作「譓」；「譿辯察也」，同上。黃本「譿」作「譓」；「食采邑於賈」，同上。黃本無「采」字；「字季它」，同上。黃本「它」作「佗」；「踰速也」，改「踰」作「諭」，黃本作「喻」。卷十二「何又加焉」，黃本「何又」作「又何」；「故王得免」，黃本無「王」字。卷十三「魯成公十六年」，黃本無「公」字；「請就死」，黃本「死」作「也」；「謂悼公元年」，黃本「謂」下有「初」字；「不犯戮揚干」，黃本「揚」作「楊」。卷十四「謂爲盟主總諸侯」，黃本「主」下有「以」字；「和晉邑之大夫也」，黃本「邑」上有「和」字；「歃飲血也」，黃本「飲」作「歃」；「夢公夢」，黃本無上「夢」字；「殛放殛而殺也」，黃本「放」下無「殛」字。卷十五「是余以狂疾賞也」，黃本「是」作「與」。卷十六「稻粱」，黃本「粱」作「梁」；「草菜」，黃本「草」作「草」；「杞宋」，黃本「杞」作「祀」；「角犀豐盈」，黃本「豐」作「豊」；「角犀豐盈謂輔類豐盈」，黃本「豐」均作「豊」。卷十七「不從其過行也」，黃本無「也」字，空一格；「叔叚圖篡莊公」，黃本「篡」作「纂」；「往都亳」，黃本作「往亳都」。卷十八「羲氏和氏是也」，黃本「羲」作「義」；「放縱則遂廢滯」，黃本「廢」作

「發」;「民耕而食其中也」，黄本「耕」上有「稱」字。卷十九「請王厲士」，黄本「厲」作「勵」。卷二十「覺差壹飯之間」，黄本「壹」作「一」。卷二十一「争者事之末也」，黄本「争」作「事」;「因人之善惡而福禍之」，黄本「福禍」作「禍福」;「至極也」，黄本「極」上有「謂」字;「謂以辭告越王」，黄本「謂」作「請」;「子聽吾言與子分國」，黄本「與」上有「吾」字。

附陸注字不改字而黄本與注字同者：卷六「糾收也」，陸「收」旁注「牧」字，黄本同「牧」;「本其事行也」，陸「本」旁注「求」字，黄本同「求」;「赤斾大斾也」，陸「大」旁注「火」字，黄本同「火」;「遂人不至」，陸「遂人」旁注「遠又」二字，黄本同「遠又」。卷九「欲令更命」，陸「令」旁注「今」字，黄本同「今」。卷十「愛糞土以毁三常」，陸「三」旁注「五」字，黄本同「五」。卷十六「賈唐説」，陸「唐」旁注「虞」字，黄本同「虞」;「十億曰兆」，陸「十」旁注「萬」字，黄本同「萬」。

附明本存字陸校塗去，黄本作空格者：卷十七「楚其難哉」，下解明本係「難以爲治」四字，陸校作方圍，黄本空格。卷十八「臣何有於死」，下解明本係「何惜於死」四字，陸校作方圍，黄本空格。其他字體異同，如「于於」、「侯矦」、「貌皃」、「修脩」、「龢和」、「寔實」、「灾災」、「鄣障」、「狄翟」、「鄢隝」、「懸縣」、「厤歷」之類，以無關宏義，舉不勝舉，故不備入記中。「章鈺」、「茗理題記」印。

案卷九「晉莫不怠」眉上黏附一條云：「前五行注，硃添兩『也』字，似誤，闌下墨筆云云。『也』字似誤，語同而筆迹不同，是。鈺跋中指爲李明古校出而爲沈寶硯寫定者，實非臆測。又保山吴偶能慈培新收寶硯臨校義門手校，硯箋與此闌下墨筆係出一手，更不必因沈氏未經署款，作然疑之辭也。承石蓮先生校，繕存清本，復加檢校記之。乙卯仲春。」「式之」、「消磨夢境光陰」、「墨汁因緣」印。

又清吴枚菴據景宋校明張一鯤本。有「吴翌鳳家藏文苑」印。吴氏手跋曰：「戊戌九月朔日，武林盧抱經學士以影鈔北宋本《國語》寄示，蓋宋庠未有補音前本也。爰取家塾舊藏對度，一點一畫不敢脱落，亦珍重古本之至矣。枚菴。」

國語補音三卷

宋宋庠輯。清何小山校明刻本。半葉十行，行二十字。黑口。卷末黄氏題曰：「此何小山校本，收於朱文游家。黄丕烈識。」有「黄丕烈」、「曾在汪閬源家」、「平江汪憲奎」、「秋浦」、「東郡楊紹和字彦合藏書」、

「協卿讀過」、「楊氏海源閣」、「宋存書室藏書」各印。

新雕重校戰國策三十三卷

漢高誘注。宋刻川刻本。半葉十一行，行二十字至二十二字，注雙行。白口。板心下記刊工姓名。李秀、李棠、李碩、余坦、王珍、蘇興、梁文友、余永、徐杲、徐亮、徐茂、徐林、徐高、徐章、陳錫、陳明俊、毛諒、毛昌、朱静、高畋、許明、洪先、孫中、俞侁、張祥。紹興丙寅姚宏、曾鞏、李文叔、王覺、孫元忠跋。

嘉慶己未鈕樹玉、袁廷檮、夏文燾、顧廣圻題詩，黄丕烈跋，均見《題識》。有「黄丕烈」、「士禮居」、「顧千里」、「松江韓應陛藏」印。

又清穴研齋鈔本。半葉十二行，行二十字。黑格。板心下刊「穴研齋繕寫」五字。有「延陵季子」、「太初吴殿元」印。

鮑氏國策十卷

宋鮑彪注。宋浙刻本。半葉十一行，行二十字，注雙行低格。白口。板心下記刊工姓名。李昌、張仁、許貴、許富、、許才、毛端、方堅、阮祐、李仁、李昌、李澤、朴、安、宅、志、毛、吉、顯。紹興十七年自序，曾鞏序。宋諱避至「敦」字。卷中補鈔九葉。計三百八十九葉。有「墨林秘玩」、「文琛」、「士鐘」、「閬源」、「匏齋秘笈」、「虞山瞿紹基藏」各印。

貞觀政要十卷

宋吴兢撰。明洪武刻小字本。半葉十三行，行二十四字。小黑口。目後刊「洪武庚戌仲冬，王氏勤有堂刊」十二字篆書木記。首宋濂序，末有「寓吴郡盧遂良刻」一行。有「吴郡西崦」、「朱叔英書畫記」、「儀正堂」、「曾藏汪閬源家」、「吴中汪六」、「駿昌」、「雅庭」、「宗室文慤公家世藏」、「黄崗劉氏校書堂藏書記」各印。

東觀奏記三卷

唐裴庭裕撰。清吴枚菴手鈔本。半葉十行，行二十字。首自序。卷末有「壬辰七夕後五日枚菴手録」一行。

盛氏手題曰：「枚菴漫士手録本。柏羲藏。」

章氏手題曰：「此書原爲張庚樓所藏，己未秋歸我友贊侯。庚申仲秋，保世。」

有「翌鳳」、「枚菴」、「盛昱」、「伯羲」、「宗室文慤公家世藏」、「保世」、「曉滄藏書」印。

唐餘紀傳二十四卷

明陳霆輯刻本。「國紀」三卷，「列傳」十卷：十一《家人傳》、十二《忠節傳》、十三《義行傳》、十四《隱逸傳》、十五《藩附傳》、十六《列女傳》、十七《方技傳》、十八《伶人傳》、十九《别傳》、二十《志略》，二十一「附録」。嘉靖二十三年自序于水南書院。有「吴重憙」、「大貴長壽」印。

吴氏手跋曰：「《齊東野語》云，《唐餘録》者，直集賢院王皞子融所撰。寶元二年上之，時惟有薛居正《五代史》，歐陽書未出也。此書有紀、志、傳，又博采諸家之説，倣裴松之《三國志注》附見下方。表韓通于《忠義傳》，且冠以國初褒贈之典，新舊《史》皆不及。皞乃王沂公曾弟，後以元昊叛，乞以字爲名云云。陳霆書似祖述其意，特闕志耳。癸丑除夕，七十六叟石蓮記。」

「陳霆字水南，吴興人。著《兩山墨談》，甚有義理。閱《金陵瑣事》，始詳其本末。霆字震伯，僦居白下。又著《唐餘紀傳》、《渚山詞話》。嘗作詞即張麗華云，麗華死於青溪，後人哀之，爲立小祠，祠像二女郎，其一則孔貴嬪也。今祠亦復存。《香祖筆記》。《見只編》言，陳水南霆以南唐李昪宜繼唐後，改馬令書爲《唐餘紀傳》，猶蕭常改《三國·蜀志》爲《後漢書》也〔一〕，誤。《吴越備史》，昪本吉安砦將潘某之子，姓實潘也。水南特以五代篡祚短促，不足繼統，不若南唐聲名、文物雄擅江左，不愧唐後也云云。予按吴越與南唐世世爲仇，《備史》之言，未可遽信，詎可據以爲實録以駁水南耶？」

〔一〕猶蕭常改《三國·蜀志》爲《後漢書》也：「猶」原作「獨」，據文淵閣《四庫全書》本《香祖筆記》改。

建炎時政記三卷

不著撰人名氏。清黄丕烈校舊鈔本。半葉十行，行二十二字。黑格。板心下刊「怡顔堂鈔書」五字。「嘉慶乙亥夏日，惕甫借讀一過。」黄復翁跋見《題識》。附裝《李群玉集》黄跋一葉。

有「王鐵夫閲過」、「惕甫借觀」、「蕘圃手校」、「東郡楊紹和字彦合藏」印。

建炎復辟記一卷

不著撰人名氏。明姚舜咨手鈔本。半葉十行，行二十字。藍格，線口。板心下刊「茶夢齋鈔」四字。

有「姚舜咨圖書」、「槑亭」、「嚴」、「歙鮑氏知不足齋藏書」、「唐百川收藏」印。

靖康孤臣泣血録不分卷

宋丁時起撰。清黄丕烈校明萬曆刻本。板心上刊「靖康元年」四字。黄丕烈跋，見《題識》。

王貢忱手跋曰：「自東郡楊氏藏書散失後，其發見於濟南市者，以敬古齋所得爲多。該肆王某善價而沽，據余所見聞已不下四五十種矣。庚午冬得此，亦該肆經售者，計葉論值，窮措大竟悍然爲之，可見一時好尚固足以顛倒人如此。辛未夏至，止適齋主人識。」

有「葉樹廉」、「石君」、「蕘圃手校」、「孫慶增」、「孫從添」、「錦帶堂」、「歸來草堂」、

「楊以增」、「至堂」、「宋存書室」、「東郡楊氏鑒藏」各印。

金國南遷録一卷

金張師顔撰。清黄丕烈校舊鈔本。

黄氏手跋曰:「右葉石君校藏本,海寧陳仲魚借以示余。余昨歲購一本與此正同,前題後跋,髣髴如是,謂勝于顧肇聲家鈔本。今得葉本,思一勘之,不知歲除檢置于何所,因出顧本,手校如右。通注黄筆者,皆葉石君手迹也。葉跋無所考證,本□可據,文繁未及録,惟據趙與時《賓退録》,以爲其譌有三,當可信。余蓄書必購本子,此與顧本異,故校之。他日重尋得昨歲所得本對之,未知尚有異同否? 辛未三月十九日,燈下校畢識。復翁。」

皇明肅皇外史四十六卷

明范守己撰。明吕新吾鈔本。黑格。板心刊「了醒亭」三字。首鈐朱文大印曰:「吕氏典籍，傳家讀書，子孫共守，不許損失借賣，違者塋祠除名。萬曆七年，坤記。」

石林奏議十五卷

宋葉夢得撰。明毛子晉影鈔宋本。半葉十行，行二十五字。墨格。板心下記刊工姓名。王仲、王震、陳成、陳偉、周信、徐良、偉成、金澤、林檜、栗才。卷末鈐朱文方印曰：「趙文敏公書卷末云：吾家業儒，辛勤置書。以遺子孫，其志何如。後人不讀，將至於鬻。遺其家聲，不如禽犢。苟歸他室，當念斯言。取非其有，尤寧舍狷。」有「毛晉」、「子晉」、「毛扆」、「斧季」、「汲古閣」、「汲古得脩綆」印。

又清葉廷琯影鈔宋本。同前。有「廷琯」、「東郡楊紹和」、「宋存書室珍藏」印。葉氏手跋曰：「《石林奏議》十五卷，《直齋書録解題》載之。勝國時，吾家菉竹堂、陳氏世善堂俱有藏本。逮我國朝，其書漸湮，諸大家藏書目均未著録。乾隆中，四庫館開，未聞採進，世間傳本之少可知。近時顧澗薲先生爲黄蕘圃撰《百宋一廛賦注》，記其行數、字數以及跋款，按宋本每半頁十行，行二十五字。《百宋一廛》訛記二十字。且言《汲古閣秘本目》有影宋鈔本，此較勝之。惟惜其紙板有剥落處。賦語所謂『《石林奏議》鬱剥落而生芒也。』蕘翁宋本書後歸三十五峰園汪氏，余昔校刊《建康集》時附輯《紀年略》一卷，每以未獲見公《奏議》爲歉。未幾，汪氏藏書亦散，此書爲吾族人雲曙閣所得，曾假讀一過，惜不及採入《紀年略》矣。按《文獻通考》載公《志媿集自序》稱，以家藏奏稿次序爲十卷，是公在日已有手定之本。此十五卷者爲第三子模所編刊，當在福州歸老以後，即因《志媿集》增輯而成，雖南渡以前奏議概未採入，然半生緯略英謨以燦然俱備，且有足補史事之遺者，詢爲考古者不可少之書也。雲曙閣藏此數年，欲重梓而無力，近聞胡君心耘搜刻秘笈，遂介余以歸之。胡君欣然録副，流布四方，以此原本藏諸名山。蓋自開禧鋟板至今，閱七百餘年，若存若亡，而復傳於世，亦公之精神藴結，默有呵護其間。公《自序》所云，留以遺子孫，或有勵發憤，少能著見者。凡在裔姓，讀此尚無忘公詒厥之心哉。而胡君之樂於表彰先哲遺書，自謂與公尤有緣，并擬集資排印，其意良可感矣。咸豐五年乙卯春仲，裔孫廷琯識。」

國朝諸臣奏議一百五十卷

宋趙汝愚編。宋淳祐刻本。半葉十一行，行二十三字。白口。板心上記字數，下記刊工姓名。鄧志、楊慶。首進書劄。淳祐庚戌史季温序。趙希瀞序云：「蜀刻燬於兵，此史季温重刊本。」元補刻。板心「至大元年刊」五字。

會通館校正宋諸臣奏議一百五十卷

明華燧刻活字本。半葉九行，行十七字。黑口。

華氏序曰：「孔子曰，天下有争臣七人，雖無道不失其天下，况不止於七人者哉。然争之者愈多，而聽之者愈少。則聖人之言，亦不可以若是，其幾也！是故夏亡而五子之歌著，段喪而三仁之名顯，此有宋諸臣奏議之書所以不没於後世也。書成於宋宗室趙公汝愚，其所選録則皆争言之有益於國家者。起自建隆，訖于靖康，歷九君，凡一百五十卷，其間争議率同而治亂不同者，聽之者異也。夫天下猶人之有身也，争猶藥也。藥人已人疾，而不能使人必飲，人雖不飲，藥在則猶有所待，此汝愚之心也。使當時能用其言，則宋之天下將過漢、唐，惜乎汝愚之不遇也。書行既久，板就湮訛，吾邑大夫榮侯憂失其傳，欲重鋟梓而重民費，乃俾燧會通館活字銅板印正以廣其傳。始燧之爲是板也，以私便手録之煩。今以公行天下，使山林澤藪之間，亦得披覽全文，開明心目，觀感而興起，吾侯之舉也。且是書之板，初成於宋淳熙庚戌，再成於淳祐庚戌，今又值皇明弘治庚戌，是豈偶然哉！昔虞夏商周之書，得伏生口傳以存，四代聖人之心，爲萬世立極。今吾侯舉行《奏議》，輔翼其道，爲萬世藥石，斯文際會，何前後之相符也！洪惟我朝列聖相承，上多聽争之君，下多納争之臣，文教誕敷，四海乂安，則亦未必不有藉於斯文，汝愚之心奚必行之於身而後爲遇哉！燧鄙且淺，不能效涓埃於光天化日之下，是書之行，庶亦區區草莽之私云。弘治三年仲冬既望，後學錫山華燧謹序。」

晏子春秋四卷

不著撰人名氏。明郭紹孔校鈔本。半葉十行，行二十二字。藍格。板心下刊「墨巢」二字。卷三末有「萬曆十六年冬吴懷保梓」一行。首劉向序。卷末題曰：「庚辰花朝日，校録《晏子春秋》四卷終，平丘郭紹孔藏。」

郭氏手跋曰：「崇禎十三年庚辰閏正月初六日，校録於雪履齋。仁和郭紹孔伯甫識。」

有「臨平山郭紹孔」、「伯翼」、「吴兔床書籍」印。

韓文公別傳注一卷

金宇文虛中撰。元祥邁注刻本。半葉十一行，行二十一字。黑口。卷末刊「如意比丘祥邁書」一行。至元己卯安藏序。

乾隆内府裝書記曰：「《韓文公別傳》原一套二册。五十八年十一月十七日，上發下，去襯紙改插套一册。云乃唐韓愈本傳之外，收録其與大顛和尚辯論之言以成此書。金朝學士宇文虛中撰，元朝至元間學士安藏序，比丘祥邁注。」

劉向古列女傳八卷

漢劉向撰。清黄丕烈據宋校明黄魯曾刻本。半葉十二行，行二十字。白口。板心刊記字數。卷末有「建安余氏模刊」一行。嘉祐八年曾鞏、王回序，嘉定七年蔡驥序，嘉靖壬子朱衍、黄魯曾序。書衣題曰：「黄氏讀未見書齋校宋本。乾隆甲寅。」黄丕烈跋，見《題識》。

蔣氏手跋曰：「辛卯，於義門師處見宋本《列女傳》，圖畫則顧虎頭遺製，衣冠器物俱簡樸有古意。篇中序次俱與今本異，蓋魯曾重刻失其真也。至頌後有贊，乃魯曾僞造，且與序複，尤爲妄謬，牧翁顯斥之，宜矣。師處乃自述古堂購得，裝裱俱絶等事尤可貴重。前有牧翁題語，亦古質有味。繼又得一本，無纖毫異者，至今賫研齋寶藏之如雙璧。古書難得亦難見，故識于此，使流傳覽遠。遂以是本爲子政本書，遺誤後學豈少哉！康熙癸巳五日書，蔣杲。」

沈氏題曰：「咸豐戊午，得于吴門。鄭齋藏。」有「張雋」、「黄丕烈」、「蕘圃手校善本」、「沈樹鏞藏本」、「鄭齋校藏書籍」印。

五朝名臣言行録前集十卷後集十四卷續集八卷别集上十三卷别集下十三卷外集十七卷

宋朱熹撰，李幼武編。宋麻沙刻本。半葉十二行，行二十三字。線口。外集景定辛酉趙崇祚序，末有「平野」二字木記。卷四「天保庚子，七十翁明復題記」一行。書簽題「宋麻沙覆明溪本」。有「鮑毓東」印。

四朝名臣言行録□□卷

宋刻巾箱本。存卷六。半葉十四行，行十九字。綫口。左欄外刊小題。有「嘉善曹秉章壬戌仲夏所得内閣叢殘典之一」、「玉硯堂珍藏」印。

新刊名臣碑傳琬琰之集一百七卷

宋杜大珪撰。宋建刻本。半葉十五行，行廿五字。白口。紹興甲寅自序。有「楝亭曹氏藏書」、「長白敷槎氏堇齋昌齡圖書」、「孫星衍」、「伯淵」、「宋元秘笈」、「當湖小重山館」、「胡氏篴江珍藏」、「頤煊審定」、「川學齋」、「黄鈞」、「次甌」各印。

唐才子傳十卷考異一卷

唐辛文房撰。清陳仲魚校陸香圃刻本。板心下刊「三間草堂雕」五字。嘉慶乙丑王宗炎、汪繼培序。

陳氏手跋曰：「日本國所出《佚存叢書》中，有《唐才子傳》十卷，視《永樂大典》所收較爲完整。蕭山陸君芝榮付之剞劂，并作《考異》一卷。又有王進士之叙、汪主事之跋，于是書多所發明。展閲數過，間有鄙見所及出于各家之外者，標題卷中，不下數十事，益信主事所云『文房採擷群籍，連綴成篇，未及詳檢耳』。時余方校計敏夫《唐詩紀事》，因類及焉。嘉慶十五年正月既望，海寧陳鱣記。」

有仲魚圖像、「仲魚手校」、「海寧陳氏向山閣圖書」印。

天順元年進士登科録不分卷

明天順官刻本。黑口。計一百零六葉。

周氏手跋曰：「克厂觀察新得明《天順元年進士登科録》，裝竟屬題。《録》中首玉音，次讀卷執事人銜名，次新進士籍貫，而終之以皇帝榮問及一甲三人策對。所載編甲、賜出身、送狀元歸第等事與國朝舊制略同。一二三甲都凡二百九十四人，中額亦復相等。惟清時鄉、會試例有進呈録，而殿試無之，不知變置何時？是《録》英宗復位初元徐有貞以華蓋殿大學士讀卷官居首，有貞小人，改名希進，奪門攘功，原不足道。是科所得士，自黎淳以下，有名迹可稱述者殊鮮，茅茹以彙，豈不然耶！不可與《寶祐登科録》同語矣。抑其制策有云求賢必得真才，不知所謂真才者爲徐有貞乎？爲于忠肅乎？是又可發一喟也。歲在閼逢困敦孟秋既望，天門周樹模記於京寓泊園。」「樹模」印。

李氏手跋曰：「世恒謂科舉不盡得人才，然自宋已來，更數百歲，名臣哲士往往出其中，科舉何遽不得士？而闒宂小人亦往往焉。薰蕕雜糅，近古類然，事勢所無如何也。嘗論君子小人消長，視運會之否泰爲轉移。時際其泰，君子多而小人少；時丁其否，一君子不敵衆小人。拔茅連茹，《易》二卦爻詞並取之，所繫顧不重歟！吾觀《天順元年登科録》，不能無慨然也。時讀卷大臣總其事者徐有貞。有貞，故小人。其貳王䵮等，率附寵希榮一流，惟李賢庶幾乎君子。是科第一甲第一人黎淳。淳躋顯仕名，能文章，然官庶子時，與高瑶争郕王廟號，蒙訾清議，誠哉爲有貞之徒。其間獨彭韶最賢，韶任職昌言正色，秉節無私，史稱孝宗朝多君子，實居其一。是科庸盡不得士哉！取士之賢不肖，主者固無容心，要之鑒衡精嚴，慎匪他人責也。今世運亦否極矣，科目廢除久矣，人才宜何道之出，而可使斯世化否爲泰乎？抑吾不敢知已□！筱麓觀察寄示兹《録》索題，懷有感切，爲推論如此。甲子七月之晦，漢陽李哲明識。」「李哲明」印。

左氏手跋曰：「英宗復位，改元天順，于時歲在丁丑。太祖頒科舉條式，以辰、戌、丑、未年舉行，蓋正科也。奪門之事，曹吉祥、石亨、徐有貞爲之，當即下于忠肅公於獄，以謀逆定擬。英宗猶豫未忍也，有貞曰：『不殺之，此舉爲無名。』有貞以副都御史超進華蓋殿大學士，是科讀卷官遂居首席。景泰之廢，詔書醜詆，皆有貞筆。天網恢恢，六月下獄，八月放金齒爲民矣。小人恣睢一時，亦何爲哉！是科知名者少。憲宗乙未，議復景泰帝號，時榜首黎淳官左庶子，上言沮之，乃以昌邑、更始爲説，帝雖切責而事幾中止，賴商文毅極言乃成耳。在黎淳爲別有肺腸，在有貞則流傳謬種也，小麓觀察以此册屬題，瀏覽一過，其中有富户籍，又有上姓一人，皆稀見，亦足以廣異聞焉。甲子孟秋二十三日，應山左紹佐志。」「左紹佐」印。

皇明獻實三十九卷

明袁袠撰。明鈔本。藍格，鳳花邊欄。板心上刊「寓真日紀」四字，下刊「疊翠山房」四字。

章氏手跋曰：「袁永之事，附見《明史・文徵明傳》。此書著録《明史・藝文志》，計二十卷，與此書三十九卷不符。細加點對，然此書原裝四册，目録四葉，本分裝册，如重裝時乃併列首册，疑此爲傳録初稿，《明志》所收乃定本，故數目參差，理或然也。《四庫全書》及《存目》均未列入，而《提要》項篤壽《今獻備遺》下云『袁袠所著而稍增損之』，似非未見此書者，疑莫能明也。從石蓮龕借讀，因記。長洲章鈺。」

有「汪士鋐攷藏」、「小倉山房袁氏」、「韓小亭」、「石蓮盦」、「章鈺」印。

郭天錫日記不分卷

元郭畀撰。清鮑以文校鈔本。計一百零四葉。至正十五年俞希魯序、附《文集》序，崑山周倫跋。

趙氏手跋曰：「《退思集》世無傳本，此序從真迹録出，後有崑山周司寇跋語，並爲寫出，以附《雲山日記》之後。嘉慶乙丑秋仲，趙魏識。」

鮑氏手跋曰：「嘉慶庚申四月初九日，錢塘趙素門先生鈔贈。知元迹在宋芝山先生處。十一日，偕周松泉竟訪芝山於剪刀巷寓館，以真迹不在行篋中，出手鈔副本見借，即趙本所從出也。袖歸，舟次校勘竟日，五鼓次大麻始畢，記此以誌良友之惠。」

趙氏手跋曰：「余少時具書癖，聞父執厲樊榭先生有手録《郭天錫日記》，未克一見。

既爲吾友鮑渌飲刻入《叢書》，然僅《客杭》一卷，惜當日樊榭未録其全也。今春，宋君芝山招予小飲，出手録全帙見示，酒邊展卷，狂喜不可遏。擕歸静讀，覺朋友之往來、風氣之好尚，歷歷在目，不啻追隨古人於朝夕，而數十年所未遂者於是大暢。天下事殆有不求而自得者耶！芝山云此書宜贈渌飲，以廣其傳。蓋渌飲所好篤，所校精，而且勇于從事。余因急命長男之玉日夜鈔録，行款悉依原文，間有字體草草未能識者，芝山僅據墨迹，不可不闕疑也。録亟以遺之，成書時嘉慶庚申春。錢塘趙輯寧跋於竹影盦。」「雪壺拜觀」印。

「嘉慶乙未冬月，某泉居士趙之玉寫於星鳳閣。手記。」

「丙寅東坡生日，江安傅增湘拜觀於藏園長春室。」

有「歙西長塘鮑氏知不足齋藏書」、「老屋三間賜書萬卷」印。

文文肅公日記不分卷

明文震孟手寫本。計十四册。存萬曆三十年、三十五年，天啓二年至六年，崇禎元年至九年。首册題曰：「己未夏五二十又五日，仲孫點百拜謹閲。時早桂初放，香風襲人，竹窗危坐，穆然神遠。」「點」字印。

汪氏題曰：「後學汪琬借觀於城西之苕華書屋。康熙十年三月題。」「琬」印。有「文與殹」、「竹島草廬」、「太平劉氏小渠斿藏書畫」印。

漢雋十卷

宋林鉞撰。宋乾道刻本。半葉九行，行大字一約小字四，注雙行三十字三十一字。白口。板心下記刊工姓名。龔昇、龔亮、蕭茂、黄昇、紹興。紹興壬子自序。宋諱避至「慎」字。又宋淳熙刻本。行款自序同。淳熙戊戌魏汝功序。板心下記刊工姓名。孫清、孫濟、孫湛、洪悦、王縉、朱芾雕、王進、方迪、施端、陳真。宋諱避至「慎」字。有「忠孝傳家」、「愚山」、「季振宜藏書」、「楊以增字益之又號至堂晚號冬樵行一」、「東郡楊氏海源閣藏書記」、「宋存書室」各印。

通鑑總類二十卷

宋沈樞編。宋潮陽刻本。半葉十一行，行二十三字。線口。板心刊門類，上記字數，下記刊工姓名。平江張俊刊、夫、陳仁、王、趙、可、原。嘉定七年婁鑰序。有「運乾之寶」、「慧海樓藏本」、「江陰繆荃孫字炎之」、「藝風堂藏書」印。

南詔野史一卷

明沈轄集。明祁承㸁鈔本。半葉十行，行二十字。藍格。板心下刊「淡生堂鈔本」五字。有「鄧尉山樵」、「叔坡過眼」、「崦西草堂」印。

釣磯立談一卷

不著撰人名氏。清王迺昭手鈔本。半葉八行，行二十一字。卷末題曰：「康熙改元，歲次壬寅，春王正月二十有六日，懶髯野叟鈔於東城書舍。」有「迺昭印信」、「墻東隱閉身著白衣」、「謙牧堂藏書記」、「方功惠」印。

蜀檮杌二卷吴曦之叛一卷

宋張唐英撰。清黄丕烈校舊鈔本。半葉九行，行十八字。卷首題曰：「附《吴曦之叛》一卷。眉山范得志際明校。」共訂一册。書衣黄氏題曰：「海寧陳氏向山閣藏舊鈔本校，馮巳蒼藏鈔本校。癸酉春三月，吴枚菴借去，有與此本異者，紅筆手書夾籤識之。復翁記。」共十七條。黄丕烈跋三則，見《題識》。有「丕烈」、「蕘圃手校」、「士禮居藏」、「楊紹和」、「楊氏海源閣」、「宋存書室」印。

滇載記一卷

明楊慎撰。明祁承㸁鈔本。次題「孫宗吾刊」。藍格。板心下刊「淡生堂鈔本」五字。有「歸安姚覲元」、「彦侍」、「潘志萬」、「潘叔坡圖書」、「崦西草堂」印。

宋遺民録十五卷

明程敏政輯。清黄丕烈校吴枚菴手鈔本。半葉十行，行二十字。成化己亥自序，嘉靖乙酉程曾識。

吴氏手跋曰：「右書傳自武林鮑氏，係陸平原采微堂舊鈔，蓋善本也。惟末二葉斷爛不全，俟得别本足之。戊戌又六月，久旱得雨，新凉拂几，爲之爽然。棘人吴翌鳳識。」

「篁墩先生輯此書成，未及刊布。迄嘉靖乙酉冬，休寧率溪程曾方校勘刊之，今其本已不可得而見矣。吾友黄蕘圃氏曾蓄舊鈔，即從元本印摹者，近又得毛斧季朱筆手校本，頗爲精審。余借以對臨，惟卷後附録具在毛本，異日再假鈔補焉。嘉慶甲戌九月二十一日，一目生吴翌鳳，時年七十有三。」

「舊鈔本。九行十七字。格即元刻款式也。鳳記。」

黄氏手跋曰：「嘉慶甲戌新秋，收得毛子晉家藏舊鈔本，經斧季朱墨手校者。同取向儲舊鈔本臨校一過，九月五日校畢此册，時已二更。復翁。」

「越一日，校畢此册，燒燭至二更餘矣。復翁。」

有「吴枚菴校定本」、「翌鳳鈔藏秘本」、「長洲顧氏湘舟鑑賞」印。

南夷書一卷

明張洪撰。明鈔本。半葉十一行，行二十字。書衣記曰：「乾隆三十八年十一月，浙江巡撫三寶送到范懋柱家藏《南夷書》一部，計書一本。」附條云：「總辦處閲定，擬存目。」程氏手跋曰：「謹案，《南夷書》一卷，明張洪撰。考明永樂四年，緬甸宣慰使那羅塔劫殺孟養宣慰使刀木旦及思欒發，而據其地。洪時爲行人，奉詔賫敕宣諭，因撰是書。所載皆洪武初至永樂四年平雲南各土司事，略而不詳。其於雲南郡建置始末，如南詔爲蒙氏，改鄯闡府，歷鄭、趙、楊三姓始至大理段氏，而書中遺之。孟養、麓川各有土司，而叙次未詳。唯載梁王拒守及揚苴乘隙諸事，中所未載。『瀾滄』之作『蘭滄』，『思奕發』之作『思鸞發』，與史互異，亦足資考證之一二也。洪字宗海，常熟人。洪熙初，召入翰林，官修撰。纂修官程晉芳。」

有「翰林院」大方印、「翁同龢校定經籍之記」印。

元和郡縣圖志四十卷

唐李吉甫撰。清陳仲魚校陳冶泉鈔本。半葉十行，行二十二字。首自序，淳熙二年程大昌、洪邁、張子顔序。卷末題曰：「嘉定汪昭照閲於静寄園之小方壺。」乙丑六月黄蕘翁跋，見《題識續録》。

陳氏手跋曰：「是書爲冶泉司馬鈔本，吾友黄君蕘圃既識原委矣。越二年，又見錢獻之别駕所藏鈔本。每卷題『武陵盧文弨校閲』，蓋從吾郡盧抱經學士校本傳録而誤書『武林』作『武陵』也。中有孫淵如觀察跋語及詳校處，知觀察曾閲一過，後即刊入《岱南閣叢書》者。然脱誤甚多，不及此本遠甚。因互爲一校，而并録錢、孫兩家之説，雖寥寥數則，究屬通人之筆，非憑臆撰比耳。嘉慶十二年秋日，海寧陳鱣記。」

「校後數日，有書估持鈔本來，係吴中周有香孝廉手校，蓋以孔葒谷農部、翁覃溪學士、戴東原吉士各家藏本，彼此相參，補正千有餘處，可稱善本。孫觀察亦據以付刻。因亟對校于是本，復補得第十七卷所缺一葉。然是本亦有勝于周本者，知舊鈔正不可偏廢也。鱣再筆。」

有「海寧陳鱣觀」、「仲魚手校」、仲魚圖像、「簡莊所得」印。

新編方輿勝覽七十卷

宋祝穆撰。宋建刻本。半葉七行，行十四字，注雙行二十字。小黑口。左欄外刊小題。咸淳丁卯自序及跋，嘉熙己亥吕午序。

又元刻本。卷首有「日新堂新刊」五字木記。

大元大一統志一千卷

元孛蘭肹岳鉉撰。元官刻大字本。存卷二百四十。半葉十行，行二十字。白口。板心上記字數。

新定九域志十卷

宋王存撰。清吴兔床校鈔本。

吴氏手跋曰：「吾家枚菴僑居吴下，性喜藏書，每遇秘本，輒手爲傳録，蓋今之方山也。王正仲《九域志》流傳絶少，而有古迹者尤爲難得。癸卯夏，從枚菴借得，因喜極而鈔諸拜經樓。槎翁。」「騫」印。

「壬子仲春，復以錢遵王影宋鈔本及嘉興馮氏新刊本重校一過。」

唐氏手跋曰：「槎客先生手校二紙録入《拜經樓題記》卷三『地志』目中。後有槎翁分書朱墨筆二跋。劉彦清太守借録副本，既歸記此。時庚午二月花朝日也。」

有「吴兔床書畫記」、「江山劉履芬觀」、「唐翰題」、「海豐吴重熹」印。

剡録十二卷

宋高似孫撰。清黄丕烈校傳鈔宋本。卷六分上、下，缺卷七。半葉十行，行二十字，注雙行。嘉定甲戌自序，又史之安序。書衣題曰：「影宋殘本傳録及補寫目録。」嘉慶戊午黄丕烈跋一則，見《題識》。

黄氏手跋遺刊，曰：「始余從少詹借此書時，云別有一本，前有序文者。頃從少詹婿瞿安槎處寄到，復影寫高、史二序，以并列諸首云。己未中秋後八日，蕘圃丕烈。」

「丙子秋七月十日，借得西晌草堂陳氏藏本，手校一過，止六卷，與余所借影周本合，蓋周本出沈與文，此陳本出吴方山也。卷首無序，卷一標題下有『方山』、『吴岫』小方印二印。其文上一印陽文，『方山』二字並列；下一印陰文，『吴岫』二字直下。卷六下結尾末有『姑蘇吴岫家藏』小方印一，其文六字作三行，陽文。吴、沈蓋同時，則其書之同出一源可知，故字形多相似者。余校時遇誤字一一證之，見古本面目非盡出傳録之誤，或刻本已如是耳。七夕後四日，復翁識。」

「此八卷至十二卷，余從錢少詹藏本補録者也。少詹本與周香巖所藏影宋殘本行款悉同，而筆墨差少古致，大約國初人鈔本。前有『語古』小長方印。又一小方印，其文曰『髯』，皆何義門先生之章也。中多紅筆添改字，余傳録時悉一以墨筆臨之而注其上方。惟兩處潤蕢曾以紅筆影摹之，重其爲義門所校也。前卷一至卷六上、下，遇異同或校正處皆覆勘之，而注曰『錢本』，明兩本之異也。較周所藏差爲增益。然兩本比較，終少七卷，未知何故，俟更訪之。蕘圃識。」

「余於地志之書素所寶愛，不獨吾郡之舊志爲留心搜訪也。此《剡録》一書，始從周香巖借鈔殘本，又從錢少詹借鈔完本，似可爲愜心矣。然此書舊時書目及各藏書著録多不載其名，即有名存而卷數未詳，無從考核。伏讀《國朝四庫全書總目》定爲十卷，云是江蘇巡撫進本，前有嘉定甲戌似孫自序及嘉定乙亥嵊縣令史之安序，而兩本皆無序，是年遠失之耳。所叙原書序次，自縣紀年以迄草木禽魚詁，一一與今古都合，而所載之十卷與所鈔之十二卷中脱七卷之故，仍不解其故。古書難信，有如此者！黄丕烈又記。」

吴氏手跋曰：「右《剡録》，列十二卷，缺第七。考《簡明目録》只作十卷，又不言有殘缺之處〔一〕，未審何故。諸家書目著録者亦鮮，無從考核也。嘉慶乙亥仲夏，借本傳録畢，聊記其後。枚菴。」

有「丕烈」藍印、「吴翌鳳」、「枚菴」、「漫士」、「汪士鐘藏」、「振勳」、「楊以增字益之又字至堂晚號冬樵」、「紹和」、「筠岩」、「楊氏海源閣藏」各印。

〔一〕又不言有殘缺之處：「言」原作「云」，據《蕘圃藏書題識》改。

四明志二十一卷

宋羅濬撰。宋浙刻本。存卷七、八。半葉十行，行十八字。白口。板心上記字數，下記刊工姓名。王仁、王智、王琳、王侃、洪春、沈華、蔣容、施華、顧清、顧達、徐志、洪珍、蔡邠、陳永、葛桂、方禮。

有「天禄繼鑑」、「乾隆御覽之寶」、「古稀天子之寶」、「太上皇帝之寶」、「五福五代堂」、「八徵耄念之寶」印。

景定建康志五十卷

宋周應合撰。清錢大昕鈔本。半葉九行，行二十字，注雙行低格十八字。附葉題：「潛研堂鈔本。」有「黄錫蕃」印。

清孫星衍刻本。卷二十二末遺刊録有《詩示蔡天啓》備述其事，所謂「今年鍾山南，隨分作園囿」是也。又有《次吴氏子女詩》注云：「南朝九日臺，在孫陵曲街傍，去吾園只數百步〔一〕。」舊志《繡春園記》云：「在府社壇東，隸運司。端平二年，高公定子作。」「予昔經行，得繡春堂於酒名，竭來將漕訪某堂無有也。問遺址，亦未知何所。客爲予言，繡春，烏所取名。予未然，曰：『繡衣春當霄漢立，綵服日向庭闈趨』，乃杜少陵《入奏行》之句，此嘉名也。吾欲堂而顏，諸司存造船場有餘，鄰亦願益以廢圃，乃庚子拓而新之，匪事游觀，其以示興廢之一。端平二年九月，臨邛高定子瞻叔識。」

〔一〕去吾園只數百步：「去」原文作「云」，據文淵閣《四庫全書》改。

咸淳臨安志一百卷

宋潛説友撰。宋刻大字本。存卷二十二、三，卷六十，卷六十五至七十四，卷八十，卷八十三。補鈔卷六十一至六十三。半葉十行，行二十字，注雙行低格十九字。白口。板心上記字數，下記刊工姓名。盛允中、陳松、茂、東、成、政、蔡、光、大、達。宋諱字作「廟諱」或「今上御名」。

有「寶」字印、「珊瑚閣藏書」、「季滄葦藏書記」、「汪氏小書巢藏書」、「楊保彝藏本」、「宋存書室」、「旌德江紹杰」、「漢珊攷藏」各印。

又宋本同。每卷皆不全，存卷二十七至二十九，卷四十三，卷六十九至七十一，卷八十三至八十五。刊名。金珪、孫范、沅。有「晉府書畫」印。

又清梁同書手鈔本。存卷六十八至七十一。有「張燕昌」、「石鼓亭」、「王氏昨非居」印。

梁氏手跋曰：「此予三十年前鈔録殘頁，爲吾友芑堂索去，不意尚未入敗簏且裝潢之，真所謂愛我而忘其醜也。書此以志吾愧。嘉慶甲子四月之望，山舟同書，時年八十有二。」

又清吴枚菴鈔本。存序目、圖、卷一至五。有「吴翌鳳家藏文苑」、「古歡堂鈔書」、「江夏無雙」、「孝劼所藏書畫」印。

吴氏手跋曰：「乾隆丁酉，借盧抱經學士本鈔起。第一卷至三十四卷，囑玉峰門生徐瓚傳録，頗多誤字，用墨筆改正，恐與盧校相混也。壬寅四月四日雨窗，延陵吴翌鳳記于卧松居。」

「此卷起至卷十，不得宋本對校。」

又清吴兔床鈔本。存三册。首題曰：「見藏宋本目録：卷三、四、十一、十二、二十至三十、五十一至五十四，共爲二十卷，餘七十五卷皆影宋鈔。」附朱彝尊跋。

有「海昌吴葵里攷藏記」、「拜經樓吴氏藏」、「臨安志百卷人家」、「竹下書堂」、「海寧陳鱣觀」印。

吴氏手跋曰：「《潛説友《咸淳臨安志》一百卷，歷今數百年，卷帙繁重，儲藏家罕得全本。竹垞檢討從海鹽胡氏、常熟毛氏先後得宋槧八十卷，又借鈔十三卷，其七卷終闕焉。厥後書歸花山馬氏，轉入桐鄉汪氏。錢塘吴尺鳬、趙誠夫展轉購鈔，或宋槧或影宋鈔，大抵皆缺七卷者。乾隆乙未，予始從鮑君以文得此本，凡宋刻二十卷，影宋鈔七十五卷，通計九十五卷，較曝書亭多二卷：六十五、六十六，此則竹垞所未見也。以文云雍正辛亥，竹垞孫稼翁攜宋槧《臨安志》三十五卷售小山堂趙氏，趙復從吴氏補録其餘。乾隆癸巳正月，偶得平湖高氏本二十二册，中間節次闕失而盡于八十一卷，每册有季滄葦圖記，以《傳是樓宋板書目》證之，卷帙相符，蓋東海舊物也。内第四卷迄第九卷實季氏補鈔，中稱理宗爲『今上』，當是施愕《淳祐志》羼入者。以文撤出施《志》六卷，又從王氏寶日軒、吴氏存雅堂補鈔而歸于予，其影鈔之精亦不減宋刻。厥後姚江盧抱經學士、姑蘇黄蕘圃主事皆就予本借鈔，所闕二卷今仍闕者。第六十四卷、「歷代人物考」。九十卷、「紀事」。九十八卷、「紀文」。九十九卷、「紀文」。一百卷，「歷代碑目」。予嘗欲取周淙《乾道臨安志》及成化萬曆二《杭州府志》等補之，庶幾猶可得其全也。吴騫識。」「按：予所藏《咸淳臨安志》第四卷乃宋刻本，未知延令補鈔者與之同否？又考第五卷至第九卷並知不足齋鈔補本，細觀亦未見稱理宗爲『今上』者，當質之鮑君。因拆去季氏所補施《志》六卷。」

「騫按：吴繡谷跋所藏《咸淳臨安志》謂，予錢二十千，僅鈔半部，蓋爲以錢予馬氏掌書者也。其後復從書主借其半鈔全，無得之王店朱檢討家之説。又考所缺七卷爲第六十四、六十五、六十六三卷，並『人物』第九十、九十八、九十九三卷，並『紀文』第一百卷，乃《曆碑刻目跋》中所言碑刻七卷仍缺如也。似皆未得其實。」

又清盧抱經校鈔本。題曰「前有序文二葉，係專序行在所録者」，余所見止半葉。凡例後附圖四葉，一皇城圖、一京城圖、一浙江圖、一西湖圖。卷末錢氏朱書「竹汀校閲」四字。有「海寧陳氏向山閣」、仲魚圖像、「宋臨安三志人家」印。

盧氏手跋曰：「乾隆三十八年始鈔是書，不得別本詳校。既畢，鮑君以文出其所藏宋刻示余，乃知外間皆爲俗子删節貿亂，少有完者。因借以校此本，庶幾復還舊觀云。甲子二月二十一日，范陽盧文弨㲀菴書金陵之寓齋。」

「始余之鈔是書也，不得善本，求之他氏亦復然。更一二年，聞友人鮑以文氏，乃以不全宋刻本借余，向所闕六十五、六十六兩卷獨完然具備，余得據以鈔入，雖尚缺第六十四、第九十及最末三卷，然視曝書亭所鈔則似較勝矣。宋本前有四圖，但字已多漫漶，余請友人圖之。其依稀有字迹而不可辨者，余以方圍識其處。又對校其文字，始知外間本删落甚多，顧力不能重寫，則以字少者添於行中，字多者以別紙書之綴於當卷之後，且注其附麗本在何處，庶來者尚可考而復焉。噫，世間之書若此者多矣！書賈圖利，往往妄有删削以欺人，迨流傳既多，真本益微矣。古人以讀者之藏書爲最善，其不以此也夫！乾隆四十有二年三月二十九日，杭東里人盧文弨跋。」

陳氏手跋曰：「潛説友君高所修《咸淳臨安志》一百卷，其宋本流傳始末具余《淳祐臨安志跋》中。是本爲盧弓父學士抱經堂鈔藏，學士既歸道山，遺書散失，余以厚價收得數種，此其一也。凡用硃筆，皆學士手校。既正其異同，間考其事實。或書簡端，或書卷尾，字字不苟，筆筆精工，前輩校閲之勤，用心之細，實堪欽慕。觀其跋語，自是先有一鈔本，即所謂删落甚多者，故以字少者添于行中，字多者則别紙書之，綴于當卷之後。既而重寫是本，并鈔原跋，重加精校。得此書者不益可寶重邪！跋後有朱書『竹汀校閲』四字，亦係詹事親筆，蓋詹事與學士同年，相契甚深，互相借閲也。至鮑氏宋刊本，已歸于吾鄉吴氏拜經樓，庶爲得所。近在吴中，又見黄蕘圃家藏宋刊《咸淳臨安志》三十册，計八十三卷。每半葉十行，行大小二十字。又鈔補者十卷。蓋即吾杭吴氏存雅堂藏本，與拜經樓藏者各有勝處。余之所得，雖非宋刊，然以抱經學士精校，亦不啻珊瑚鉤云。後之人其護持之，勿輕與人，勿飽蠹蟲，斯大幸矣。嘉慶十四年冬日，勃海陳鱣識。」

又清吴尺鳧校鈔本。首凡例，次皇城圖、京城圖、浙江圖、西湖圖四葉。黑格。板心下刊「西泠蔣氏小雲竇館補」九字。卷十七吴城據小山堂本影鈔。各縣圖九葉，附跋二行。「敦夫」印。卷一至五十六板心下刊「花山馬氏道古樓鈔」八字。卷五十七至末板心下刊「西泠吴氏繡谷亭鈔」八字。有「吴焯」、「尺鳧」、「繡谷薰習」、「徐紫珊藏」印。「嘉慶戊辰七月二十三日，石樵爲蔣村校。」

「卷中所録詩文重一通。戊辰年小谷重校。」

吴氏手跋曰：「□□《□野僉載》影鈔宋本與時□□□□□□□□□古板之可愛如此。昨年□□□□□□校□□□□□文，頗有與此牴牾□□□□□□□惜□□□□不能盡改，余雖不□□□□□□受□□□□□媿矣。□閏秋二十有六日記。」

「採摭之富□□書。惜乎『藝文』與『碑版』三卷缺焉，合浦珠沈，延津劍化，不知猶尚在人間否？康熙戊戌重九，重展因書。」

「卷中載楊炎正《閏八月二十六日觀錢塘迎酒詩》。考宋制，行都有官酤迎酒者，以新篘既熟，臨安尹例先嘗。今官妓迎酒，聯驄穿市，都下競□。□□歲著爲例，凡設十三酒庫。又有金文□□□市樓及諸瓦子所用金銀器皿之類，光□□尚方燕飲無虚日，絲竹筦弦之聲，□□□□車馬相接，其見於南宋記或□□□□□□□之繁華，由來舊矣。□□□□□□□□之盛。」

「□□□□□□□花草俱有榮光，而有心世道者□□□□□□□醇樸，當設禁令以遏□□□□□□□厚薄，氣運使之，蓋秦漢□□□□□□□爲秦漢印，三代亦有忠□□□□□□□欲行井田、封建，未有不笑□□一證□□□□難，亦時與勢之不能行也。□值□□□□□偶讀前詩，感觸時事，因記。」

「□余幸擇□□世，故雖日生愁城中，晴窗點卷，足以閒銷歲月。吾輩窮而在下，且不能爲身謀，又何暇爲當世謀也！言之者得毋迂且誕乎！是日校《咸淳志》下半部畢。繡谷主人。」

又清厲樊榭鈔本。黑格。首凡例、序、圖。附朱彝尊跋。有「許乃普」、「滇生」、「黄岡劉氏紹炎校書堂藏書記」印。

厲氏手跋曰：「是書舊藏休寧汪氏，余從蘊公處假鈔。閱十有一月歸之，因并識于後。丁巳十月十五日，鶚。」

許氏手跋曰：「宋濳説友撰。説友字君高，處州人。宋淳祐甲辰進士，咸淳庚午以中奉大夫權户部尚書，知臨安軍府事，封縉雲縣開國男。時賈似道勢方熾，説友曲意附和，故得進。越四年，以誤捕似道私秫罷。明年起，守平江。元兵至，棄城先遁。及宋亡，在福州降元，受其宣撫使之命。後以官軍支米不得，王積翁以言激衆，遂爲李雄剖腹死。其人殊不足道，而其書則頗有條理。前十五卷爲行在所録，記宫禁曹司之事。自十六卷以下，乃爲府志，區畫明晰，體例井然，可爲都城紀載之法。其宋代詔令編於前代之後，則用徐陵《玉臺新詠》置梁武於第七卷例也。他所序録，亦縷析條分，可資考據。故明人作《西湖志》諸書，多採用之。朱彝尊謂，宋人地志幸存者，若宋次道之志長安，梁叔子之志三山，范致能之志吴郡，施武子之志會稽，羅端良之志新安，陳壽老之志赤城，每患其太簡，惟潛氏此志獨詳。然其書流傳既久，往往闕佚不全。舊無完帙，彝尊從海鹽胡氏、常熟毛氏先後得宋槧本八十卷，又借鈔一十三卷，而其碑刻七卷終闕，無可考補，今亦姑仍其舊焉。咸豐癸丑五月，堪喜齋主人命姪觀身謹録。」

「卷後有朱竹垞、厲太鴻兩先生識語，益足徵此書之可寶，願吾子孫世世守之勿失。咸豐甲寅長夏，許乃普。」

至元嘉禾志三十二卷

元吴硕撰。清黄丕烈校袁又愷鈔本。半葉十行，行二十字。緑格。板心下刊「袁氏貞節堂鈔本」七字。至元唐天麟序。

錢氏手跋曰：「《嘉禾志》修於前至元甲申，至戊子歲刊行。其時江南初入版圖，惟沿革、城社、户口、賦税、學校、廨舍、郵置數門稍有增改，其餘大率沿宋志之舊文耳。卷凡三十有二，碑誌、題詠居其大半，而守令題名闕焉。據唐天麟序，當有四十五門，今數之止有四十三，疑非足本也。《志》載《吴越静海鎮遏使朱府君碑》云：『寶大元年秋七月，終於静海官舍。以其年歲次甲申，十一月六日，厝於開元府海鹽縣德政鄉通福里澉野村之原。』甲申即後唐同光二年也。吴越雖自改元，而碑文但稱『天下都元帥吴越國王』，未嘗私立名號，其紀元亦但行於國中，此所以異於吴、蜀、南漢而終得保其家邦歟？壬子歲二月十六日，孱守居士錢大昕書。」

黄氏手跋曰：「此鈔本《至元嘉禾志》六册三十二卷，貞節堂袁氏借錢少詹本傳録者，頃與《嘉泰會稽志》并歸於余。余雖未借少詹本時〔一〕，已惜其不精，及假原本手校，知鈔胥遇筆誤處〔二〕，往往脱寫上一字而重下一字，以足一行。且有無故而空一葉半葉者。而非余之借原本手爲校勘，安知後之人不信爲本書面目固如是乎？雖原本亦屬鈔寫，較諸此本頗整齊。至於闕失訛謬，亦復不少，任讀者自領之。七月十五日中元節，黄丕烈識。」「嘉慶庚申秋七月，借錢少詹本手校訖。」

有「丕烈」、「蕘圃手校」、「鞠園藏書」、「士禮居藏」、「讀未見書齋」、「校書亦曰勤無雙」、「温陵張氏藏書」、「茂苑」、「香生」、「蔣鳳藻」、「秦漢十印齋秘笈」各印。

〔一〕余雖未借少詹本時：「余」原作「一」，據《蕘圃藏書題識》改。
〔二〕知鈔胥遇筆誤處：「胥」原作「有」，據《蕘圃藏書題識》改。

至正金陵新志十五卷

元張鉉輯。元奉元路學古書院刻本。附修志本末。半葉九行，行十八字。白口。板心上記字數，下記刊工姓名。吴君祥。素元岱序。明正德十五年國子監修板。有上元朱緒曾跋。

有「乃昌校讀」、「積餘秘笈識者寶之」印。

江都縣志二十三卷

明張寧、崔一鳳、陸君弼編。明刻本。萬曆二十七年張寧、何龍圖序。馬氏手跋曰：「康熙十有四年乙卯，點評於新城署中。時修《新城志》已竟。旻徠氏。」有「馬之霜字旻徠」印。

武功縣志三卷

明康海撰。刻本。正德乙卯吕柟、何景明序。

王氏手跋曰：「余於志書，郡則喜崔後渠之《彰德》，縣則喜康對山之《武功》，此後則史蓮句之《介休志》、馬中丞之《安丘志》耳。崔、馬以詳，康、史以簡，皆史筆也。《武功志》舊得一本于妻兄張長寧錫公，板最精好，蓋故書也。後使蜀過武功，其縣令又遺一本。此本則康熙庚申在都下，臨潼宗人茂衍方伯所遺者，中多模糊，及補刻數十葉，益覺初本之可愛也。」

「詩曰：『唐家興聖寺，后稷有邰封。二水流沮漆，千秋擬沛豐。高原山色裏，小邑夕陽中。樂府康王好，何時訪沂東。』壬子七月，過武功之作。」

有「禎」字印、「王士禎」、「阮亭」、「小三昧」、「文學侍從之臣」印。

又明刻本，同前。有「林佶」、「鹿原林氏」、「樸學齋」、「鄭杰」、「注韓居珍藏」印。

林氏手跋曰：「《武功志》出康對山先生筆，最爲善本。其剪裁叙事最得法，近代志中之董狐也。先公令三原得此本，後人其寶藏之。康熙四十二年癸未小春，鹿原佶力疾識。」

「《朝邑志》爲韓五泉筆，與此並稱，先輩讚其巨麗，惜未得，姑俟異日至秦訪之。佶再識。」

茅山志十五卷

元劉大彬編。元張雨寫刻本。半葉十三行，行二十三字。小黑口。天曆元年自序，泰定丁卯吴全節序，末有「玄教大宗師」五字木記。延祐三年趙孟頫序，末有「金華道士錢唐西湖隱真菴開山何道堅施梓」一行。卷三至七配永樂覆本，劉履芬補鈔卷十至十二，卷十四、五。有「嘉興唐翰題」、「鷦安秘籍」、「章鈺」、「式之」印。

吴兔床手跋曰：「據《六硯齋筆記》，此本的屬句曲外史手寫付梓者。雖吉光片羽，尤宜珍惜。」

「永樂重刻《茅山志》，此七卷，乃張文魚藏本所有，較予舊藏元刻本卷數彼此互有有無。」

劉氏手跋曰：「《六硯齋筆記》：茅山舊《志》，前元代四十五代宗師劉大彬編，句曲外史張伯雨手書，刻之甚精，國初燬於火。光緒丁丑仲春補寫，二十八日記。江山劉履芬。」

章氏手跋曰：「此吴兔床先生藏書，見《拜經樓題跋記》黏存之『據六硯』云云一條、『永樂』云云一條，皆兔床手迹。惟『六硯』條載存卷一、卷二、卷八、卷九、卷十、卷十一、卷十三，而此本少卷十、卷十一兩卷。《記》有云闕三、四、五、六、七、十四、十五共七卷，而此本三、四、五、六、七共五卷以永樂本補之，而仍無十四、十五兩卷。計全書十五卷，實存元槧五卷、明本五卷。所闕之卷十、卷十一、卷十二、卷十四、卷十五凡五卷，均爲江山劉泖生先生所補寫。元槧完本，常熟瞿氏鐵琴銅劍樓有之，先生服官吾吴，提調蘇州書局，或轉借迻録，以徇得此本之同官唐鶴安之請，且以完佳書也。泖生先生以部曹改外，著有《古紅梅閣集》〔二〕，駢體詩詞沈雅高雋，鈺冠年得之，幾能背誦。先生痛武健之吏輕殘民命，致以身殉，詳見高心夔撰《代理嘉定縣知縣劉君墓誌》。葉裕仁《題莎廳課讀圖》云：『泖生性嗜書，不能得者手自鈔録。日課每數十紙。』以故身後書散，鈺零星收取，即有三十餘册，無一不完好精整，至今珍庋。此補寫五卷中，缺字殘畫皆悉遵元槧之據，字迹秀勁，實與句曲外史手寫付梓者氣息吻合，至今精采照人，非尋常寫官照摹者可比。藏書一事，舊刻可貴，名人手迹尤可貴，兼斯二者，可貴爲何如！或以碎金斷璧目之，不足與此道者也。武進費屺懷編修念慈嘗得一本，當時與蕭敬孚先生穆、周季貺先生星詒及執友曹君直元忠、顧鶴逸麟士同几評賞。屺懷且仿此十三行二十三字格式，用松雪體寫《潘文勤公行述》，今不知流轉何所。即藏此本之吴仲懌撫部重熹，國變後同僑津步，出諸珍本共賞，或題或未題，此其一種也。俯仰之間，凡曾與此志作緣者，均作古人矣。緡帬之餘，不禁太息。乙亥九月，長洲章鈺舊都題。」

「前跋屺懷用《茅山志》行格寫《潘文勤行述》，乃寫王太守仁堪《行述》之誤。太守於光緒戊子典江南鄉試，屺懷爲其所得士也。承吾鄉學人顧起潛見之，頃以見告，特以另紙記出，不重録矣。前雪降節三日，式之。」

〔一〕著有《古紅梅閣集》：「著」原文作「署」，據章鈺《四當齋集》改。

水經四十卷

漢桑欽撰。明鈔本。半葉十一行，行二十二字。藍格。書衣韓氏題曰：「舊鈔本《水經注》十二册全，查無缺葉。此書工人重編失次，應陛手編。」

某氏手跋曰：「《水經》余向有善本，藏於松陵月滿樓中，甲寅兵後遂失之。今購此，略備繙閲，但苦遺謬甚多。不讎校，姑存諸，俟歸畊之暇再定丹黄可耳。丙辰夏五月竹醉日，西臯老人識。」

沈氏手跋曰：「此本雖舊鈔，字多粗率，訛謬實繁。中有一前修校正之筆，亦未盡當。乾隆戊寅夏初，余甫自東粤歸，將赴修門，道出海昌之石漾，登先外祖宫詹查公澹遠堂，獲之書估。匆匆北上，未暇細讎。旋補泲臬，又以案牘勞勞，未遑觸手。今日偶閒，一爲檢視。家藏項氏絪刊本，以未攜不能校對。又聞同年全吉士祖望、族兄徵士炳謙均有訂本，尋當暇以改正，書此爲左券云。是歲九月後五日，仁和沈廷芳志于臬署之挹華齋。」「盥蒙居士」印。

韓氏手跋曰：「酈氏之學，素未從事，咸豐七年臘月，湖州書友顧姓持此書來，收之。書係舊鈔本，首有丙辰夏五西臯老人題，末有乾隆戊寅九月仁和沈椒園廷芳誌語。書爲坊間人重編失次，不免手爲更正，因取舊存朱南州謀瑋箋評本略爲對勘。朱本十八卷第一條『又東逕武功縣北』，《注》『長安人劉終於崩』下即接『志也，惠公、孝公並是穆公之後』云云〔二〕，『於崩』字下箋云：『此下文理不屬，蓋脱簡也。』按朱固以謝耳伯宋本以及元本校正者，而亦缺此，即本書朱筆校者，亦謂刻本遺落，須尋別本校對，是此處脱簡，各本皆同。而此本乃獨多二十一行，上下脈絡俱貫。又朱所引宋本，多與此鈔同者，而多爲朱筆抹去，因隨手籤出各條黏上方。據此，知此本係從別刻完善宋本未經脱簡者鈔出，而朱筆所據乃係别本，即屬宋本，亦係脱簡後校改本耳。即如十八卷内一條，朱筆據刻本改『於』爲『云云』，『崩』下增『亡也』二字，蓋中既脱去二十一行，『於崩志也』，『曰』字接連『志』字。又或以形近『忘』字致訛，校者以『劉終於崩忘也』，文理不通，遂亦意『忘』作『亡』，而又改『於』爲『云』，而鎦終竟變爲注釋人，『長安』以下數字，又將變爲注語。事雖可笑，而其校改致訛之由，具有條理可尋也。書中朱墨筆校字不著所據之本，當係疏漏，或亦原本已自録入另紙，裝書時爲人失去故耳。余年老，精神衰憊，温習舊業且不足能更從事新學，惟雖不復事此，而固能知此本之佳，因書此以告世之喜此學者，俾知此本之可貴耳。應陛。」

有「沈廷芳」、「椒園」、「李更生」、「南枝」、「韓德均錢潤文夫婦印」。

〔一〕惠公、孝公並是穆公之後：原脱「並」字，據文淵閣本《四庫全書》補。

肇域記六卷

清顧炎武撰。韓應陛録校舊鈔本。嘉應四年黄丕烈跋，見《題識續録》。「嘉慶庚午春，錢塘何元錫借録於蝶隱園。」「敬祉」印。

韓氏手跋曰：「右《肇域記》六卷。未識先生所撰祇此，抑此尚其殘本耶？蕘圃主人以善價得之，既自爲之跋，更屬余覆□真僞。予取讀一過，灼然□□，見非僞書也。因撮舉數端，與蕘圃質之。」

「濟南府歷城縣之解華不注；淄川縣之不載孟嘗君封邑，而於滕縣載之；長清縣之考靈巖寺；泰安州高里山辨『蒿里』之誤；肅然山不用服虔『在梁父』、《酉陽雜俎》『長由山』之説，而一以《史記·封禪書》、《魏書·崔光傳》爲據；萊蕪縣夾谷引《水經注》『夾谷之會即此地』，而辨杜元凱『東海祝其』之説爲太遠；兖州府曲阜縣引《魯世家》『築茅闕門』以證闕里；引司馬彪《莊子注》以證杏壇之不可知其地；滕縣靈丘城辨《趙世家·正義》今蔚州縣之誤；寧陽縣洸水引《晉書·荀羨傳》以辨商輅《堽城閘記》『至元二十六年，始築壩障汶水南流，由洸河注濟寧』之誤；金鄉縣東緡城辨其非陳留之東昏；城武縣楚丘亭辨其非衛文公所遷之楚丘；東阿縣治本漢東郡之穀城縣，辨其爲春秋之穀而非小穀；曹縣景山辨其非『景山與京之景山』；沂州向城言春秋之向，見杜注分爲二，而其實一向；宣四年注以承縣之向遠爲疑，而隱二年注以爲龍亢之向城，不知其更遠；費縣言曾子居費之武城，而以嘉祥之武城爲謬；又引《史記·田完世家》以證南城之即南武城，引程大昌《澹臺祠友教堂記》以證子羽之亦南武城人；青州府諸城縣載齊之長城；辨濰水《漢·地理志》，『淮』、『惟』、『維』三見之爲異文；登州府膠州洋河引《通鑑》劉懷珍遣王廣之襲不其城事，而不沿胡三省注即巨洋水之訛。又地名之同而異者，萊蕪縣牟城引《春秋》桓十五年及僖五年《傳》，安丘縣之牟山故城則云隋置牟山縣；諸城縣之婁鄉城則引隱四年『莒人伐杞取牟婁』爲證。舊志所未分析，而是書逐一剖別之，凡此皆先生平日讀……」〔一〕

「此葉原本舊係錢竹汀先生筆，惜原缺尾葉。乙未七月，屬周姓友影模，或間十六七耳。韓應陛記。」

「原書中朱該或係夏方未筆，因屬周杞亭照度。應陛。」

「咸豐己未七月，周姓友影模於讀有用書齋。」

〔一〕「而于滕縣載之」，原脱「于」；「靈嚴寺」原作「雲嚴寺」；「『東海祝其』……不可知其地」，原兩處「其」均作「□」；「滕縣靈丘城……」原作「雲邱」；「始築壩障汶水南流」，「始」原作「妃」；「由洸河注濟寧」，「濟」原作「淳」；「金鄉縣東緡城……」原作「東緡城」；「城武縣楚丘亭辨其非衛文公所遷之楚丘」，原兩處「丘」均作「邱」，「其」作「□」；「辨其爲春秋……」原「其」作「□」；「曹縣景山辨其非……」原「其」作「□」；「沂州向城言春秋之向，見杜注分爲二，而其實一向」，原「之」作「三」，「見」前衍「四」字，「其」作「□」；「宣四年注以承縣之向遠爲疑」，原「四」後脱「年」，「承」爲「成」，「疑」爲「擬」；「而隱二年注以爲龍亢之向城」，原「亢」作「元」；「而以嘉祥之武城爲謬」，原脱「爲」；「而不沿胡三省注即巨洋水之訛」，原脱「之」；「萊蕪縣牟城……」「牟」原作「牛」；「安丘縣之牟山故城則運隋置牟山縣」，原「丘」作「邱」，「隋」作「循」；「而是書逐一剖別之」，原「逐一」作「遂」，均據上海古籍出版社版《肇域志》所附《肇域記》卷前所引之夏文燾跋文校改。又後韓跋云此係錢大昕跋，誤。

吴地記一卷

唐陸廣微撰。明鈔本。半葉八行，行十八字。藍格。板心下刊「鶴移館鈔本」五字。有「沈廷芳」、「椒園」、「徐通復」、「體城」印。

桂林風土記一卷

唐莫休符撰。清吴枚菴手鈔本。有「翌鳳鈔藏秘本」印。

吴氏手跋曰：「乾隆丙申，余鈔得是書。閲三載戊戌六月，復得鮮溪張氏本校勘訛闕。明人一跋，在『洪武壬戌』一條之後，附録于此。翌鳳坐睫巢中書。」

會稽三賦一卷

宋王十朋撰。宋史鑄注刻大字本。半葉九行，行十八九字，注雙行三十字。白口。板心上記大小字數，下記刊工姓名。劉元、瞿宏。嘉定丁丑史鑄序。宋諱避至「廓」字。

大唐西域記十二卷

唐釋玄奘譯，辯機撰。明文氏玉蘭堂鈔本。半葉十二行，行二十七字。文氏手跋曰：「《大唐西域記》向無善本，字多亥豕。嘉靖甲寅夏，偶從金陵假得宋本攜歸玉蘭堂，命子姪輩分手鈔録，藏之篋笥。是歲重陽後一日，徵明識。」

沈氏手跋曰：「惟古言天竺者，莫詳于釋辯機《西域記》。《新唐書》傳五天竺屬國，蓋取裁焉，第就其通朝貢者爾。海外蕃牗大啓，籍屬至恭寧翰者，官印度十年，撰爲圖誌，凡玄奘所歷以朱界之。新化鄒君以諱斯記，自颯秣建至波謎羅，得今地九十有二。然嘗就大雪山安治士新頭，諸公問覈其部居，又可得什四五，洞若觀火無疑者。天竺今稱中亞細亞，《唐書》幅員三萬里，《記》則云周九萬里，魏嘿深謂《唐書》是圍員之數，圍三徑一，裁萬里耳。今自克什米爾至錫蘭，山南北得萬里，其東西則僅五千里，魏先生并兩藏、緬甸及波斯計之外也。姚石甫謂玄奘以開方計，特少一『方』字，遂爲詬病，然開方法方千里者爲方一里者百萬，五印度姑以五千里計，得二千五百萬里，九萬里多未盡矣。竊謂此《王制》方千里者爲方一里者百也，玄奘通四至計之，方九千里耳。是本前有燕公序，第十一卷有『大明永樂三年至無量功德』三百七十字，即《四庫》所收本矣。末録徵明跋，殆就衡山先生藏笈影鈔者。以守山閣本斠一過，小有出入，俱以此本爲長。昔左思就張氏借觀秘記，㮳劣慚賦《三都》。鄴架佳本，籍窺附耨達遺迄，且爲讀《新唐書·西域傳》槀籥，百朋之錫爲多矣。將歸趙璧，輒贅數語以識。揚生姻長先生道鑒。甲午重九，平原村人沈維賢。」

有「文徵明」、「辛夷館」、「玉蘭堂」、「季振宜」、「滄葦」、「御史之章」、「尤鏜」、「逢長堂」、「松江讀有用書齋金山守山閣兩後人韓德均錢潤文夫婦之印」各印。

宣和奉使高麗圖經四十卷

宋徐兢撰。清葉石君鈔本。附行狀一卷。半葉十行，行十六字。藍格。首自序、徐蕆序。有「葉萬」、「石君」、「樹廉」、「仲遵」、「西昀」、「袁又愷」、「廷檮」、「五硯樓」印。

真臘風土記一卷

元周達觀撰。清吴枚菴手鈔本。有「翌鳳鈔書」印。吴氏手跋曰：「右從《説海》中録出，未知全否。『達觀』作『違觀』，元人自號。『草庭逸民』，其表字、官爵不可得而詳也。吴翌鳳識於古歡堂。」

中興館閣録十卷續録十卷

宋陳騤撰。清黄丕烈據宋校錢大昕手鈔本。序存半葉，缺卷一，《續録》缺卷九。半葉九行，行十八字，注雙行。《續録》卷末朱書題曰：「甲寅二月，吴郡黄丕烈以宋本校。」

卷八書衣楊守敬題曰：「此册書面及前十一葉係竹汀先生手鈔。」《續録》書衣葉氏題曰：「書面及前目録、卷一沿革二葉，係竹汀先生手鈔，餘出他手。壬辰八月德輝審定。」附跋三則，見《郎園讀書志》。有「徲衡」、「程祖慶曾讀」、「楊守敬」、「葉氏秘宋樓」、「煥彬」印。

程氏手跋曰：「南宋《館閣録》十卷，宋陳騤撰。《續録》十卷，第九卷僅存其目，亦不詳作者姓名。原本久缺，《四庫全書》從《永樂大典》補之，是係潛研堂錢氏藏本。第一卷、第七卷監修國史官至著作郎前半及卷八校書郎前半皆竹汀先生手鈔。以朱筆校閲者，吴郡黄蕘圃也。庚子夏六月十七日燈下閲竟題記。」

楊氏手跋曰：「《中興館閣録》十卷，宋陳騤撰。《續録》十卷，無撰人名氏。此鈔本前録缺第一卷，後録缺第九卷，以原宋本殘缺，非鈔者佚脱也。《續録》自第一至八卷前半皆竹汀先生手鈔，其以硃筆校者則吴縣黄蕘圃也。名賢手迹，深足寶貴。憶此書前年在上海醉六堂書店，余曾見之，以索值稍昂未購，當時匆匆閲過，實不知爲竹汀手鈔、蕘圃手校之本也。今爲碩卿所得，出以示余，如寐初覺，始歎伯樂一過，冀北遂無良馬，未易言也。近日浙中擬刻此書，不知所據本若何，吾恐未能出此本上。光緒丙戌十二月十二日，宜都楊守敬記。」

又清黄氏川學齋傳鈔宋本。附刊工姓名。王椿、王敷、李信、李益、宋貴、宋宥、宋昌、嚴信、嚴智、嚴忠、施詢、孫仲、章宇、包端、洪源、余攻、陳世昌、高俊、徐忠、趙旦、陶彦、朱文貴。有「徐康」、「子晉」印。

徐氏手跋曰：「咸豐辛酉二月，得川學齋黄氏舊本，因憶道光辛卯、壬辰年從師陸卯君先生，游學嘉定，得見次歐黄丈，其時生甫師、石香丈喬梓相聚一處，川學齋藏書頗備，皆從潛研堂藏本鈔録者。詎庚申遭亂，嘉定被難，嘉定文獻一時俱盡，幸黄氏之書早移羅店。昨舟載至滬，得購數十種，此其一也。撫今追昔，握管悵然。枕戈生書於申江官廳，時衹四兒元正隨侍左右。」

大唐六典三十卷

唐明皇御撰，李林甫奉敕注。宋臨安刻本。存卷十二至十五。半葉十行，行二十字、二十一字，注雙行二十三字。白口。板心下記刊工姓名。方中、林允、范元、万正、万兑、江清、毛祖、郭實敦。宋諱「敬」、「警」、「貞」字，皆缺筆。

有「國子監」、「崇文閣官書借讀者必須愛護損壞闕中典籍者不許收受」印。

又日本天保刻本。卷七佚第十葉，據宋本録。

「軍州管屯，總九百九十有二，河東道大同軍四十屯，橫野軍四十二屯，雲州三十七屯，朔州三屯，蔚州三屯，嵐州一屯，浦州五屯；關内道北使二屯，鹽州監牧四屯，太原一屯，長春一十屯，單于三十一屯，定遠四十屯，東城四十五屯，西城二十五屯，勝州一十四屯，會州五屯，鹽池七屯，原州四屯，夏州二屯，豐安二十七屯，中城四十一屯；河南道陳州二十三屯，許州二十二屯，豫州三十五屯，壽州二十七屯；河西道赤水三十六屯，甘州一十九屯，大斗一十六屯，建康一十五屯，肅州七屯，玉門五屯，安西二十屯，疏勒七屯，焉耆七屯，北庭二十屯，伊吾一屯，天山一屯；隴右道渭州四屯，秦州四屯，成州三屯，武州一屯，岷州二屯，軍器四屯，莫門軍六屯，臨洮軍三十屯，河原二十八屯，安人一十一屯，白水十屯，積石一十二屯，富平九屯，平夷八屯，綏和三屯，平戎一屯，河州六屯，鄯州六屯，廓州四屯，蘭州四屯，南使六屯，西使一十屯；河北道幽州五十五屯，清夷一十五屯，北郡六屯，盛武一十五屯，静塞二十屯，平川三十四屯，平盧三十五屯，安東一十二屯，長陽使六屯，渝關一十屯；劍南道巂州八屯，松州一屯。開元二十二年，河南道陳、許、豫、壽又置百餘屯。二十五年，敕以爲不便，并長春宫田二百四十餘頃，並令分給貧人。大者五十頃，小者二十頃。凡當屯之中，地有良薄，歲有豐儉，各定爲三等。凡屯皆有屯官、屯副，官屯取前資官嘗選入、文武散官等强幹善農事、有書判、堪理務者充，屯副取品子及勳官充。六考滿加一階。聽選得三上考者，又加一等。凡在京文武職事官，有職分四，一品一十二頃，二品一十頃，三品九頃，四品七頃，五品六頃，六品四頃，七品三頃五十畝，八品二頃五十畝，九品二頃。京兆、河南府及京縣官亦準此。其地子應入前，後人皆同外官，具在户部。凡在京諸司，有公廨田。司農寺二十六頃，殿中省二十五頃，少府監二十二頃，太常寺二十頃，京兆、河南府各一十七頃，大府寺一十六頃，吏部、户部各一十五頃，兵部及内侍省各一十四頃，中書省及將作監各一十三頃，刑部、大理寺各一十一頃，尚書都省、門下省、太子左春坊各一十頃，工部、光禄寺、太僕寺、秘書省各九頃，禮部、鴻臚寺、都水監、太子詹事府各八頃，御史臺、國子監、京縣各七頃，左右衛、太子家令、寺各六頃，衛尉、寺、左右驍衛、左右武衛、左右威衛、左右領軍衛、左右金吾衛、左右監門衛、太……」

王氏手跋曰：「案王本三卷，缺葉在宋本三卷之二十二葉。今以王本暨日本天保九年覆王本勘之，兩本正文俱全，惟奪失二句及小注四段，至第七卷所奪一葉，兩本俱同，今得補闕，當續録入《群書拾補》也。統檢宋本二册，計三卷存十葉，二十八卷十三葉，二十九卷十一葉，三十卷二十二葉，均全，凡五十六葉，尚有一册未得見之。此二册刊工姓名爲方中、林允、范元、毛祖、万正、郭實、敦、江青、万兑等九人。郭實刊二十七葉，最多。次則林允，十一葉，訛尚少。惟方中刊只一葉，而訛誤至五處之多，『關内』誤『開内』，『工商』誤『二商』，『丁之田』誤『丁之由』，『女冠』誤『女官』；注『織紝』誤『絅絍』。此亦宋本之僅見者。册有舊籤數處，係以《職官分記》斠是書者，頗有補正，惜不多，三□耳。至日本本訛誤處，三卷中『三原』誤『三元』，『醴泉』誤『豐泉』；注『京兆太原府』五字，王本闕未刊，日本本誤作『其關内諸州』五字。二十八卷『太子朝宫官及諸方使』，王本『官及』二字奪失，乃合併二字補刊，日本本覆之，遂誤作『苑』。二十九卷『親王府倉曹參軍事』，注『後魏諸王府有倉曹參軍』，日本本誤爲『漢魏晉宋齊梁倉曹參軍』。三十卷『京兆河南太原府法曹參軍』，注『賊曹』，日本本『賊』誤『賤』。又『諸縣令司户佐屬之帳史』，日本本誤作『長史』。卷末『大唐六典三府督護州縣官吏卷第三十』一行，在詹棫題誌前，王同日本本無。又各卷末有卷目，王亦有。日本本均只『唐六典卷幾』數字。又應提行而連書，應連書而提行，奪失譌誤，更未悉舉。今得此本，一一斠正，不僅補七卷一葉已也。倘得全本詳斠，正其獲益更何如耶！辛酉長至，華陽王文燾識。」

「辛卯夏日，江安傅藏園過滬，以所藏宋刊《唐六典》本見示，大人命燾以家藏日本本及廣雅書局覆刊本斠，又假李拔可藏明刊王鏊原本合斠，所得不尠，爰勘正者識於宋本之末歸之。藏園旋京，命其姬人景録第七卷缺葉，自京都寄裝於此本内，因並迻録跋語於後。癸亥如月，文燾再識。」

通典二百卷

唐杜佑撰。宋浙刻本。存十八册。半葉十五行，行二十六至二十九字，注雙行三十五、六字。白口。板心刊第幾册，上記字數，下記刊工姓名。俞昌、周祥、朱明。卷一百零五至一百零九各卷末有「鹽官縣雕」四字。宋諱「玄」、「匡」、「敬」、「竟」、「殷」、「恒」、「貞」、

「徵」字，皆缺筆。

又元撫州臨汝書院刻本。存卷七十五。半葉十四行，行二十六字，注雙行。白口。板心下記大小字數。卷末「撫州臨汝書院刊，湘中李仁伯校正」二行。

西漢會要七十卷

宋徐天麟撰。宋嘉定刻本。存卷四十三至四十五。半葉十一行，行二十字。白口。板心上記字數，下記刊工姓名。余仁、余士、余岩、虞安、葉思、李生、曾慶、吴方、劉、周。有「寶孝劼」藏印。

東漢會要四十卷

宋徐天麟撰。宋寶慶刻本。存卷十七至十九。半葉十一行，行二十一字。白口。板心上記字數，下記刊工姓名。蔡全、吴元、吴文、俞云、俞克中、管正如、徐志、吴圭、翁正、陳月、一和、余秀明。

漢官儀三卷

宋劉敞撰。宋臨安刻本。半葉十行，行十六字至十九字，注雙行十九字至二十八字。白口。板心下記刊工姓名。俞忠、陳才、陸文、潘俊、董明、宋道、徐真、李石、鍾遠、周、鍾、蔡、遠。卷末「紹興九年三月臨安府雕印」一行。宋諱「弘」、「匡」、「敬」、「完」、「讓」、「貞」、「徵」字，皆缺筆。

有「李開先」、「健菴攷藏」、「傳是樓」、「天禄繼鑑」、「乾隆御覽之寶」、「太上皇帝之寶」、「五福五代堂」、「古稀天子之寶」、「八徵耄念之寶」各印。

大唐開元禮一百五十卷

唐蕭嵩奉敕撰。清黄中理鈔本。半葉十行，行二十字。黑格，黑口。板心下刊「觀稼樓鈔書」五字。周必大序。有「謙牧堂藏書記」印。

故唐律疏議三十卷

唐長孫無忌奉敕撰。元至順刻大字本。存卷十三、四，卷二十五、六。半葉九行，行十八字。黑白。板心下記字數、刊工姓名，吴刊、熊。《釋文》刊名。明可。《名例》。十一行，行二十字。

内閣藏書目八卷

明張宣編。清錢遵王鈔本。藍格。左欄外上刊「虞山錢遵王述古堂藏書」十字。

國史經籍志六卷

明焦竑撰。清金俊明手鈔本。首自序。末題曰：「後學金俊明書。」

唐氏手跋曰：「金高士手鈔《經籍志》，余得于崇川。閱五年，復得高士長君亦陶先生手書元人詩文集三十餘種，因並裝訂藏之。鶴記。」

「丁鶴年，元人入明。非戴良，逃匿自殉，元之義士，應列入元末。史家體例正未許率爾從事。丙寅秋日，翰題記。」

有「金俊明」、「孝章」、「鳳巢藏書」、「唐翰題」、「吴重憙」、「吴仲嶧」、「石蓮闇藏書」各印。

千頃堂書目三十二卷

清黄虞稷輯。吴兔床校鈔本。附《四朝經籍志補》不分卷、《明史·藝文志》。序末題曰：「吴槎客用盧抱經本校補，用硃筆。甲午八月以後補者，用緑筆。」「乾隆辛卯十月朔，鮑氏知不足齋收藏。其值六金」朱筆隸書一行。杭氏手跋曰：「右《千頃堂目》，金陵黄俞邰所輯。俞邰徵修《明史》，爲此書以備《藝文志》採用。横雲山人删去宋、遼、金、元四朝，剌取其中十之六七爲《史志》，史館重修，仍而不改，失俞邰初旨矣。元修三史，獨缺《藝文》，全在《明史》綱羅。如《後漢》、《晉》不列此志，《隋書》特補其缺，不必定在一朝也。歲在辛亥，從曝書亭朱氏購得此本，亟録出以箴史官之失。説者得無笑其迂乎！戊辰六月一日，舊史杭世駿。」

「其中宋人著作係《宋史·藝文志》所遺〔二〕，非複出也。」

吴氏手跋曰：「右《千頃堂書》三十有二卷，晉江黄俞邰先生所輯也。先生家多藏書，博聞洽記，嘗以諸生預修《明史》，食七品俸。先是，其父明立監丞有《千頃齋書目》六卷，俞邰稍增廣之。及入史館，乃益加裒集，詳爲注釋，故又有《明史·藝文志》之目，蓋以前之名紹承先緒，而後此云者欲自盡其職志也。雖不必如向、歆之叙述，蘭臺之授受，要其遐搜廣攬，亦已勤矣。惜當時不盡見用，惟秀水朱竹垞檢討雅重之，其輯《經義存亡考》多徵引其説。至於《明詩綜》，則凡爵里、姓氏以及序次先後，一皆依之，其篤信如此。俞邰既没，遺書散失，此稿又未經授梓，是以流傳絶少。余屬鮑君以文物色之數年，始從苕估購得，審視則堇浦先生道古堂藏本也，有其手跋。它日面詢之，先生亦不自知，其所以然，蓋堇浦晚歲雙足恒不良於行，侍者往往竊架上書以賣，不意此本展轉流傳，仍爲我輩所得，洵昔人所稱有翰墨緣者矣。然堇浦本尚多漏略，疑爲俞邰初稿，復借錢塘盧抱經先生金陵新校本勘補，書既加詳，且多序目，似是史局增修之本。未幾，讀《道古堂遺文》，又得《黄氏書録序》一篇，遂亟録之。顧序中言『地理』一門，黄氏尚多挂漏已，因取《内閣書目》爲之增補，而予還閲此書，又不如所云，其理殊不可解，豈此外别有一本耶？竊不自揆，間取諸家書目續爲增補，管窺蠡測，未必有裨萬一，藏之家塾，以俟世有王、阮者重爲印正焉耳。堇浦季年，復輯《歷代藝文志》，惜乎卒業未幾，奄捐館舍。每欲從之借鈔，訖以弗果，中郎遺籍，散佚殆盡。此書不知終歸誰氏之手，爲之閣筆三歎。乾隆乙未重陽日，兔床吴騫題於拜經樓。」

有「吴騫字槎客别字兔床」、「拜經樓」、「吴氏藏書」、「小桐溪上人家」、「露鈔雪購」、「宛陵李之郇藏書」、「宣城李氏」、「瞿硎石室圖書記」各印。

〔一〕其中宋人著作係《宋史・藝文志》所遺：「遺」原文作「選」，據《道古堂文集》卷六改。

讀書敏求記四卷

清錢曾撰。胡菊圃校沈明經刻本。雍正四年趙孟升、趙一士序，乾隆十九年沈尚傑序。有「古歡居」、「陸氏藏書記」印。

胡氏手跋曰：「嘗閱虞山錢氏遵王《述古堂書目》，所載凡三千餘種，而此《讀書敏求記》僅六百種，蓋義門何氏所稱專記宋板、元鈔及書之次第完闕、古今不同者也。此書未刻之先，得見者罕，義門謂朱竹垞檢討典試江南日，以黄金、翠裘賂遵王侍書小史，胠篋得之，半宵寫成云云，可見錢氏秘之枕中，不輕示人。雍正丙午，吴興趙孟升用亨氏始授諸梓。乾隆乙丑，嘉興明經東里沈公重校以行。今歲夏五，余於沈柳坪案頭偶得是編讀之，屢疑有脱譌處，適汪丈柳汀出示先世裘杼樓寫本，因對勘一過，凡改正二百餘字，補入二百餘字，雖未可稱完善，而閲之已覺爽心悦目焉。考之《述古堂書目》，總計經、史、子、集二千四百四十餘種，又釋、道二藏三百五十餘，而此《記》僅撮其精華，不滿六百種。然亦有入《記》而不入《目》者七十種，蓋《目》編於康熙己酉也，是翁年四十有一。此《記》成于甲子、乙丑以後也，是翁年六十，大抵晚歲續得之書必更多也。吾家自高王父中惠公至先刑部公，四世聚書數萬卷，年來失散殆盡，唯余行笈所攜，皆手自校讎，丹鉛無恙。柳坪插架之富，不啻南面百城，猶復搜奇好古，與余抱胝望之癖，此正也是翁所詔墨汁因緣，故書之以志一時筆硯精良之樂。嘉慶丙辰重五日，曲寮居士胡重。」

欽定天禄琳瑯書目十卷

清于敏中奉敕編。陳仲魚校鈔本。有「臣鱣是正」文字印。

章氏手跋曰：「海寧陳仲魚，承其尊人昆玉先生家學，考訂訓詁，續成《説文正義》，日與丹鉛爲緣，從事校勘，劬學之功，士林盛稱；藏書之富，與吴縣黄蕘圃、歙縣鮑渌飲爲一時三傑。所藏鈔校本極多，其尤精者鈐以上角兩章。此書字迹凝重，碻爲仲魚親筆。余前藏宋本《莊子》經仲魚校過，字迹與此無二。惟第七卷或晚年精力不逮，似係倩人代録者。末一卷尤爲草率，難稱完璧，爲可惜耳。乙未秋，吾友豹存攜此書來，借觀旬日，書此歸之。保世。」

「歲辛未秋八月，吾友李大贊侯以書來，囑與懋業銀行商贖所押宋元善本數十種，時懋業已被擠休歇也。幾經交涉，始獲合浦之還，檢視之餘，則此書赫然在目。抱存已歸道山，而余十年前一跋與抱存藏書之印朱墨相映。迴憶戊午、己未之交，余與抱存無日不偕，抱存坐擁百城，余與幼平日走廠肆，幾爲書淫。不數年而風流雲散，抱存且人天永隔矣。因贊侯將此書貽我，俾與抱存在日所貽書籍將來彙成一目，庶不負抱存收藏之一片苦心焉。壬申秋七月，寓及門沈生家，檢書篋得此漫記。保世。」

存素堂書目四卷續一卷書畫録一卷

清法式善編。紅格鈔本。有「梧門書畫」、「詩龕漫識」印。

法氏手跋曰：「自壬子年後，內藏書家多以副本遠貽，翰林院官書又得時時借鈔。官祭酒以來，生徒有以蓄秘册商略者，繕寫成帙，亦復不少。書目隨手登記簿中，不加詮次，不事删纂，庶便於抽檢云。」

「書目著録，歷代史家所不廢，或紀篇目，紀歲時，或兼考撰述、世系，雖繁簡不同，要其别興廢、鑑得失一也。余束髮嗜藏書，北地書值昂貴，貧士尤難辦。三十年來，一甑一裘，悉以易書。交遊既廣，大江以南，愛余者多以副本見貽，益以生徒所繕寫中秘本，積漸纍纍然，充楹溢棟矣。偶一檢視，攟取維艱，載諸簿册，庶便觀覽。卷數不著，義例不詳，從省文也。前後重複不删，防遺失也。青山有緣，白髮無恙，余當從容編校，勒成一書，留示子孫，傳諸奕世，宋之陳振孫、明之楊士奇，何多讓焉！《補遺》一卷，併不分類，隨手登記，附册目、卷目、軸目、扇目四門，總期易於點勘耳。米顛船内，其不廢此也夫。嘉慶三年十一月初六日，詩龕居士識。」

隸釋二十七卷

宋洪适撰。明秦四麟鈔本。藍格。板心上刊「玄覽中區」四字。

石刻補叙二卷

宋曾宏父撰。明鈔本。半葉十行，行十八字。黑格。板心下刊「卧雲山房」四字。有「錫庚閲目」、「修伯讀過」印。

朱錫庚手跋曰：「其書叙次《石經》，之後及《秘閣》諸帖，而於自集《鳳墅帖》論議尤詳。凡所引徵，具有典據。」

朱氏手跋曰：「予於辛酉之冬得此書於廠肆，因有鮑氏、周氏兩刻本，置之篋中，不甚貴也。燈下無事，取刻本校勘之，則『二王帖目録評釋』乃刻本佚去，然則此本乃絶無僅有之書。於以知訪求古籍，雖習見之書，有不可忽者。前題兩行，朱少河所書，竹君學士之子也。喜藏書。散後，予頗得之。辛未十月，修伯記。」

蘭亭續考一卷

宋俞松撰。宋浙刻大字本。半葉九行，行十七字至十九字。白口。淳祐壬寅李心傳序二葉。板心下記刊工姓名。曹冠英、曹元德。有「甲部」印、「趙徵雲」、「壹是堂讀書記」、「安樂堂藏書記」、「濟來氏」、「儀晉鑒藏」、「楊紹和字彦合」、「東郡宋存書室」、「海源閣」各印。

寶刻叢編二十卷

宋陳思編。宋鈔本。存目録、卷一。半葉十行，行二十字。黑格，白口。宋諱避至「慎」字。

秦漢印存不分卷

清馬搗莽鈐本。首隸書題曰：「己亥禁煙後五日，訒莽汪啟淑觀。」「曲埠桂馥借閲一過。」又「余集秋室記。」「朱文藻、楊瑛昶觀於中隱軒。」「戊申仲冬，長白毓奇觀於淮南。」有「吴人驥」、「元鏡」、「文錤」印。

吴氏手跋曰：「余在壽山齋壁見小池篆法，秀整蒼逸，其所用私印尤古拙可愛，亟走訪之。復因小池而交撝聳，二君皆好古有得士也。暇出所藏秦漢官私印，葺爲一卷，吁！此可以知所宗矣。夫古物論于世久矣，讀亭林《金石》，考銅盤、石鼓且不無疑議焉，其他鼎銘、石刻，藏者半歸散佚，存者漸剥存無餘，居今日而尚論古人之迹，求于捥苔剔蘚中，信而可徵，精神完好如秦漢諸官私印，蓋真無幾，固宜學古者好至專而藏弆獨博也！秋風振木，長安沙如怒濤，輒縱觀此册，覺天浄氣空，風塵障翳、黯慘之色頓豁，心目因快然。拈筆弁數言于首，爲觀者先導其途云。津門吴驥人書。」

黄氏手跋曰：「馬君撝聳集古銅玉印千餘，多秦漢精品，余有趙屏國所集《六朝印譜》，不及此也。深嗜篤好，何所不至耶！乾隆丁酉十月二日，京師獲觀并題，黄易。」

董氏手跋曰：「金石文字，去古日遠，日就湮失。商鼎周鐘，邈不可覯，賴辨秦漢官私印記尚存古法。故余亦好，惟此不倦。杭郡撝聳居士博雅好古，與余同癖，近選古銅印片，手集成譜，千狐之腋，萃而爲裘，漢室一鐙，□不復朗朗乎。乾隆丁酉長至前九日，鐵嶺董元鏡書於印光閣。」

顧氏手跋曰：「方望溪嘗論徐健聳所聘修書諸公，往往故作崖岸以高聲價，余每憶及，輒發笑。暴其外者，中不足也，而無如其好自炫何也？撝聳之於印章，亦所謂不懈而至於古者矣，而獨無岸然自負之容。所藏集印，求觀者亦即出示，其與任鄙傲之見相去何啻仙凡耶！秦漢印文有刻、鑄、鑿三種，悉其一波一磔之妙。吾友馬君撝莽博雅嗜古，究心六書之學，手集是册，精神面目遠出老友鄭魯門所輯《兩漢印萃》之上，爲篆刻家金繩寶筏，宜撝莽鐵筆之精善，近接文、何，遠追秦漢也。時乾隆乙巳春暮，書于津門蘆汀。顧文鉷。」

某氏手跋曰：「余少不嗜學，于古玩文寶概不通曉。迨長從事館中，偶録内廷典册及秦漢圖籍等書，咸深慕焉。惜秉質魯鈍，苦無指授者，然心向往鼎銘石刻之中十餘年矣。己未春，余因丁内艱旋里，路經務關，訪鄉友馬撝莽先生，慕其丰姿卓犖，語談古册。及撝莽以所藏手集古印相示，並篆有不能曉者，撝莽一一口授。展玩之間，不覺心怡神曠，始歎撝莽鐵筆之學悉得古人珍秘矣。友松謹跋。」

史通二十卷

唐劉子玄撰。清汪由敦校明萬曆刻本。張之象序。

汪氏手跋曰：「雍正十年壬子四月，吴門沈君穎谷以此書見贈。其行笈中攜義門先生所校嘉靖間汪元錫刻本，刊槧謬誤頗多，視此本爲劣，而讎校精審，丹黄爛如，所録鈍吟馮語尤博辨簡竅。因從借臨一過，遂爲案頭善本，後之覽者，其無忽諸。謹書。由敦記。」

有「汪由敦」、「師茗」、「少圃校閲」、「西齋珍藏圖書記」印。

致堂讀史管見三十卷

宋胡寅撰。宋衡陽郡學刻本。半葉十二行，行二十三字。白口。板心上記字數，下記刊工姓名。尤經、文□。嘉定十一年胡大壯序。宋諱「慎」、「惇」字，皆缺筆。

舊聞證誤四卷

宋李心傳撰。明毛子晉影鈔宋本。存卷一、卷二。半葉九行，行十七字。黑格。綫口。有「甲」字印、「宋本」印、「毛晉」、「毛扆」、「斧季」、「汲古主人」印。

文禄堂訪書記卷第三

荀子二十卷

周荀况撰，唐楊倞注。宋監刻本。半葉八行，行十六字，注雙行二十四五六字。白口。板心下記刊工姓名。元和十三年楊倞序。卷末刊「王子韶同校」、「吕夏卿重校」二行。熙寧元年國子監准中書劄子，云「奉旨《荀子》送國子監開板，依《楊子》并《音義》例」。附曾公亮等銜名十八行。

顧氏手跋曰：「嘉慶初年，借得影鈔大字宋本校世德堂本及覆校盧抱經本。今年又從藝芸精舍借此印本對勘，訂正影鈔之誤。細驗避諱，不特在熙寧、元豐後，且在淳熙之後多年，或板有修改致然耶？所補寫各卷失葉則皆非善，與錢耕道刊本既互有短長，又互有失葉，殊未可相補也。在宋世别有建本，爲王厚齋所見。又有二浙、西蜀本，爲耕道所見。今無可訪得，因附識於此。時道光己丑立秋日，元和顧千里。」

有「顧霖」、「孫朝肅」、「黄丕烈」、「復翁」、「士禮居藏」、「汪振勳」、「棣泉」、「汪士鐘」、「閬源真賞」、「韓應陛」、「讀有用書齋」各印。

又清黎庶昌覆刻宋台州本。板心有「嘉定十一年」，换一行下記刊工姓名。王定、王震、周安、周言、周珣、周佺、陳僖、陳岳、陳顯、林檜、林俊、徐通、徐逵、徐道、李忠、金華、蔣輝、宋琳、葉祐、吴亮、隻溪、僖華。莫氏手跋曰：「光緒甲申，遵義黎蒓齋先生爲出使日本國大臣，刊《古逸叢書》二十六種。其秋，蒓丈奉詔將歸，奏請置書板於江蘇書局，得旨允行。時先君爲上海縣令，巡撫委官湯紀尚來迎收板片。板至啟視，則每板四周皆護以木條，長短與板齊，廣寸餘，刻地甚淺。日本刷印法先以椶帚塗墨，拂紙既平，則以一圓物堅薄者平壓而宛轉磨之，故字外不漬墨，而字字匀潔。官匠皆相顧斂手，於是去其護板之木，復刓深其刻地之淺者，在縣齋召匠試印。余遂請於先君，覓佳紙附印，其中經、子及《草堂詩箋》各數本，尚稱精好，然行間已不能無濡墨。迨後板入局中，則更無佳印矣。當時日本摹印不足二百本，蒓丈嘗以數本授余取價，爲之還夙負，每本五十金，豈知今日遂踰十部之值乎。余所印者已十九不存，此本嘗攜以從嶺表，幸而尚在。頃檢讀，感念今昔，不覺憮然。癸丑夏日，莫棠。」

又宋建刻巾箱本。半葉九行，行十七字，注雙行。白口。元和十三年楊倞序。卷末題曰：「同治己巳十一月七日，李芝綬、楊沂孫、徐康敬觀。」

翁氏手跋曰：「《荀子》舊本錢、吕兩刻皆不可見，所見者惟元槧《纂圖互注》本耳。此宋刊巾箱本，錢警石《曝書雜記》中所謂小重山館收商丘陳氏舊物者是也。《賦篇》『占之五泰』，宋大字本皆作『五帝』，無注中『五泰，五帝也』五字，近時盧抱經所校詳言之。此本正作『五泰』，注字無缺，即此一條已迥出諸宋本之右。次侯屬題，草草記此。同治壬申八月，翁同龢。」

「咸豐己未，先君子在内廷。一日，出《莊子》數本賜觀。内有巾箱細字本，紙墨精古。先君歸舍，命龢記之，意當時必不止《莊子》一種。今以唐氏所藏《老子》、《文子》及此本證之，益信南宋時實有諸子之刻，惜無繇覯其全耳。同龢又記。」

「《疆國篇》注蔡聖侯，『聖』字盧校以爲『靈』字之譌，此本作『垩』，蓋『靈』之别體耳。」

徐氏手跋曰：「右巾箱本《荀子》，丙申夏觀于京師，反覆考之，知爲陳氏刻本，惟有譌誤亦希見矣。惜不得覯其全，一校異同也。」

「序目及首尾兩卷已鈔補二十有八葉，其餘不知何如耳。惜哉！臨清徐坊。」有「東吴毛表圖書」、「安樂堂藏書記」、「當湖」、「小重山館」、「胡氏篴江珍藏」、「崇本」、「陳氏珍藏」、「趙宗建」〔二〕、「伯恭」、「曾在舊山樓」、「非芸珍賞」、「翁同龢」、「徐坊」

各印。

〔一〕趙宗建：原作「趙宗逮」，據鄭偉章《文獻家通考》有關介紹改。

劉向新序十卷

漢劉向撰。清黄丕烈據宋明刻。半葉十一行，行十七字。黑口。書衣題曰：「嘉慶庚午季冬月，臨校宋本。又宋本校三卷。續用宋本校完顧大有舊藏宋刻本。續校有乾隆乙卯顧澗蘋跋。嘉慶四年五月，孫星衍借歸，校於金陵五松書屋。」嘉慶庚午黄丕烈跋四則，見《題識》。

錢氏跋曰：「舊本《新序》、《説苑》卷首開列『陽朔鴻嘉□年□月，具官臣劉向上』一行，此古人修書經進之體式。今本先將此行削去，古今人識見及鑱刻之佳惡一閲而可辨者也。辛丑夏五，謙益題。」

黄氏手跋遺刊曰：「第一卷末有東澗跋四行，與《有學集》所載合。『可也』，『可』字乃爲『此』字之誤。跋後有『牧翁』闊方印、『錢印謙益』方印。筆墨古雅，圖章宛然，令人愛不忍釋，惜錢之癖與借書之癖交戰於中而不能決，奈何，奈何！蕘圃氏望日燈下記。」

「乙卯四月十四日，書船友鄭輔義攜宋本《新序》首册來。留閲信宿，校此三卷，與何校本似有微異處，未知何所據之宋本云何也。開卷第二行有『曾鞏地輿姓名』一行，何校本未增入，所正字尚有爲何校所軼及兩殊者〔一〕，悉照宋本改定。惜其需值太昂，難以得之，不得窺厥全豹爲恨恨耳。」「此二卷中，墨筆爲續校宋本所改定，又記。」「按此墨筆續校，乃向日之續校也。」「藍筆校二卷，因不便覽閲，改以墨筆終之。」「宋本存目第一、二卷。半葉十一行，行十九字。白口。題作大字，有『逍遥軒仲』印。」

有「孫伯淵」、「黄錫蕃」、「嘉興李聘」、「濟美堂」、「楊紹和」、「東郡宋存書室」各印。

〔一〕何校本未增入，所正字尚有爲何校所軼及兩殊者：「未」原文作「及」，「正字」之後衍一「大」字，據《蕘圃藏書題識》改。

説苑二十卷

漢劉向撰。宋浙刻本。存卷十六至十九。半葉十一行，行二十字。白口。板心下記刊工姓名。洪茂、洪新、徐亮、許明。宋諱避至「慎」字。有「晉府書畫」、「敬德堂圖書」、「曹元忠」印。

又宋刻本。存卷十一至十九。半葉十一行，行二十字。白口。板心上記字數，下記刊工姓名。尤普、林庸、陳元、公文、金、方、陳、青、籴、黄、包。宋諱避至「慎」字。卷二十止存第一葉。

袁氏手跋曰：「《説苑》殘本十卷，北宋末刻本。題下有『鴻慶四年』一行，即絳雲所謂『此古人修書經進之體式』，今本皆削去之者。士禮居所藏《新序》與此種同。《説苑》惟海源閣有之，湘潭袁氏亦有殘本，殆即此耶？蓋袁氏故物多歸於椒微師也。病中，師遣伻持此見示，謹綴數言以記眼福。乙卯冬月克文。」

有「李盛鐸」、「木齋審定」、「木犀軒」、「兩晉六朝三唐五代妙墨之軒」印。

又元大德陳仁子刻本。存卷一至九。半葉十行，行十七字。線口。板心下記字數。目題大字：「古迂陳氏家藏劉向《説苑》。」目録末刊「大德壬寅古迂陳仁子識」數行。曾鞏序、紹興五年耿延禧序。

揚子法言十三卷音義一卷

漢揚雄撰，宋李軌注。宋監刻本。半葉十行，行十八九字，注雙行二十三字。白口。板心上記字數，下記刊工姓名。王用、王慎、王壽、王椿、李正、李度、李恂、李洪、趙旦、章忠、金祖、高俊、何澄、張謙、秦顯、沈定、嚴忠、吴中、孫日新。卷中明補刊名。俞在。宋諱避至「慎」字。音義後附文效等銜名二葉。

顧氏手跋曰：「《揚子法言》通行者世德堂五臣音注十卷本，其源出《纂圖互注》，乃宋元之間建安書坊中人所爲併合改竄，皆非復各家真面目也。何義門學士獨校李軌注十三卷，云絳雲舊藏序篇在末卷，後轉入泰興季氏，又歸傳是樓，予往嘗借臨得之。竊疑其校與司馬温公所見李本頗有不同，如第十一卷温公云：『李本「非夷尚容，依隱玩世，其滑稽之雄乎」』，今從《漢書》，明文顯然，而何以義門之校全反此言耶？今年再至揚州，過石研齋，主人出示新得此書，按而稽之，在本卷第三葉，首七行字較前後獨多，而剜板添補痕迹尤宛然。方悟温公所言者，其初板也；義門所校者，後來修改者也。特前輩校書，尚不曾推勘入此等處耳。爰請見借覆校一過，是正極多，文緐不具。又以温公序文合諸最後名銜，知爲吕夏卿校定，於治平二年國子監鏤板印行。其《音義》别爲一卷，在全書之後、名銜之前，不題撰人名氏，今無可考。温公云：『多引天復本，未知「天復」何謂？』以予考之，唐昭宗紀元天復，盡四年，厥後王建於蜀仍稱之。然則天復本者，蓋謂彼時之蜀本，逮温公日，而已無有存焉者，故不質言之。《纂圖互注》無此《音義》，何校亦未寫出，真秘笈已。其傳是樓散出之本，予弗獲見，而聞錢景開言，於乾隆四十五年間爲桐鄉金雲莊德輿買去，今推以季、徐諸氏圖記，非即此所得也，但必同是治平監板已修本，則固有不待目驗而決然可斷者矣。校既畢，因詳記於帙，奉澹翁太史審定。太史深悉古籍源流，當教蒙以所不逮焉。嘉慶戊寅二月十日，元和顧廣圻書。」

有「宋本」印、「顧千里經眼記」、「秦伯敦父審定」、「汪喜孫」、「汪士鐘曾讀」、「汪憲奎」、「平陽汪氏藏書」、「楊東樵讀過」、「彦合讀書」、「楊保彝」、「宋存書室」各印。

顔子七卷附録一卷

元李鼐編注。元大德刻本。存卷五至末。半葉九行，行二十字。線口。大德甲辰李鼐後序。

程氏遺書二十五卷附録一卷

宋程頤撰。宋淳祐刻本。存卷二十二下，又附録。半葉十行，行二十字。白口。板心下記刊工姓名。江僧、申工、蔡申、劉石、虞仁、劉彦、劉元、吴青、黄仁、蕭詔、岳文、龔全、葉青、從、全。有「延陵季子」、「吴廷暐書畫」、「華陽張氏桐生藏書」印。

晦菴先生朱文公語録四十三卷

宋朱熹撰。宋浙刻本。存卷二十八至三十一，卷三十七、八，半葉十行，行二十字。白口。板心上記字數，下記刊工姓名。王亨、蔡浩、阮瓊、陳新、吴椿、張成、劉大明、楊雍、唐悦、王明、葉正、王辰、吴志、劉昭、王元壽、葉茂、田良、朱檜年、黄莒、董先、侯琦、仲文。有「金菊子」印。

朱子成書十集

元黄瑞節輯。一《太極圖》、二《通書》、三《西銘》、四《正蒙》、五《易學啟蒙》、六《家禮》、七《律呂新書》、八《皇極經世指要》、九《周易參同契》、十《陰符經》。元刻本。半葉十一行，行二十字，注雙行低格。黑口。目後有「至正元年辛巳日新書堂刊行」十二字雙邊木記。

有「虞山錢曾遵王藏書」、「所見齋藏書」印。

新編音點性理群書句解十八卷

不著編輯名氏。元建刻本。前集《皇極經世書》三卷、《通書》三卷、《行實》四卷。後集《近思録》八卷。半葉十三行，行二十四字。黑口。

有「王時敏」、「煙客」、「王元錫」、「捷三」、「李盛鐸」、「木齋」、「木犀軒藏書」印。

大學衍義四十三卷

宋真德秀撰。宋端平刻小字本。存卷一至二十二。半葉十一行，行二十一字，注雙行。黑口。目題大字「西山先生經進大學衍義」。端平元年申狀進書表。宋諱「敬」、

「恒」、「惇」字，皆缺筆。

胡子知言六卷附録一卷疑義一卷

宋胡宏撰。明嘉靖正心書院刻本。半葉十行，行二十一字。黑口。真德秀、張漢序，弘治三年程敏政、吴儆序。

阮氏手跋曰：「《知言》六卷，宋儒胡宏撰。書中論性不入于禪，論治直準乎古，明白醇正，爲理學指南。《孟子》云：『我知言，我善養吾浩然之氣。』學孟子者，胡子近之矣。阮元讀。」

有「怡志林泉」、「陸氏圖書」、「仲陶所藏」、「沿州藏書」印。

十一家注孫子三卷

宋吉天保編。宋乾道刻本。半葉八行，行十七字，注雙行二十六字。白口。板心下記刊工姓名。韋珍中、通、勉。本傳《逸説篇》十一行，二十字。末有雙邊木記，空白内鈐「承德堂印」。宋諱避至「慎」字。有「岳飛」僞印。

司馬法集解三卷

周司馬穰苴撰。明成化馮氏刻本。半葉十二行，行二十字。黑口。成化五年閻禹錫序。書衣孫星衍篆書題簽。有「孫星衍」印。目後蓮花式牌記曰：「《七書》之中，唯《司馬法》最古，久無注解，豈非缺典？幸逢全集，奚啻拱璧。將門子弟，少而讀之，壯而行之，庶幾三代揖讓之兵復見於今日矣。敬用鏤板，以廣其傳。收書君子，幸垂覽焉。成化己丑孟春，金臺馮氏忠孝堂新刊。」

孫氏手跋曰：「今律以《孫子》、《吴子》、《司馬穰苴》兵法校武士，俗所傳誦《武經》，文字譌謬，注解真疏，星衍常病之。曾從《道藏》中獲見《孫子兵法》，具魏武帝以下十家注，急令書手録出。後至京邸，詣少白寓所，竟見明人刻本，因索借《吴子》及此書歸，并録存篋内。二劉注甚疏陋，然猶愈於俗間本。少白名父之子，能守賜書，校正經史，博覽群籍，良可嘉也。丁未三月十八日，星衍記。」

武經龜鑑二十卷

宋王彦撰。宋浙刻本。存目録、卷一，皆不全。半葉十二行，行二十二字。白口。板心下記刊工姓名。李文、李焕、李憲、李俊、蔣暉。卷首銜名一行曰：「保平軍節度使、龍神衛四廂都指揮使、知襄陽軍府事、充京西南路安撫使、馬步軍督總管、兼湖北京西路招撫使節、郴荊南鄂州軍馬臣王彦編上進。」宋諱「弦」、「敬」、「驚」字，皆缺筆。

張氏集注百將傳一百卷

宋張預輯。宋浙刻本。存卷五十四至五十八，卷六十四至六十八。半葉十四行，行二十四字。線口。有「嘉慶丁巳小寒日，王昶題於詠絮齋」。又南榮跋、鄧邦述跋，均見《寒瘦山房目》。

有「徐氏傳是樓藏書」、「青浦王昶字德一字述菴號蘭泉」印。

韓非子二十卷

周韓非撰。明刻《道藏》本。半葉十行，行二十一字，注雙行。白口。有「功惠」、「碧琳瑯館珍藏善本」印。

方氏手跋曰：「余向所藏《韓非子》爲明趙用賢刊本、明刊迂評本及《十子全書》本。後獲日本弘化重刊顧澗濱所藏宋乾道本，卷末附識誤三卷，惜非吴山尊原刻，每以爲歉。昨聞閩中書賈林姓攜舊書至粤，因飭大兒大森往閲，購定數種。内有明刻《韓非子》四册，雖有缺頁鈔補，究係明刻善本。半葉十行，行大字二十，注雙行。卷首載小傳、評語，無刻書年月、序跋，以及所藏各本校對，行款均各不同。據孫淵如《祠堂書目》所收《韓子》注有明刻十行本，疑即指此。及閲《士禮居藏書題跋記》，謂所藏明刻『卷中有「同卷」字，又有「虧四」字記號，乃知自《道藏》本出，故大段尚好』云云。此書第四册首行下有『虧四』二字記號，與蕘圃所藏同，始知爲明重刊《道藏》本，毫無疑義。爰付裝池，急録黄跋于卷端，俾後之閲者知是書之原委，與宋本同可寶貴，不得以明刻而輕之也。時道光十八年八月朔日，巴陵方功惠識。」

「又清戈小蓮校明趙用賢刻本卷末臨顧澗薲識誤。王小梧校記。」

「馮巳蒼曰借葉林宗《道藏》本及秦季公及元齋校本對過。」

「癸酉十月校臨松崖。」

顧氏跋曰：「凡文有復出而張鼎文本少數字，皆脱爾。二十三日覆校一過，馮稱迂評者蓋凌氏刻本，多臆改，不足據也。澗薲記。」

「九月十八日，從綬階袁氏假正統十年刻本《道藏》勘過，其本與張鼎文刻本多合，而與孱守老人所據葉林宗《道藏》本大不相同，故不復一一標出，當俟得見葉原書後再定之。澗薲又記。」戈襄於别本録此二則。

王氏手跋曰：「丙寅二月初八日，以藏本校此書於紅蕙山房。其爲異同無關係者不著。王渭記。」

「僕讀此書十餘年矣，嘗苦其義難通，榷注此書，以盾省心於治理者。□乙丑冬，顧君澗薲自江寧數以書相督促，今及假小蓮《韓非子》校注其上爲卒業焉。雖然僕輩之勤勤此書，豈真求古今之糟粕乎！義之既通，而後能用其意；意之能用，而後能參其變。苟以聖人忠厚之道爲主□，□則藉此以起一切泄沓之俗，誠濟時之上策也。文中子不云乎，世有用我者，執此以往。丙寅五月二十一日，渭校注畢記。」

「僕另有《書韓非子後》及《韓非子校畢記贈顧千里》二首，茲不録。湄又記。」

戈氏手跋曰：「丁巳冬十月讀此書，時已得顧子澗薲校定本對勘一過，似校皆秦本、藏本及舊本、鈔本。迂評本有不佳者，余爲去之。今復校録于旁，同者十四五云。壬戌九月二十九日戈襄再記，時年三十八。」

「丙辰七月讀竟《管》、《韓》二書。丁巳十月，假顧子澗薲對校一過，内秦本、藏本爲佳。迂評本乃翻本，甚不善。即秦藏本亦即可去取者，故予略即取删云。小蓮識。男載録。」

「此書余初校於丁巳，再校於壬戌，皆有小跋在後，衹就顧君澗苹校定本對勘。顧君初用秦漢本、藏本、舊鈔本，繼用朱本，内有不可從者，余不注意。至乙丑歲復讀，旋初已意，考注因之。丙寅，王君小梧亦取此書細究，其意與詞與余雖有同異，可以互通。小梧亦有一跋書後。越十一年丙子，余復取以訂其是非，朱書其上。王、顧君於數年間另有校本，余已將知者書上。今歲，顧子刻《韓非子識誤》三卷，頗多增益，而中多前存而今棄者，全復取精竅者百餘條記之，是余於此書已五校矣。蓋讀秦漢諸子，有文法、句法、字法迴與魏晉以後不同，非特字形假借、詞義繁曲，即用虚字，亦與後世律令大殊。故予謂子書有甚錯誤可證者注之，其他不得其解，看似差謬而當時作者理本如此，不可以今日諷誦不順，遽塗遷改，失全書之真。且又不可以别書之相似者悉行更正，緣此書有此書之讀法，而他書又有他書之讀法，古人本有同處、有不同處，各存其面目，領其心思可也。余有《秦漢諸子讀法》，《韓子》亦其一種，今因重校此書，慨然于王子已亡，不能共讀顧君新著。而《識誤》中所引小梧之説甚寥寥，亦因澗苹未見全書，遂多遺漏。故余擬集小梧所論，附以愚解，澗苹雖已成書，而前後之言的然精當者，亦皆採入，彙計小梧共五百五十條，澗苹共二百六十一條，已共七百十一條。澗苹所以少者，在《識誤》中大半不録也。」

韓氏手跋曰：「右戈小蓮翁手記一紙。原幅長闊，兼前後塗改，筆畫幾不可辨，因細爲尋繹，另録附末。然究係草稿，字句有未盡酌定者，閲者取其意可也。戊午八月二日記。應陛。」「應陛」印。

有「戈襄」、「戈小蓮秘笈」、「小蓮校本」、「小蓮子」、「戈載」、「順卿」、「半樹齋」、「戈氏藏書」、「韓應陛鑒藏宋元名鈔名校各善本于讀有用書齋」印。

宋提刑洗冤集録五卷

宋宋慈編。元余氏勤有堂刻本。半葉十六行，行二十七字。黑口。淳祐丁未自序。

齊民要術十卷

後魏賈思勰撰。清邵浪仙據宋校明刻本。缺卷七、八。半葉九行，行十七字，注雙行。白口。首雜説、自序。紹興葛祐之序上方云：「宋本十行，行十七字。校宋本補注二十八字。」

邵氏手跋曰：「吴中黄氏士禮居藏校宋本半部。壬戌九月，稽瑞樓借勘，十日訖事。今於此舊刻殘缺再臨校，十二日始竣。道光丁亥四月二十日，桌薌山人識。」

有「邵彌藏書畫記」、「鐵琴銅劍樓藏」印。

黄帝内經素問二十四卷

唐王冰注。金平水刻本。附《音釋》，存卷一、卷三至五、卷十一至十四。半葉十三行，行二十一字，注雙行三十字。白口。板心上記字數，下記刊工姓名。丁一、章、半、何、念一、口。

經史證類大觀本草三十卷

宋唐慎微撰。元大德刻本。半葉十二行，行二十字，注雙行二十五字。黑口。大觀二年艾晟序。末有「大德壬寅孟春宗文書院刊行」十二字雙邊木記。

醫說十卷

宋張杲撰。宋嘉定刻本。半葉九行，行十八字。白口。板心下記刊工姓名。之澄、堅、永、信。嘉定甲申彭方序，李以制、江疇跋，寶慶丁亥徐杲跋。

備全總效方四十卷

宋李朝正編。宋臨安刻本。半葉十行，行十六字。白口。板心下記刊工姓名。牛智、陳忠、葉先、李祥、蔣譓、惠道、金彥、賈琚、王份、昌旼、項中、乙咸。紹興二十四年自序。有「徐乾學」、「健菴」、「季振宜」、「滄葦」印。

新編曆法集成四卷

元何士泰輯。元刻本。前、後、續、别四集。半葉十七行，行二十六字。黑口。目後刊書識語曰：「年六十三僭集此書，精神遐漂，筆硯荒落，潦草差訛，萬冀改而正之。士泰頓首。」

五曹算經五卷附數術記遺一卷算學源流一卷

唐李淳風注。宋汀州刻本。半葉九行，行十八字，注雙行。線口。板心下記刊工姓名。葉全、葉才、葉定、蔡政、王定、何全刀、傅文、陳文、吴顯、魏信。嘉定五年鮑澣序。卷末：「元豐七年九月日校定」，「校授宣德郎秘書省校書郎臣葉祖洽上進《五曹算經》一部，共一册」。附校勘銜名數行。

有「徐乾學」、「健菴」、「傳是樓」印。

太玄經十卷

漢揚雄撰。清袁又愷鈔本。藍格。板心下刊「袁氏貞節堂鈔本」七字。卷二末有臧庸堂手鈔此卷識語二行，錢大昕跋。有「馬玉堂藏書」印。

玉靈聚義五卷

元陸森編。元天曆刻本。半葉十行，行十六字。白口。目後刊「茂林」二字鼎式木記。卷首銜名四行，曰：「光禄大夫行右散騎常侍集賢院學士副知院事東海郡開國公徐堅撰」，「勑授平江路陰陽教授駱天佑纂」，「古吴茂林陸森編集」，「平江路儒學訓導俞安國校正」。泰定乙丑趙孟暄、駱天佑、范滲序，天曆二年陸森序。書衣曹棟亭題簽。

項氏手跋曰：「右陸氏《玉靈聚義》五卷，裝成二册。明項元汴家藏珍秘。時萬曆二年秋七月既望日重裝，共計二册。原價一兩。」

有「項元汴」、「項叔子」、「項子京藏」、「項墨林秘笈」、「墨林山人」、「天籟閣」、「嘉禾項氏瓶山鑑藏」、「棟亭曹氏藏書」、「長白敷槎氏菫齋昌齡圖書」各印。

監本補完地理新書十五卷

不著撰人名氏。宋刻本。半葉十七行，行三十三字。小黑口。明昌壬子張謙識。有「汪士鐘」、「閬源」藏印。

洪範政鑑十二卷

宋仁宗御撰。宋内府寫本。朱格。卷分上、下。半葉九行，行十七字，注雙行。康定元年七月日御製序。宋諱「樹」、「讓」、「桓」、「構」、「慎」字，皆缺筆。宋式蝶裝，十一一册。

有「御府圖書」、「内府文璽」、「緝熙殿書籍」、「海隅大本堂」、「完顏景賢精鑒」印。

法書要録十卷

唐張彦遠撰。明王敬美手鈔本。半葉十行，行十六字。書衣上册晉康題籤，「錫侯」印。下册簡侯題籤，「能格」印。

王氏手跋曰：「余頗慕好臨池業，於友人處見《法書要録》，借歸手自鈔録，勒成此書。其間譌謬百出，或稍爲改正，或便仍其故，略可備觀覽，頗自寶愛。後得宋刻《書苑菁華》讀之，既詳且核，群疑釋然。凡余所辛勤得之者，一旦敝屣，爲手筆不忍廢，略爲訂定存之。世懋識。」

葛氏手跋曰：「《法書要録》，諸書多所稱引而未見全書，每以爲悵。昨友王君孚吉以此相贈，喜出望外。日來展閲，聞所未聞，蓋自漢至唐論書之旨甚備，而諸家之源流得失亦較若列眉，誠藝苑之秘笈、臨池之寶鑑也。此本爲婁東王敬美先生手鈔，後有跋語，足知鄭重，而先生之好學勤求可以想見。字亦有書卷氣，對之神怡，後來者宜寶藏潛玩，識前賢用意之所在也。乾隆甲申六月一日，信天葛正笏識，時年七十有六。」

「乙酉之秋，余有北行，攜此書以自隨，客窗散帙所得殊多。儉堂先生爲三十年舊交，京邸獲遇，相得甚歡。丙戌仲春下浣，返棹南歸，中心悃悃，留此志別。先生博物好古，翰墨色色出群，又精於鑑賞，此書庶幾其得所矣。崑山研弟葛正笏。」「信天時年七十有八」印。

楊氏手跋曰：「古書歷久，幾劫塵蠹，必一二好古之士，搜網補羅，相與珍持，庶幾傳之久遠而不即就湮。有明一代，首數方、楊，終言弇州兄弟，餘則喜事沽名，紛雜僞託。若毛氏父子，則直好事，不得與焉。此書爲敬美先生手鈔本，傳流數十百年，完好無少罹失，殆有神物隱與護持。觀其自跋，以曾言己意，略爲參定。首《與右軍論書》，四卷《急就章》及《張懷瑾六體書》又皆罹而不録。篇中僞脱處，亦未盡刊，以非張氏本觀，更爲夫己氏武斷點讀，尤爲可笑。有唐迄今近千年，輾轉傳寫，豈無脱誤？或義有未合，學者不妨旁徵側引以訂正之，分條詳注于其下，未可益爲增删，致失古書體例。王氏通儒，亦不免此，甚矣，傳録之難也！予聞見未廣，又索處北鄙，無從取古本是正，姑存疑言，考俟或核定之。有此生此願，取畢何日？思之惘然。又按，查禮字恂叔，一字魯存，號儉堂，宛平人。乾隆丙辰薦舉鴻博，以部郎從平金川，積功至湖南巡撫。兼有《銅鼓堂集》，工山水花鳥，尤工點梅。葛正笏字信天，崑山諸生。戊午嘉平月，重寫於天籟書屋。」「二泉一人」印。

有「王世懋」、「宛平查禮字恂叔號儉堂」、「葛正笏」、「信天居士」、「楊繼振」、「又雲」、「蘇齋」、「三至堂」、「古燕楊氏」、「星鳳堂鑒藏」各印。

米元章書史一卷

宋米芾撰。宋刻《百川學海》本。半葉十二行，行二十字。小黑口。板心上記字數。宋諱避至「慎」字。

圖繪寶鑑五卷補遺一卷

元夏文彦纂。元至正刻本。半葉十一行，行二十字。黑口。補遺後「至正丙午新刊」一行。至正乙巳自序、楊維禎序。黄丕烈跋，見《題識》。

吴氏手跋曰：「嘉慶壬子夏日，偶收得元槧《圖繪寶鑑》，楮墨精好，古香襲人。卷首有『廬江王書畫記』印章，蓋明藩邸舊藏也。按《明史》，鄭靖王瞻埈庶子見滴，弘治三年封廬江王，四傳至王載禋，居懷慶。崇禎十七年二月，流賊陷城，王朝服駡賊而死。此書雖未著王名，然其裝潢極精，外用磁青花緞色裹前後，以黄緞細標春目帖于面，款式非民間藏書可比，又豈特所謂宣綾包角、藏經箋而已。計自明季迄今百六十載，滄桑變易，宗社久墟，玉几金床，無一復在，獨區區卷帙，猶能逭劫灰燐燹之餘，展轉流落我輩之手，回憶廬江之遺烈，又不禁爲之欷歔而隕涕也。書凡五卷，與《讀書敏求記》所載相符，較明毛氏《津逮秘書》所刊及上世《續補》本删節不全者，過之遠甚。卷首抱遺老人手書序尤佳。是歲重陽日，吴騫識於拜經樓，時年七十。」「臣騫」印。

陳氏手跋曰：「《圖繪寶鑑》五卷，元吴興夏文彦撰。是本雖墨色漫壞，然猶是元板而明印者，遠勝今本之脱誤矣。卷首抱遺老人叙草書甚佳，蓋係鐵崖手書付梓。叙偁雲間義門夏氏，則文彦又爲雲間人。廬江王藏書極富，就余所見凡數種，皆善本。陳鱣記。」「仲魚」印。

章氏手跋曰：「錢塘丁氏有元刻本，爲怡府故物，此本則爲明廬江王所藏，河間善書好寫之風，何其異世同符也！册中具兔床、仲魚、蕘圃三大藏書家題識，校丁本尤爲可珍。石蓮闇秘籍充棟，亦當推爲甲觀。乙卯四月，長洲章鈺借讀並記。」

有「廬江王書畫記」、「黄丕烈」、「復翁」、「蕘圃過眼」、「海寧陳鱣觀」、「仲魚」、「臣騫」、「拜經樓」、「鶴安校勘秘籍」、「吴重熹」、「章鈺借觀」、「茗理」各印。

清河書畫舫十一卷

明張丑撰。清宋賓王校就堂和尚手鈔本。書衣韓氏題曰:「咸豐八年六月,得之滂喜園。應陛手記。」

宋氏手跋曰:「雍正四年孟夏前三日,借校吴郡蓮涇王聲宏先生手校洞庭翁氏藏本一次。婁水宋賓王記。」

「釋氏佛生日,校吴郡王蓮涇先生藏本一次。」

「丙午春初,金星軺喬遷吴門,時偕余至蘇寓桃花塢新第。書客聯踵至,蓋喜星老居此也。晤言欲購《吴郡志》、《吴郡續圖經》善本不得,余以所藏副本易此三四種,復以王蓮涇齋頭借得先生近校金元功所得洞庭翁氏藏本讎校之。此係石竹墩就堂和尚手鈔,字畫極整,第安置錯雜,猶有未盡善處,續鈔者當閱政之。宋賓王記。」

有「宋蔚如考藏」、「古婁韓氏應陛載陽父子珍藏善本書籍記」印。

一角編不分卷

清周二學撰。鮑以文手鈔本。計甲、乙册。雍正戊申自序，甲寅杭世駿，癸丑厲鶚、丁敬序。附知不足齋主人渌飲先生遺像，壬辰十月吴江楊瀨題。

章氏手題象贊曰：「從事校勘，與丹鉛爲緣，而猶署知不足齋之榜以自志其拳拳。嗚呼，劬書者衆矣，疇則如先生之專！後有來者，一燈誰傳？渌飲先生小象。後學長洲章鈺謹贊。」

徐氏手跋曰：「《一角編》，同里周二學幼聞先生所集。幼聞又有《賞延素心録》，上與周江左《裝潢志》相埒，《志》則竹垞翁極稱許之。是編經樊榭、堇浦、龍泓三老品定，渌飲丈手鈔，真世間瓌寶也。舊藏趙氏星鳳閣，今歸王氏題紅館，必可謂物得其主。古之畫家，胸有萬卷書，然後略綴數語於其處，以識歲月。今有黄口小兒，才能握管，便狺狺數十百言，不自覺其口舌之顛躓，可勝歎哉！讀是編者，可以警矣。道光癸巳春，錢唐徐樹。」

楊氏手跋曰：「此鮑世伯渌飲先生手録本也。先生不以書名世，而筆致頗與倪雲林相近。瀨於嘉慶己巳年，隨先生寓西湖表忠觀助理校刊《叢書》，相聚五月有餘。後瀨在家，先生往來吴門，道出垂虹，必泊舟過寒齋。凡得未見書，定攜以共賞，契厚若此。而先生之遺墨闕如也。兹晚崧居士《一角編》，全帙六十二葉，首尾不懈，真可寶貴。爲題紅館主人梅菴所得，瀣從其文孫借得。遺像梅菴倩友摹以弁首，展讀恍聆昔日言笑也。道光壬辰十月廿四日雪窗，楊瀣識。」

鄭氏手跋曰：「右晚崧居士《一角編》，鮑渌飲先生所手鈔者。文既雅馴，書體古茂，世無刊本，致是珍閟。堇浦先生所謂前輩風流，承平舊俗，於此畢見，信非尋常博古家簿録，衆有檢美炫奇以貨財視古迹者所可同日語也。是册曩爲姚氏大某山館所藏，旋歸蘇州桃花塢貝家，今獲見之伯宛孝廉几上。每思借録，以俟好古者就元迹墨板，卒卒匙暇。乃歎渌飲手寫全帙六十二葉，心畫高逸，老而益工，誠不可及矣。卷耑有楊龍石題識，極稱其遺墨罕觀，近今求得《知不足齋叢書》舊本，已稀如星鳳，况其手録世間之未見書邪！翫索鄭重，爰識數語而歸之。時在光緒壬寅之歲大梁月既望，鶴道人鄭文焯題于漚園。」

袁氏手跋曰：「鮑氏鈔書至夥，多唐宋人小集，間有手寫序目或自加批校，而手書之籍獨罕。伯宛因予近獲宋刊《揮麈三録》，有蕘翁小象，隨舉此見貽，以其渌飲小象可以儷蕘翁也。黄、鮑皆予所最欽慕者，今皆得瞻見顔色，真厚幸也。丙辰三月二十日，識於玉泉山下。時浥芬夫人及雲姬、鳳孃同案作挖花之戲，而予在側展卷濡毫，頗自笑迂態逼人也。寒雲。」

「甲戌五月二十日，熱極，讀此消暑。張仕望。」

「甲戌六月酷暑中，讀竟涼生。西谿朱樂之。」

有「姚漁夫」、「甬東大某山館」、「趙輯寧」、「古歡書屋」、「吴昌綬」、「雙照樓考藏記」、「長洲章鈺」、「重熹鑒賞」、「克文」各印。

琴史六卷

宋朱長文撰。清吴尺鳧校明鈔本。元豐七年自序，五世孫瘮炎序。

吴氏手跋曰：「是卷藏繡谷十年，偶取曹氏揚州使院刻本校改凡數十字，雖間有舛訛，非校對不知。此本之妙，如卷末『瘮炎』序，刊本誤作『瘮』矣。其他未善處固多，洵乎舊鈔之難得也。時鬱蒸乍退，涼風吹裾，點硃終日。雍正癸卯夏五晦日，瓶花居士。」

「卷内備述諸樂名，如琴有九絃及通離和之名，巢與笙之爲二器，後人論樂者不睹此，幾不復知古時物矣。長文著述頗有識力，觀其《樂圃餘稿》固蔚然文采，是編尤爲詳盡。都穆《鐵網珊瑚》謂卷後《志言》、《叙史》二篇已缺，今猶在卷中，彼未見其全爾。是夜篝燈再書。」

「此卷舊鈔，長洲文氏、華亭董氏並有圖記，良可愛玩。」

有「文氏家藏」、「董其昌」、「吴焯」、「尺鳧」、「繡谷薰習」、「香菴秘笈」、「蘧莊珍藏」印。

嘯堂集古録二卷

宋王俅撰。宋淳熙刻本。李邴序，元人補鈔淳熙丙申曾機序，元統改元干文傳跋。帖裝四册。

阮氏手跋曰：「此三册乃宋刊本，二跋乃元人墨迹，至可寶也。嘉慶八年，曲阜顔衡齋以此贈，元收入《琅嬛仙館》，與宋王復齋《鐘鼎款識》共藏之。阮元識。」

翁氏手跋曰：「嘉慶辛酉之春，得見王厚之《鐘鼎款識》趙承旨題籤者。是冬，復得見此而題之，多幸多幸。」

「猶記王厚之物是其值百金，今又多元人一幅，何啻倍之。」

「此淳熙曾伯虞序亦元人所書，并後元統跋，皆古迹可愛，亦何減款識之珍耶！辛酉十二月，方綱識。」

「王子弁《嘯堂集古録》宋槧原本，後有元人手書，藝林至寶也。安邑宋芝山得之，寄求題識。辛酉冬十二月廿有四日，北平翁方綱。」

「是日適檢篋中影宋寫本，以海寧陳仲魚手校諸條核對，信爲真宋槧無疑。又以兒子樹培手拓家藏鐘鼎文一册同展翫，正不謂今有愧於古也。今日適爲四兒樹崐娶婦，文字之祥，照我几研，深幸！方綱識，寒碧研書。」

「《嘯堂集古録》二册，藏余邸有年矣。乙巳冬，午橋端帥見即驚影，午橋嗜金石，尤精於鑒賞，遂舉以爲贈，此趙松雪所謂結一重翰墨緣也。午橋其何以報我？呵呵！隨齋并識。」

黄氏手跋曰：「余舊得《嘯堂集古録》係明覆宋本，藏家不多見，頗自珍秘。今觀此册，殆如裴將軍之見真虎矣！册末又有元人手迹二跋，蓋當時已矜貴若此，宜儀真、北平兩先生詫爲至寶也。惜明覆本在故鄉，異日取來，當借此本詳勘，匋齋尚書其許我乎？光緒乙巳十一月，黄紹箕記。」

鄭氏手跋曰：「光緒丁未十二月二十四日，聞仲弢卒於武昌。翌日，匋齋尚書出示此册。見其遺墨，痛惜久之。孝胥記。」

有「謙牧堂藏書記」、「曾藏宋葆淳家」、「阮元」、「臣元奉勑審釋内府金石文字」、「阮伯元藏鐘鼎文字」、「揚州阮氏琅嬛仙館」、「文選樓」、「翁方綱」、「覃溪」、「蘇齋」、「海藏樓」各印。

又清吴兔床校明覆刻宋本。有「吴騫」、「槎客」、「鶊安校勘秘籍」印。

吴氏手跋曰：「《嘯堂集古録》世傳刊本首序即闕二百四十餘言，而筆畫之訛舛尤不勝計。昨歲陳君仲魚得舊本，迺新安陳書崖昂所鈔藏者，首序既全而字畫精好，與刻本有毫釐千里之殊。卷末又有元統改元吴郡干待制文傳跋，亦刊本所無者，因亟借歸補録於此本。復從歐陽《集古録》，吕氏《考古》、《宣和博古》二圖，薛氏《鐘鼎款識》等書參伍校訂。其顯然謬誤者，即爲改正；稍有異同，各注於其上，疑則缺之，蓋恐所據各有不同，未敢臆斷也。聞大興翁學士方綱有影宋鈔本，未審何如，俟更訪之。己亥秋日，吴騫記。」

「予昔從仲魚借舊鈔本校補《嘯堂集古録》，藏於家，歸安丁升衢進士見而甚喜，復從予借校。他日，先以干跋貽予，蓋歙方君手筆也，并録於舊跋而方君自跋其後，予受而藏焉，然原本卒未見歸也。踰年，詢諸丁君，乃從盧弓父學士求此本以還予，開卷視之，所補序跋及校字皆依予筆而書則非予原本，且又不載予之跋，是以學士且誤疑爲汪稚川所校補，予告之始恍然。蓋升衢交道最廣，嗜古尤癖，予之原本則展轉傳録，竟不知今落誰氏之手矣。所異者昔年先以兩跋見歸，而今所還本後恰無跋，事差有前定者然？因并前跋附釘書後，而識其顛末如此，他日以眎丁君，當爲一解頤也。時乾隆戊申浴佛後一日，吴騫再記。」

方氏手跋曰：「丁君升衢得葵里吴君本子，因影鈔如右。每歎書之傳流，久遂有缺失，惟好古者懃懃葺之，如飢渴之於飲食，斯可矣。乙巳十一月望前二日，方輔記。」

文房四譜五卷

宋蘇易簡集。清黄丕烈校舊鈔本。半葉九行，行二十一字。萬曆三十六年九月清常道人跋，錢牧齋、吴枚菴跋。黄復翁跋六則，均見《題識》。黄氏手跋遺刊曰：「丕烈以吴枚菴本、錢蒙叟本校勘頗精。錢本每葉二十六行，行二十字，蒙叟手録徐鉉序補之，《敏求記》所云之本也。《文獻通考》作《文房四寶》五卷。《書史會要》云：蘇易簡字太簡，梓州桐山人。癸酉三月二十又四日，借周香巖藏錢原本校，用墨筆。燒燭至更餘始盡一卷。復翁。」

「二十六日，又借吴枚菴校本覆校勘。」

有「黄錫蕃」、「嘉興李聘」、「益之手校」、「楊紹和」、「彦合珍藏」、「宋存書室」印。

頤堂先生糖霜譜一卷

宋王灼撰。明趙清常鈔本。半葉九行，行十八字。卷末跋曰：「萬曆丁未七月十三日黎明閲此卷，王華岡原本。清常道人。」有「平江黄氏圖書」、「韓德均錢潤文夫婦之印」。

鶡冠子三卷

宋陸佃解。明碧雲館刻活字本。半葉十行，行二十字。白口。板心上刊「寧」字，下刊「碧雲館活字本」六字。次葉刊「弘治年」三字。首韓子序。卷中惲毓鼎校記簽條。計一百三十三葉。

書衣進呈記曰：「乾隆三十八年四月，兩淮鹽政李質□送到馬裕藻家藏《鶡冠子》一部，計書一本。」

乾隆御題曰：「鐵器原歸厚德將，雜刑匪獨老和黄。未評陸注同因顯，柳謗韓譽兩不妨。貎帙幸存書著楚，失篇却勝代稱唐。帝常師處王友處，戒合書紳識弗忘。乾隆癸巳季夏中澣御筆。」「乾」字、「隆」字印。

「臣等謹查，宋陸佃注《鶡冠子》三卷，此書論三才變通、古今治亂之道，唐韓愈稱之，而所見祇十六篇，未爲全書。此本凡十九篇，首尾完備，佃注世亦罕見，係明弘治中活字板本，坊間並無流傳。」

莊氏手跋曰：「宣統遜位之三年，缽民購得之於海王村肆，以示蘊寬，因識。」

袁氏手跋曰：「《鶡冠子》博該群言，理尚精碻，論者多以僞書輕之。柳子厚謂言盡淺陋，則未免失之過甚。按《漢志》止一篇，韓文公所讀有十六篇，又有謂文公所讀者爲十九篇。《四庫書目》財有三十六篇，或謂原本無多，餘悉後人增入。聚訟紛紜，莫能定也，歷來之無善本可知矣。此本爲聚珍叢書所祖，且明活字本傳世絶希，至足寶也。中華建國四年二月，寒雲。」

陶氏手跋曰：「此《鶡冠子》三卷，原爲揚州馬氏玲瓏山館所藏，乾隆時進呈内府，其間朱筆校讎出自翰林院，即聚珍叢書之祖本也。按碧雲館本著録至罕，而此書尤爲希觀。黄蕘圃藏舊鈔本，以袁又愷明《道藏》本校，彌自珍異，今在海源閣。蕘翁跋稱收書二十年，從無善本可對，明《道藏》本亦唯五硯樓有之，更未聞有古於《道藏》者。惜乎此本不爲蕘翁見也。此本曩爲吾鄉惲薇孫學士毓鼎所寶，董授經欲以重資易之，余聞而先往，遂爲余有。長沙葉麗樓一見歎曰：『此文韻閣舊物，真海内孤本也！子其善守之。』余唯唯受教。重裝既竟，記其耑如此。甲寅秋初，祖光。」

有「乾隆御覽之寶」、「翰林院」大方印、「莊藴寬」、「惲毓鼎」、「微齋攷藏」印。

新刊淮南鴻烈解二十一卷

漢劉安撰。宋茶陵譚氏刻本。次題：「太尉祭酒臣許慎記。」上半葉十行，行十八字。黑口，内刊白文字數。卷十前四葉白口。板心上記字數，下記刊工姓名。夫。目題大字。末有「松山隱史」四字木記，「書鄉」二字鼎式木記。卷末「茶陵後學譚叔端纂」一行。有「宜春館」、「貴池劉氏世珩鑒藏」、「堅廎秘笈」、「葱石讀書記」、「聚學軒」印。

獨斷二卷

漢蔡邕撰。明弘治刻本。半葉十行，行二十一字。黑口。淳熙庚子呂宗孟序，弘治癸亥劉遜序。

張氏手跋曰：「《獨斷》二卷，係明刻本，爲徐興公收存，後復爲梁茝林所得以贈余。嘉慶壬戌，予請假南旋，攜歸。道光癸未重裝後，彦彬記於榕園。」

有「徐㶿」、「徐氏惟起」、「晉安徐興公家藏書」、「緑玉山房」印。

東觀餘論二卷

宋黄伯思撰。宋紹興刻本，補鈔後部。半葉十行，行十九字。白口。板心下記刊工姓名。首自序，大觀戊子西都府東齋序。宋諱避至「桓」字。

勞氏手跋曰：「黄長睿父《東觀餘論》，紹興丁卯其子訒刻于建安漕司。嘉定間，攻媿樓氏復以川本參校，即今所傳本也。此書曩得于蘇州，作一卷，不分上、下。初爲錫山華氏故物，有『真賞』、『華夏』二印可據。前衮宋槧，曾經以樓本勘校，係蒙叟手迹，審定爲紹興初刻之本，今無訒跋，殆脱去之。訒跋所云十卷者，蓋指《東觀文集》中卷第而言之，而兩卷者則攻媿校定本也。此本故不如攻媿重校之精審，顧亦有勝處及可兩存者。惜缺，後影寫補全。乃絳雲燼餘殘帙，首尾已有滄葦印記，其補鈔當在歸季之前。檢《延令宋板書目》所載有二，其一不著卷者即此本，但不著完缺耳。鈔葉爲俗子以汲古閣刻本塗改，因此雌黄黯之，異日倘遇宋槧樓本，更當補勘。向聞知不足齋曾有藏本，見《抱經堂文集跋》中，唯學士謂攷媿訂正付訒開雕，似不審黄、樓二跋歲月之有先後，致屬筆偶誤爾。咸豐丁巳九月二十一日立冬，仁和勞權巽卿書於丹鉛精舍。」

有「華夏」、「真賞」、「季振宜」、「滄葦」、「巽卿」、「丹鉛精舍」、「簡易齋」印。

又明嘉靖黄榱鈔宋本。黑格。紹興癸亥黄訒序、跋，政和甲午周南珍、許翰序，元祐三年米芾序，嘉定四年樓鑰、莊夏序。

黄氏手跋曰：「右《東觀餘論》一書，博訪二十餘年未獲善本。先於范半醒家借得不全宋刻本鈔本，終是怏怏。偶於烏溪王雨舟處獲見全册大字宋刻本，欣然借歸，凡再閱歲鈔畢。嘉靖丙申四月二十又六日，黄榱識。」

有「天一閣主人」、「慈谿」、「耕餘樓」、「馮氏辨齋藏書」、「吕海寰鏡宇珍藏」印。

猗覺寮雜記二卷

宋朱翌撰。清吴枚菴録何義門據宋校鈔本。慶元三年洪邁序。

宋本每葉二十行，行二十三字。序葉十二行，行十二字。復用朱筆從文瑞樓本校。

何氏跋曰：「觀書中所記，新仲子學遠不逮洪氏兄弟之該洽，當以忠宣平生執友，故推避之耳。何焯記。」

「康熙庚寅二月，余年五十。虞山邵甘來，以此書賀生辰，遂忘其貪而受之。中多訛謬，余既淺學，又初校，恐未能得其半耳。焯記。」

「是年冬十一月，毛丈斧季見余所校，因□其藏本見借，亦非善本。唯中闕二葉，則賴毛氏本始知之爾。焯又記。」

「辛卯春，就堂上人又以所藏錢功父本見借，錢本是從宋槧本影鈔者，亦以『士大夫學佛』一條接寫『曆書七十二條』一條之下，則仍似無闕也。後有功父題識，并附鈔於左。」

錢氏跋曰：「此書乃丙辰九月十日借張千里本連日夜鈔完。丁巳六月十三日，江陰李貫之借歸，至十月十二日留住真本，以此册見還。十二月二十一日，常熟錢受之借，拆散影鈔，顛倒訂，今年戊午閏四月初六日始還，一向怕看。七月初九日，始復拆散理清，草訂如右，然其中多譌，不知無算也。借與人書，不可不慎。裝完，因寫于後。七十八翁記。」

「錢于是書亦無所是正，而題識字畫絶無老人衰憊之態，正足歎羨。焯又記。」

「康熙丙申六月，借小山從汲古得本付鈔。其本已爲義門校過，兹用爲校對一過。二十二日午刻畢。」

吴氏手跋曰：「右洪景盧序云上下兩卷，凡四百三十五則，今卷數如之而爲事止二百四十餘條，恐非全書矣。丙申秋日，借石鐵華所鈔何義門校本命陶生文録之。原本連寫，每段以圈隔之，疑是鈔胥所爲，今遂改提行，較爲爽目，非擅于移易行第也。翌字新仲，舒州灊山人。政和間，以太學生賜第。初爲溧水尉，高宗南渡，爲秘書監。一云中書舍人。常書命，文章浸顯于朝。秦檜相，逐趙鼎，翌以鼎黨謫居曲江十有四年。放歸，卜居杉鄞，晚號省事老人。死自爲誌。有集四十四卷，今不傳。文載上官司農卿，亦有名于時。十一月十有三日，牧菴漫士吴翌鳳記。」

「丁酉仲春，得文瑞樓金氏本校勘誤謬，較此本增多二百餘條，與洪序四百三十五則之數略符，似爲全書。□時當重録一過，以爲正本，此册不暇補入也。跋尾一則，不知何人所書，并録於右。漫士又記。」

有「吴氏鈔書」、「古歡堂」、「兔床經眼」、仲魚圖像、「簡莊藝文」印。

西溪叢語二卷

宋姚寬撰。清黃丕烈校明鈔本。半葉八行，行十六字。書衣題曰：「《西溪叢語》野竹齋藏舊鈔本。乙卯秋，收于小讀書堆。」黃丕烈跋十則及詩一首，見《題識》。

黃氏手跋遺刊曰：「蕘翁覆校錢述古校本〔一〕，即何小山所云葉石君藏嘉魚館鈔本。又參校吳枚菴臨何煌校本在鴸鳴館舊刻上，亦出葉石君藏嘉魚館本而又不同。大都書經三寫之故。蕘翁記。」

「又全校鴸鳴館刻本異同，并載臨校別本異字。中秋前一日記。十八日，又參校汲古閣《津逮》本，與鴸鳴館本同。」

「鴸鳴館刻，余亦有之，錢本即從鴸鳴館本出〔二〕，別以他本校之，多補脱校正。末葉『此本』云云墨書一行，仲老記者，何小山也。」

有「嘉魚館」、「葉萬」、「石君」、「黃丕烈」、「蕘夫」、「復翁」、「士禮居」、「孫慶增」、「孫從添」、「張紹仁」、「袁氏魯望」、「巽夫」、「楊紹和」、「道光秀才咸豐舉人同治進士」各印。

又清黃丕烈校汲古閣刻本。卷首題曰:「鶡鳴館本,半葉十行,行二十一字。吳校鈔本,半葉八行十六字。甲戌五月,黄復翁。」跋見《題識續録》。有「士禮居」、「惕甫經眼」、「簡莊審定」、「湘潭黄氏聽天命齋」、「幼平秘笈」印。

〔一〕蕘翁覆校錢述古校本:原文「錢」後脱「述」,「校」後脱「本」,據《蕘圃藏書題識》補。

〔二〕錢本即從鶡鳴館本出:原文「即」後脱「從」,據《蕘圃藏書題識》補。

容齋隨筆十六卷續筆十六卷三筆十六卷四筆十六卷五筆十卷

宋洪邁撰。明華燧刻活字本。半葉九行,每行雙行十七字。白口。板心上記「弘治歲在旃蒙單閼」八字,下記「會通館活字銅板印」八字。嘉定壬申何異序,又丘櫨後序。嘉定十六年洪伋、紹定改元周謹跋。補鈔四集卷一至八。有「嚴修能」、「元照」、「香修」、「文登于昌進小謨觴仙館」、「桐城蕭穆經籍圖記」、「曾藏吳興周氏言言齋」印。

華氏刊書序曰:「博學而詳説之,將以反説約也。然博而不約者有矣,未有不博而能至於約也。《容齋隨筆》,書之博者也,提綱挈領,博而能約者也。書成於宋學士洪景盧,學者歆羡而未得其真者久矣。太醫院醫士吳郡盛用美得之於京師,士夫欲板其行,邑宰邢君傷民用而未行，適僉憲雷公水利江南，巡行吾錫，遂致禮會通館以達君志。嗚呼，燧生當文明之運，而活字銅板樂天之成，苟以是心至應之惟謹，况士夫以稽古爲事，君以愛民爲心，而公禮意兼至者乎。雖然，學者徒務其博而不能反説以致於約，則是書爲糟粕，豈公之所望於人者哉！弘治八年中秋，錫山華燧序。」

嚴氏手跋曰：「此卷中第十七則引《孟子》『行者有裹囊』，新刻依流俗本改『囊』爲『糧』，此舊本之可貴也。嘉慶八年十一月二十三日雨中書，元照。」

「世行《容齋隨筆》字畫粗劣可厭，此係翻宋紹定年間刻本，提行避諱一遵舊式。每葉上方有『弘治歲在旃蒙單閼』八字，下方有『會通館活字銅板印』八字。書後有嘉定中邱㠉、洪伋兩序，紹定中周謹跋，前有弘治八年華燧序，皆近本所無。紙墨亦古雅可愛。然亦頗有譌脱，《隨筆》第十一卷合九、十兩條，爲一脱去字二百七十九；《續筆》第三卷又合九、十兩條，爲一脱字百七十九；第九卷末則脱三百有六字，誤雜於十一卷之首，則中凡書中夾注皆不具，蓋由銅板無小字而然；又凡容齋所自稱名皆脱去『邁』字，不可解也。予既取新刻板而跋之，復書數語於此。予十年前於蘇州萃古齋得宋刻《夷堅》甲、乙、丙、丁四志，共八十卷，乙、丙、丁志皆有容齋自序，爲世人所未見者。今又得觀此本，予於容齋之書，何多緣也。此本荻港章君文魚所藏，君之少子，予次女相慶婿也。仲冬之朔日訂姻，此書與媒妁同來。兹將附便寄還，乃以『香修』小印鈐於簡端云。嘉慶八年十二月初六日黄昏，蕙櫋書。」

「竹墩朱履端教諭，章君之師也。今兹年八十有五，猶留館章氏。予于教諭案頭見此書。予與章氏締婚姻之雅，亦教諭啓之。今夕校勘罷，遂作跋，，將就寢而教諭之訃至，於今日晡時捐館。其族弟竹海文學館予家，故來報。既送竹海去，復挑鐙書于三卷之末，異日章君見此跋，定黯然也。初六日，元照又書。」

程氏演繁露十六卷續演繁露六卷

宋程大昌撰。明姚舜咨手鈔本。半葉十一行，行二十一字。淳熙庚子自序，陳應行跋，嘉靖乙酉陳塏序。

沈氏手跋曰：「《容齋五筆》冗贅語多，却少謬妄，此則敢于詆呰先儒，横肆胸臆，要諸《史》《漢》之書，皆未能貫串，妄□評斷古今，深誤後學，故□略辨之。學者于此等書，不可觀也。沈欽韓識。」

有「姚咨」、「姚舜咨」、「姚伯子手校書」、「茶夢山人」、「茶夢主人考藏」、「句吴布衣」、「潛坤居士」、「道在是齋中人」、「胡重」、「嵋峰」、「織簾居過眼」、「甲子丙寅韓德均錢潤文夫婦兩度攜書避難記」各印。

又清彭元瑞校鈔本。黑格。板心下刊「知聖道齋鈔校書籍」八字。有「北平謝氏藏書」印。

彭氏手跋曰：「借《春秋繁露》以自名其書，固屬誤見，且其中或鶩遠遺近、事出正經無煩紀録者，高似孫《演繁露詰》，惜其書不存。宋末言博學者以王伯厚、程泰之並稱，是書遜《困學紀聞》遠甚，大約其學博而寡要，其議論廣而不堅，於考證中時墮類書窠臼。分別觀之，亦責備賢者之意耳。戊午仲春，以『天禄琳琅』宋本校一過，間有鄙見注於上方。身雲居士并識。」

蘆浦筆記十卷

宋劉昌詩撰。附《平巢事迹考》一卷。清初鈔。半葉九行，行二十字。嘉定癸酉自序。有「謙牧堂藏書記」、「滇生藏書」印。

王氏手跋曰：「此書曹倦圃《學海類編》有之，後平湖陸梅谷刻《奇晉齋叢書》收入此種，題曰『宋撰人闕，此據元人鈔本』，蓋不知爲茅止生所著也。《四庫全書·雜史類》『存目一』始正其誤，然但云曹氏爲黠賈所紿，删去原序，而不云其後附有《上南京呂大司馬議》，則亦似未見全本。予意採書時以《議》中『一用之以逐奴，而奴終宵遯』等語殊涉忌諱，故先撤去之耳。此本首尾完具，而其前仍闕數行，安得原本補之。基磐記。」

又清黄丕烈、陳仲魚校舊鈔本。八卷。嘉定癸酉自序。卷末題曰：「昭陽赤奮若阮林生録藏并校譌。」「阮林子」印。黄丕烈跋一則，見《題識》。

吴氏手跋曰：「戊戌中元，借陳孟莊家西賓本與張興宗令弟鈔，惜多誤脱。古歡堂主人吴翌鳳。」

「此書余於數年前録有副本，已校正十之四五。此其底本，譌脱甚多。今得復翁取善本勘正，殆無憾矣。甲戌重陽後一日，枚菴老人書。」

陳氏手跋曰：「余于乾隆四十七年正月，從鮑君渌飲借《蘆蒲筆記》觀於小桐谿館，命人傳録一本，手自校。後十餘年來，渌飲又得舊本，校讎數過，刻入《知不足齋叢書》也，世稱善本。今年九月過吴門，適黄君蕘圃獲見舊鈔，并以其向藏穴硯齋鈔本今校於吴枚菴舊鈔上，枚菴復跋之而歸請余。余亟以鮑刻重勘，正誤甚多，既補第五卷所缺之半葉，又補得劉昌詩後跋一篇。計是書先後三十餘年，歷經名家手，屢有補正。惜渌飲已不得見，猶幸余、校菴、蕘圃之得見也。嘉慶九年正月十日，陳鱣記。」

「重光赤奮若何莊陳鱣從鮑氏知不足齋本校于武原寓館。」

有「仲魚過目」、「沈樹鏞」、「林氏善本堂藏書名」、「辛臼」、「文元字辛臼」、「善長」印。

又清黄丕烈校舊鈔本。不分卷。嘉定癸酉自序。附《楊公筆録》、沈括《補筆談》二葉。甲戌九月黄復翁跋四則，見《題識》。

黄氏手跋遺刊曰：「按宋本避諱字校正第三十六後半葉第三行下朱筆，親手校十五字。穴硯齋繕寫本校。復翁。附《楊公筆録》，宋楊彦齡撰。十九日燈下記。」

「十月校穴硯齋本三十七葉，附沈括《筆談》二葉、《楊公筆録》二十一葉。收于玄妙觀東墨林居。」

有「丕烈」、「蕘圃手校」、「楊紹和讀過」、「彦合珍玩」、「楊氏海源閣」、「宋存書室」印。

賓退録十卷

宋趙與時撰。明鈔本。半葉十一行，行二十一字。首自序，附《續記》一葉。末有「正德四年八月日鞏昌府刊」一行。

孫氏手跋曰：「《賓退録》十卷，上下二册，先王父硯北公遺書。己卯春，陸兄勅先借鈔竟，爲傭書者□鬻。後歸潘氏顯甫，因得復全，亦藏書之一□也。孫江岷自記。」

有「孫唐卿考藏」、「石經閣」、「烏程吴思藻雲」、「飛息園」、「大雅堂」印。

又清何義門校鈔本。半葉十行，行十八字。卷末有「臨安府睦親坊南陳氏經籍鋪印」一行。楊繼振題曰：「娱老軒影鈔，貞志齋校定，星鳳堂鑒藏。」

何氏手跋曰：「康熙庚寅之春，扶南見贈此書，從竹垞先生家録傳。其中闕一葉云。焯記。」

「三月，借汲古閣所藏研北孫翁傳本屬學徒金生儼深補鈔。又記。」

「癸巳秋日，□□□□□□□□□□所藏有此後序一篇，録以見贈。□□□□□事。焯記。」

楊氏手跋曰：「趙與時《賓退録》十卷，影宋鈔本，何義門先生校定補鈔。道光庚午冬十月中浣，得于大都朱氏。原值二十，金幼雲秘藏。」

有「何焯」、「屺瞻」、「江南第一風流公子」、「石笋館」、「茶仙」、「愛不釋手」、「貞志齋」、「玉翁」、「子蓮尊者」、「青氈客」、「半緣道人」、「楊繼振」、「又雲」、「守西」、「楊氏世家」各印。

困學紀聞二十卷

宋王應麟撰。元泰定刻大字本，半葉十一行，行二十四字。白口。板心上記字數，下記刊工姓名。茅元吉、章子成、章宇、王子仁、張以方、王明、鮑成、梁、王、古、之、泉、祥、見、明、仁甫、子木、文、福、宇、仁、仲、父、何、齊、以、方刊。卷首深寧叟識，目後有「伯厚深寧居士」篆書木記。卷末「孫厚孫寧孫校正」一行。有「内閣典籍廳」大方印。

又清蔣篁亭校明初刻本。半葉十行，行十八字。黑口。卷末同前。又「慶元路儒學學正胡禾監刊」一行。至治二年牟應龍序，泰定二年袁桷、陸晉之序。

彭氏手跋曰：「篁亭先生手校諸經史不下數十百種，類皆丹黄精謹，藝林所稱，貯書樓本得者藏弆以爲善寶。此深寧叟《紀聞》六册，予甫冠時外舅時菴先生曾舉以授讀。二十年來□□江湖，蓋無日離左右也。今貯書樓遺籍十佚八九，存者亦多蟫損，而此編在予行篋尚完好如故。今春里居，爲重裝而皮之，片玉零璣，彌可珍惜矣。彭兆蓀識，時嘉慶歲在辛未二月十八日，書於小謨觴館。」「嘉慶元年歲在丙辰六月上澣，讀於淮陰郡舍安懷堂之東軒，甘亭彭兆蓀識。」

灌畦暇語一卷

不著撰人名氏。明王肯堂鈔本。半葉十行，行二十一字。黑格。板心下刊「鬱岡齋藏書」五字。

宋景文筆記三卷

宋宋祁撰。清吴枚菴鈔本。半葉十二行，行二十字。有「吴氏鈔書」印。

吴氏手跋曰：「《筆記》三卷，不知何人所編。每段冠以『公曰』二字，後人輯《百川學海》始削去之。此借青芝山堂寫本，命童子鈔録者，疑以亦從《百川學海》中出也。乾隆丙申立秋後三日，吴翌鳳睫巢書。」

古迂陳氏家藏夢溪筆談二十六卷

宋沈括撰。元大德陳仁子刻本。半葉十行，行十七字。線口。有「文淵閣」、「汲古閣」、「士禮居」、「汪文琛」、「藝芸書舍」、「松江韓氏藏書」印。

珩璜新論一卷

宋孔平仲纂。明王肯堂鈔本。半葉十行，行二十一字。黑格。板心下刊「鬱岡齋藏書」五字。

又清陳仲魚校舊鈔本。黑格。半葉十一行，行二十二字。

吴氏手跋曰：「乾隆乙巳殘冬，有書賈攜散浦畢氏舊鈔本《珩璜新論》來，書分四卷，末後多數條，因命史補録。按，晁氏《讀書志》載孔氏《雜説》一卷，或云即此書，果爾，則一卷者乃舊本也。兔床記。」

陳氏手跋曰：「孔平仲所著《談苑》，説部中多有刻者。《珩璜新論》流傳絶少，近從南匯吴稷堂座師處得一舊鈔本，中有竹垞圖記，凡遇宋朝故事俱空一格，知出自宋刻。其書亦作一卷，不分爲四，但前有缺葉，後亦少數葉，又多誤字。因從拜經樓借得是本，補鈔所缺，復互校一過。是本舛錯亦多，甚有脱落數行者，可見傳寫之書非經校讎，猶之蕪田不治也。校畢遂題其後而歸之。嘉慶十八年二月既望，陳鱣識。」

有「吴兔床書籍記」、「拜經樓」、「仲魚」、「樵安校勘秘籍」〔一〕、「石蓮闇藏書」印。

〔一〕樵安校勘秘籍：「樵」疑爲「鷦」之誤。「鷦安」乃唐翰題別號。

春渚紀聞十卷

宋何薳撰。明范氏天一閣鈔本。半葉九行，行二十字。目後有「臨安府太廟前尹家書籍鋪刊行」一行。

石林燕語十卷

宋葉夢得撰。明正德刻本。半葉九行，行十八字。黑口。首自序，正德元年楊武序。

末有「北山」、「宗文」、「柱下史」三木記。

葉氏手跋曰：「庚子歲夏五月，用青錢二百五十買於東塔前書鋪，隨裝訖。每訪先世文章著述，因交遊不廣，無從求獲，少時矢志，至今弗衰。少保公有《避暑録》、《放言》，皆已録訖，繼得此書，不啻拱璧。尚有《石林集》一百卷，不知何時得見而讀之，因附識於此，以爲他日之望。樹廉。」

有「葉樹廉」、「石君」、「孫從添」、「慶增」印。

墨莊漫録十卷

宋張邦基撰。明唐六如校鈔本。半葉九行，行十八字。藍格。張孝基跋。末有「南京第一中式舉人晉昌唐寅勘校畢」一行。有「琅園秘笈」印。

唐氏手跋曰：「正德辛巳夏五月端午後一日燈下勘畢。姑蘇唐寅借勘俞子容家鈔書。」

「俞子容先生家藏書，晉昌唐寅借校〔一〕。一一删過，其間魯魚亥豕甚多，百不能補其一二，然裨益見聞亦不爲少。至若欲人熟讀連州碑，所未解也。」

陸氏手跋曰：「嘉靖乙巳，借俞守約《墨莊漫録》看一過。此書訛舛甚多，雖更六如勘過，差繆不少。偶有所見，輒爲更定一二，衡山取覩，頗以依據證余謬妄，余乃茫然自失，因知不破萬卷，不可輕用丹鉛也。附書以志吾愧，且以謝守約云。陸思道志。」

〔一〕晉昌唐寅借校：原文「晉」後脱「昌」字，據《四部叢刊三編》本《墨莊漫録》改。

新刊履齋示兒編二十三卷

宋孫奕撰。元江西刻本。半葉九行，行十九字。白口。開禧元祀自序。目後刊書識語曰：「《示兒》一編，孫先生之惠後學者渥矣。辯經傳之同異，核文辭之是非，詩之評，字之正，人物之綺談、奇聞、奥旨，靡所不載。歲月彌深，散亂磨滅，學者病之。本堂重加訂正，以壽諸梓，篤意義方者毋惜家置一通。癸未月正元日，晚學廬陵胡楷子式誌。」

顧氏手跋曰：「右宋劉氏學禮堂刊本，己卯十月閬源汪君見示，且云錢遵王記《字説》闕文六條，似與此本不全合。予按姚舜咨所鈔空六行，蓋錢本亦然，核之此本乃複衍三行，又大半行因鈔者始改每條跳行，故爲六行也。又因其複衍而不復寫入，故爲闕文也。鈔本通部行款與刻差殊，非獨明潘方凱板不循舊格，遵王既未見此刻，宜所言之不諦矣。

向在辛未歲，鮑以翁開雕是書，爲予據姚鈔所校，今乃獲重讀一過，訂正如此類者實多。借以翁久遊道山，弗及再加商榷也。思適居士顧廣圻千里甫書於楓江僦舍。」

有「錢氏敬先」、「錢氏家藏」、「子子孫孫永實用」、「曹溶」、「潔躬」、「檇李蔣石林藏書」、「海源閣楊氏家藏」印。

又明鈔本。半葉八行，行二十四字。藍格。板心下刊「雪晴齋鈔」四字。開禧元祀自序。目後刊書識語「自學者病之」以下曰：「余復加訂正，手自謄録，以傳諸後，篤意義方者毋惜家鈔一通。癸未正月元旦，晚學廬陵胡楷子式誌。」

彭氏手跋曰：「是書説經多尚新解，説詩文多科舉之學，獨於六書最深，採摭極博，多根柢於許氏《説文》、陸氏《釋文》，故援據頗正。暇日瀏覽，間以淺陋所省記者附注，以示諸孫。知聖道齋識。乾隆乙卯七夕。」

有「邵伯子」、「之椿」、「南昌彭氏知聖道齋藏書」、「遇讀者善」印。

愧郯録十五卷

宋岳珂撰。宋浙刻本。半葉九行，行十七字。白口。板心上記字數，下記刊工姓名。

沈昌、金滋、王顯、王遇、王禧、宋芾、吴椿、石昌、丁松、曹冠、宗曹、冠英、董澄。有「南陵徐乃昌」藏印。

湛淵静語二卷

元白珽撰。清張充之手鈔本。半葉九行，行二十字。首自序，至大庚戌周暕序，嘉靖丙午孺允誌。

韓氏手跋曰：「按：此册與《鐵圍山叢談》蕘圃跋稱張充之手鈔者筆迹相似，彼書每遇『位』字皆缺末畫，此書『位』字偶檢幾處，末筆祇得半畫而止，與全缺一筆者用意當同，蓋避家諱耳。咸豐八年五月得之滂喜園。六月二十五日，應陛記。」

有「松江讀有用書齋金山守山閣兩後人韓德均錢潤文夫婦之印」。

守溪筆記一卷

明王鏊著。明王肯堂鈔本。黑格。板心下刊「鬱岡齋藏書」五字。卷末云：「此卷凡硃墨筆研檢標者、補者，皆陸公粲手迹，尤可重也，談野史如此。華亭陳繼儒題於秀州包園。乙未九月。」

有「禮邸珍玩」、「謙牧堂藏書記」印。

焠掌録二卷

清江啟淑輯刻本。板心下刊「開萬樓」三字。杭世駿序。

焦氏手跋曰：「嘉慶甲戌二月，録十數條入《道聽録》，杭氏序識之。余謂此書勝杭氏所爲《文選□□□□》多矣，謂察而不惠，辨而無用，非也。雕菰樓主人記。」

「嘉慶五年四月浴佛前二日，得於郡城市中。是日午後大雨，江都焦循記。」

「壬戌秋七月，又閲一過，丁卯秋七月。是書考證經史，簡授頗資於學者之參訂，在近年新出諸説之上。秀峰來揚訪江都汪容甫明經，見面兩相争詈。嘗飲於汪比部家，擎盃忽大慟，舉座爲之罷席，亦奇士也。焦循記。」「焦循」印。

談叢四集

不著編輯名氏。明鈔本。不分卷。首曹氏題曰：「庚子後八十三年壬戌，曹秉章得于京師。」

葉氏手跋曰：「此書以『金』、『馬』、『玉』、『堂』四字分編，朱竹垞檢討藏本。余於嘉慶庚午夏購得『金』、『玉』二編。後三十年，禮親王邸出售殘書，檢得『馬』、『堂』二編，劍合珠還，良深欣幸。聊書數語，以誌文字因緣。道光庚子夏六月，葉志詵記。」

有「朱彝尊」、「竹垞」、「禮邸珍玩」、「謙牧堂書畫記」、「葉志詵」、「曹秉章」、「理齋」印。

玉堂綵鑑八種

明蜀藩五色繪圖寫本。紅格。板心上刊「時習書屋」四字。後序題：「清時樂事。」「弘治甲子季夏望日，江表黄琳題於淮東書院之芸藻堂。」

《太清樂譜》　《太素靈圖》　《周王八卦圖譜》　《孝親圖》

《古局象棋譜》　《打馬圖》　《博塞》即樗蒱。　《抛球樂》

《玉堂綵鑑》跋曰：「古有投壺、博塞之説，往往傳之不一，諸書所載大略而已。投壺之理雖不關於正事，亦能使人正其身心，大凡君子處事，不使之不及，亦不使之太過，慎於終始，無致有失，所謂得其中矣。至於打馬、博塞、諸家擲採，細事也。古人備於閒暇之用，使人臨局擲採，用其精神，免其怠惰，亦能醒其晝寢，故至此理消諸歲月。余雖不能深於此事，亦善於好事者，傳其範格而已。正統乙丑歲在中秋節日，西蜀永川王書於玉壺之會春堂。」

碧溪叢書

不著編輯名氏。清初鈔本。書衣進呈記曰：「乾隆三十八年十一月，浙江巡撫三寶送到汪汝瑮家藏《碧溪叢書》一部，計書十本。」有「翰林院」大方印。

《吴武安公功績記》宋吴玠。十四葉。《松漠紀聞》宋洪皓。四葉。

《僞豫傳》宋楊堯弼。九葉。《紹興正論》宋湘山樵夫。

「碧溪案，晁氏《讀書志》稱《紹興正論》一卷，共一百十人，今所載才三十人，似非完書。」

《皇太后回鑾事實》宋万俟卨上。十葉。《順昌戰勝破賊録》宋楊汝翼。十葉。

《金國文具録》宋洪皓。三葉。《北狩行録》宋蔡鞗。九葉。

菊徑漫談十四卷

明董溪撰。明刻本。萬曆辛卯陳省序。

徐氏手跋曰：「石公《漫談》乃熟二十一朝之史而事事翻案，立論有裨於史學者也。近修郡志，列公於『循良傳』，不談及公淹博，似未盡公之生平。且此書傳於世甚少，惜哉！崇禎丙子夏，後學徐㶿識。」

有「徐㶿」、「徐興公」、「曹溶」、「槜李曹氏藏書」印。

疑砭録二卷

不著撰人名氏。清吴枚菴手鈔本。半葉九行，行二十字。藍格。萬曆九年張登雲序。板心下刊「枚菴鈔本」四字。卷末題曰：「乾隆癸卯季秋月，傳海虞劉希聖本。」

有「古歡堂鈔書」、「枚菴流覽所及」、「韓德均錢潤文夫婦」印。

類説五十卷

宋曾慥編。明祁承㸁鈔本。半葉十行，行二十字。藍格。板心下刊「淡生堂鈔本」五字。有「項墨林鑒賞」、「天籟閣」、「健菴」、「珊瑚閣珍藏」印。

重刊增廣分門類林雜説十五卷

金王朋壽撰。元鈔大定本。目後題曰：「康熙乙丑秋，觀菴陸貽典觀于遐寄齋。」「貽典」印。崇禎己巳，周穉墨跋。庚午秋九月，虞山毛晉借觀一過。康熙甲午，林吉人跋。張蓉鏡、張本淵跋。

「丁亥重九前，假趙秋岩藏大定本校勘一過。益識。」

「崇禎五年春日，吴郡孫士鎔得于武陵書棚，子孫寶藏之。」

「康熙元年秋，趙思蘇在愛古書棚購得。仲冬日重裝，因記。」

有「王子裕」、「毛晉過眼」、「汲古閣」、「席玉照」、「蕘圃過眼」、「陳鑾曾觀」、「沈度」、

「天州趙氏」、「虞山張蓉鏡鑒藏」、「琴川張氏小琅環福地」各印。

新雕白氏六帖事類添注出經三十卷

唐白居易撰。宋衢州刻本。存卷十七至二十。半葉十二行，行二十三、四字，注雙行二十九字。白口。宋諱「玄」、「敬」、「殷」、「匡」、「頩」字，皆缺筆。

標題徐狀元補注蒙求三卷

宋徐子光補注。宋臨安刻本。半葉十行，大字不接。注雙行低格二十六字。白口。宋諱「匡」、「恒」字，皆缺筆。

有「宋本」印、「述古堂藏書記」、「馮知十」、「馮彦淵讀書記」、「韓菼」、「稽瑞樓」印。

册府元龜一千卷

宋王欽若撰。宋蜀刻本。存卷一百八十六至一百九十五。半葉十四行，行二十四、五字。白口。

又宋本同。存卷四百八十三。有朱氏手跋曰：「藏園主人六十初度，無以爲壽，因檢敝簏得此册，並元刻陳桱《續通鑑》兩卷，以將微意。主人藏弆極富，不過九牛一毛耳，曾何足以邀主人之一顧。然古籍多壽，亦借祝修齡之意，此『册府元龜』，語尤吉祥，倘以主人所樂聞乎！辛未九秋，翼盦手識。」

藝文類聚二百卷

唐歐陽詢撰。明華氏蘭雪堂活字本。存十六册。半葉七行，行二十三字。白口。板心上刊「蘭雪堂」三字，下記刊工姓名。員廣、慶魁。目後有「乙亥冬錫山蘭雪堂華堅允剛活字銅板校正印行」篆文木記。卷末「錫山」二字木記，「蘭雪堂華氏活字板印行」木記。

古賢小字録一卷

宋陳思撰。明王肯堂鈔本。半葉十行，行二十一字。藍格。板心下刊「鬱岡齋藏書」

五字。有甲子吴大有序。

回溪先生史韻四十二卷

宋錢諷編。宋江西刻本。存卷三十三。半葉十一行，行二十字，注雙行。白口。板心上記字數，下記刊工姓名。庭。宋諱「弘」、「殷」字，皆缺筆。

前漢六帖十二卷

宋陳天麟撰。宋江西刻本。存卷一。半葉十行，行二十字，注雙行。白口。板心下記刊工姓名。蕭振邦、秦昌、鄧信、蔡和、鄧俊、龔旻、祐、驚。

古今合璧事類備要前集六十九卷後集八十一卷續集五十六卷別集九十四卷外集六十六卷

宋謝維新撰。宋建刻本。存十二册。半葉七行，行十七字，注雙行二十四字。線口。

板心上刊「左」字。宋諱避至「敦」字。

有「頤園藏書」、「孫氏家藏」、「松堂」、「博爾濟吉特氏瑞誥藏書」印。

新箋決科古今源流至論前集十卷後集十卷續集十卷别集十卷

宋林駉、黄履翁撰。元延祐刻本。半葉十五行，行二十五字，注雙行。黑口。嘉熙丁酉黄履翁序。末有「延祐丁巳」四字鐘式木記，「圓沙書院」四字鼎式木記，「延祐丁巳圓沙書院刊行」十字木記。

目後王氏題曰：「嘉靖三年春，在武陵趙氏書棚得此。保之王穀祥珍藏。」「穀祥」印。「嘉慶庚午六月，楞伽山人王芑孫觀。」「芑孫」印。

有「朱文石史」、「王子裕」、「王穀祥珍藏」、「項墨林秘笈」、「子京」、「貽典」、「錢曾」、「曹溶鑒藏」、「虞山張蓉鏡」、「芙川」、「方氏若衡」、「陳徵芝」、「蔣鳳藻」各印。

漢唐事箋對策機要十二卷後集八卷

元朱禮撰。元至正刻本。半葉十一行，行二十字，注雙行。黑口。目後有「至正丙戌日新堂刊」八字木記。至正元年謝升孫序。

有「晉府書畫」、「敬德堂圖書」印。

姬侍類偶一卷

宋周守忠撰。清吴枚菴校鈔本。半葉十行，行十八字。嘉定庚寅自序。吴氏手跋曰：「右書《浙江遺書總録》作二卷，有嘉定間自序。今合爲一卷，而自序亦無之。丙申夏日，借維揚江帆本，命陶生智鈔出，余照原本校正云。七月二十三日雨窗，延陵吴翌鳳記。」

有「吴氏鈔書」、「古歡堂」印。

西京雜記六卷

梁吴均撰。清黄丕烈校明萬曆陝西布政司刻本。有「牧齋藏書」、「季振宜」、「滄葦」、「蕘圃手校」、「士禮居」、「楊紹和藏」、「宋存書室」各印。

又明野竹齋刻本。半葉十一行，行二十字。白口。卷末刊「吴郡沈與文野竹齋校勘」二行。有「莫棠」、「銅井文房」印。

莫楚生手跋曰：「此書分卷有二卷、六卷之異，其實六卷本亦宋以來流傳之舊，《書録解題》可證也。兩卷本余既有盧抱經刻，客歲嘉平又收此沈與文本于吴下，蓋從宋槧翻雕者，亦自精雅可喜。唯卷四《酒賦》：『樂只之深』下，抱經本作『不吴不狂』，注云『舊「吴」字作方圍，乃脱其下半』云云。然則舊本固有『不』字，而『不』下空一字也。是本二字皆脱去，殆重刊者妄删也。與文字辨之，明嘉靖時吴縣人，藏書極富，而黄蕘圃諸人極稱之。戊戌閏月十八日晨起重裝畢記。」

唐國史補三卷

唐李肇撰。清葉石君鈔本。半葉十二行，行二十字。首自序。目後篆書曰「董氏萬卷堂本」。卷末「蘇郡錢穀鈔本」。有「葉萬」、「石君」、「孫從添」、「慶增」印。

南部新書十卷補遺一卷

宋錢易撰。清毛斧季校鈔本。半葉十行，行二十一字。嘉祐元年錢明逸序，清隱老人、西陽山人跋。

毛氏手跋曰：「甲辰年，訪書于李中麓先生家，見有此本。彼以其皮相而忽之，予即命童子影鈔攜歸，復假舊本校正一過，依此録出，可稱善本矣。陬月人日，汲古後人省菴扆誌。」

有「毛子晉」、「古虞毛氏奏叔圖書記」、「汲古主人」、「汲古閣」、「席堯之」印。

歐陽文忠公歸田録二卷

宋歐陽修撰。明刻活字本。半葉十行，行十七字。黑口。治平四年自序。有「荃孫」、「雲輪閣」、「李書勳」、「又麈鑒藏」印。

萍州可談三卷

宋朱彧撰。清徐氏傳是樓鈔本。半葉八行，行十四字。朱無惑序。有「徐乾學」、「健菴」、「崑山徐氏藏書」、「汪士鐘」、「三十五峰園主人」、「平陽汪氏藏書」、「憲奎」、「師鄦」、「乙酉歲末檢書記」各印。

邵氏聞見録二十卷

宋邵伯温撰。清陳仲遵據宋校鈔本。半葉八行，行十八字。紹興三年自序，仲子博序。題曰：「此序宋本在卷末。宋刻本半葉十二行，行二十三字。」

「嘉靖十三年夏日，對宋本校勘一過。前本與中間一册在予家四十年始得湊完，可見奇書則不能遇也。保之保之！野竹居士記。」

陳氏手跋曰：「右《聞見録》，磬室所藏殘宋本也。五卷以後皆磬室手抄補完，寶光陸離，真奇物也。山陰友人持此見示，爰取新鈔本手校一過，留五日而還之。索值甚昂，不及售得也，惜哉！嘉慶乙亥正月二十九日，夜坐小樓聽雨書此。西畇漫士。」

「此後十五卷從磬室補鈔宋本校，復從黄蕘翁借其所藏錢聽默校元人鈔本覆勘一過，未能及磬室本之善。黄本有明嘉靖時野竹居士跋，亦補録于後。邵氏尚有《聞見後録》三十卷，惜無從得見宋刻矣。嘉慶乙亥杏月三日，時霖雨乍霽，西畇漫士識。」

有「宋本」印、「墫」字印、「仲遵手校」、「西畇草堂考藏」、「吴氏藏書」、「樂意軒」印。

清波雜志十二卷

宋周煇撰。宋慶元刻本。半葉十二行，行二十字。白口。板心上記字數，下記刊工姓名。蔡成、胡元、劉旻、胡昌、胡彦、鄧發、蔡靖、寬。紹熙壬子自序，張貴謨、張訢、陳晦、章斯才、楊寅序，慶元戊午龔頤正、徐似道跋。宋諱避至「惇」字。計一百三十三葉。

有「乾學」、「健菴」、「崑山徐氏藏書」、「汪士鐘」、「閬源」、「平江汪惠奎」、「秋浦」、「童氏藏書」、「欣賞齋書畫記」、「虞山瞿氏紹基藏書」各印。

又清鮑以文校鈔本。附《別志》三卷。半葉十行，行十九字。

「嘉靖戊申春三月望，茶夢散人姚咨識于鴻山學士之西館。」

鮑氏手跋曰：「乾隆甲申八月十二日，借丁氏龍泓館舊鈔本勘定申刻，畢此卷。」

「乾隆乙巳六月十九日，商本校此卷。乙巳六月二十日，商刻校申刻，畢此卷。熱甚。」

「癸未八月初八日，校於知不足齋。甲申八月十六日，龍泓館本重校于貞復堂。巳刻畢。」

「甲申八月十七日午刻，龍泓館本重勘。是日得盧侍講文弨書。翟晴江先生以所借宋元人集見還，復借《洪盤洲集》及《雲麓漫鈔》足本、《四朝聞見録》殘帙去。貞復堂記。」

「《別志》乾隆四十一年歲次丙申二月二十一日晨起瓶花齋本校訖。」

玉壺清話十卷

宋釋文瑩撰。明鈔本。半葉九行，行二十字。藍格。元豐戊午自序。

吴氏跋曰：「傳海内止五卷，岫訪于松江士人家，得十卷。此五卷得於蘇之書儈家，爲妄人删節，中有塗抹，乃令書史録之，遂爲此帙益。嘉靖二十六年秋中，東明山人識。」

竇氏手跋曰：「辛丑仲春，重來京師，過琉璃廠修文堂，坊友以此本見示，並云此明鈔本。自去歲收得，未敢示人，予能得之否？問其價值，則白金六金，予因買之。歸以知不足齋本對勘，此本脱落舛錯，時復不免，然往往與知不足齋本所云吴本作某合，此本出於吴鈔蓋可知也。孝劼記。」

有「翰林院」大方印、「夢曦主人藏佳書之印」。

畫墁録一卷

宋張舜民撰。清胡心耘校明鈔本。半葉十二行，行二十字。藍格。板心下刊「十洲」

二字。

有「徐堅藏本」、「鄧尉徐氏藏書」、「懷新館藏書記」、「劉履芬」、「志閒居士」印。

冀越集二卷桐宅管説一卷

元熊太古撰。清黄丕烈校吴枚菴手鈔本。半葉十行，行十八字。至正乙未自序。書衣韓氏題曰：「古歡堂鈔本，附《桐宅管説》。黄蕘圃以舊鈔本校并跋。」「讀有用書齋」印。次曰：「古歡堂鈔本，黄氏以舊鈔本校。咸豐八年得之滂喜園。」「應陛」印。

吴氏手跋曰：「右《冀越集》二卷，元熊太古撰。太古豐城人，天傭先生朋來之子。篇末所引《瑟譜》及家集，皆朋來所著也。予舊藏明伍氏刻本無後卷，乾隆壬寅六月借蔣氏賦琴樓所藏吴匏菴本録全。是年九月，又得武林鮑氏知不足齋本校讎譌脱，遂并録而識之如此。太古表字莫考，所書二十幸可作小傳讀，不啻太史公之自序云。明年二月晦日雨窗，吴翌鳳書。」

黄氏手跋遺刊曰：「余初得舊刻本《冀越集》，不分卷數，因上有不寐道人印，知爲金孝章所藏，其書必非無用者。後閲錢辛楣先生《補元史藝文志》，於雜家類載有熊太古《冀越集記》二卷，疑此非全書。後果收得吴枚菴手鈔本。又其後并多序文一通，檢枚菴跋，知無後卷者乃伍氏刻本也。緣校刻本異同於前卷上，鈔本殊勝刻本，想鈔所自出定爲元刻矣〔一〕。甲子十一月冬至前夕，新寒，昨莫得微雪，霽色映窗。蕘翁書。」

有「吴枚菴手鈔」、「枚菴流覽所及」、「古歡堂鈔書」、「黄丕烈」、「蕘圃手校」、「古晏」、「韓氏應陛載陽父子珍藏善本書籍記」印。

〔一〕想鈔所自出定爲元刻矣：原文「出」作「書」，據《蕘圃藏書題識》改。

經鉏堂雜志八卷

宋倪思撰。明姚舜咨手鈔本。半葉十行，行二十二字。藍格。板心下刊「茶夢齋鈔」四字。卷末有「臨安府棚北大街睦親坊巷口陳解元宅書籍鋪刊行」一行。書衣韓氏題曰：「此錫山茶夢齋據書棚本鈔出，審係姚舜咨手書。書末記年月一條，嘉靖甲子，姚年六十八歲矣。」

姚氏題曰：「嘉靖癸亥秋七月借來，至甲子四月望始録完上册。」「嘉靖甲子五月二十三日寫起，至八月二十四日下册。噫，艱乎其爲力哉！」

有「甲子丙寅韓德均錢潤文夫婦兩度攜書避難記」印。

穆天子傳六卷

晉郭璞注。清顧抱冲據宋校明范欽刻本。半葉九行，行十八字，注雙行。白口。板心下記字數、刊工姓名。荀勗序。

顧氏手跋曰：「壬子春，得一影宋鈔本，斷爛不全，失去一葉。其文與注則微有異同，因研朱細校其異，顧文字古奥，未敢妄定是非，行就博雅家正之。癸丑霜降後二日，抱冲校畢記。」

有「墀韶」、「錫綸」、「江陰繆氏藏」印。

茅亭客話十卷

宋黄休復撰。清黄丕烈據宋校明鈔本。書衣題曰：「讀未見書齋校藏副本。」甲子二月黄蕘翁跋五則，見《題識》。

有「錢穀」、「叔寶」、「吴翌鳳」、「枚菴」、「楊氏海源閣藏」印。

劇談録二卷

宋康駢述。清黄丕烈校汲古閣刻本。乙丑十月黄蕘翁跋,見《題識》。有「海寧陳鱣觀」、「璜川吴氏圖書」、「楊以增」、「臣紹和」、「彦合珍玩」、「東郡楊氏海源閣藏」、「宋存書室」各印。

青瑣高議前集十卷後集十卷别集七卷

元劉斧撰。明鈔本。半葉十行,行十八字。藍格。卷一以後每行二十字。别集黑格。孫副樞序。卷末題曰:「正德十二年仲冬十三日録。」

陳氏手跋曰:「案:《青瑣高議》一書《四庫全書》『存目類』内載兩淮鹽政採進本,僅有前集十卷、後集十卷。此書惠定宇家所藏,較之兩淮鹽政採進本尚多别集七卷,其爲舊鈔無疑,洵足稱爲善本矣。守吾識。」

有「惠棟」、「惠定宇手定本」、「重熹鑑賞」、「石蓮闇所藏書」印。

新刻夷堅志十集

宋洪邁撰。清繆藝風校清初鈔本。半葉九行，行二十字。每集目録改爲十卷，均有紹熙五年、慶元元年野處老人自序。甲集目後朱書曰：「臨安府洪橋南陳家經鋪」一行。有「荃孫」、「雲輪閣」印。

宋本半葉十二行二十三字，又十行十八字，又十五行二十字。

黄氏跋曰：「《夷堅志》甲、乙、丙、丁四集，宋刻本，由萃古齋售於石冢嚴久能，今又爲何夢華買出，其歸宿未知在何處。余所藏宋刻有《夷堅支甲》一至三三卷，七、八兩卷，皆小字棉紙者。《夷堅支壬》三至十，共八卷，《夷堅支癸》一至八，共八卷，皆竹紙大字者。近又得《夷堅志乙》一至三三卷，此本係舊鈔。《支甲》至《支戊》五十卷，《支庚》、《支癸》二十卷，又三志己十卷，三志辛十卷，三志壬十卷，取兩集以配全，而其□俱不全本也。每見近時坊刻稱《夷堅志》者，大都發源於是，而面目又改矣。天壤甚大，未識洪公所著《夷堅》各種，其宋刻能一一完全否？癡心妄想，其有固未可必，其無亦安敢必邪！嘉慶丁卯正月六日，復翁丕烈識。」

述異記一卷

梁任昉撰。清葉石君校明覆刻宋本。半葉十一行，行二十字。序後有「臨安府太廟前經籍鋪尹家刊行」一行。

「梁任彦升《新安太守述異記》三十九紙，乃葑門邢麗文先生手寫，爲散亂失去六紙，今補足全袠，實爲完書也。此書難得，野竹保之保之！嘉靖元年正月上元日記。」

葉氏手跋曰：「壬寅夏，借從兄林宗藏本校。其書係鈔本，而爲寒山趙氏所藏。趙靈均殁後，圖籍星散，此書爲吾兄購得。今因錢遵王廣搜小説，遂檢此本示知。還時便取以校并補失板三紙。洞庭東山清遠堂主人記。」

有「葉樹廉」、「石君」、「徐錫珩」、「少白」印。

一切經音義二十六卷

唐釋玄應撰。清莫友芝鈔北藏本。半葉十行，行十七字，注雙行。藍格。板心下刊

「影山草堂鈔本」六字。

南宋本二十五卷。半葉十二行，行十七字。

莫氏序曰：「《漢志》『小學』十家，附《孝經》者又三家，今存《爾雅》、《小爾雅》、《急就篇》。或以《方言》當十三篇之别字，尚未然也。《隋志》『小學』一百八部，《唐志》『小學』六十九家一百三部，失姓名二十三家，存者三家外，《方言》，郭璞《爾雅》、《方言注》，《釋名》、《廣雅》、《説文》、《玉篇》，才十之一耳。釋玄應在唐貞觀末，援據群籍，爲釋家《一切經音義》，以該洽稱。今按所引小學家，自見存十部外，有舍人孫炎、李巡、某氏《爾雅注》，郭璞《音義》、《圖贊》、《倉頡篇》、《倉頡訓詁》、《倉頡解詁》、《三倉解詁》、《古文官書》、《古文奇字》、《郭訓古文奇字》、《字指》、《通俗文》、《勸學篇》、《小學篇》、《埤倉》、《廣倉》、《字林》、《字略》、《字詁》、《字苑》、《字統》、《字書》、《雜字》、《難字》、《文字集略》、《纂文》、《説文音隱》、《聲類》、《韻集》、《韻略》凡三十四種，又引劉瓛《易》，鄭康成、范寧《尚書》、《韓詩》，服虔《左傳》，劉昌宗《周禮音》，孔、馬、鄭《論語注》、石經，賈逵《國語》、《世本》並宋忠注，許叔重《淮南》，孟氏《莊子》，劉向《别録》，譙周《古史考》，韋昭《漢書音義》，謝承《後漢書》，郭義恭《廣志》，薛珝《異物志》，崔定《四民月令》，熊氏《瑞應圖》、《俗典》等數十種，今并亡逸，可謂藝海艂航、學山林藪者矣。乾隆以前，淹在彼教，不過梵典視之。《四庫》『釋家』僅取内府之儲，不搜釋藏，故尚未與《弘明》、《法苑》著録《文淵》。後此諸儒益盛小學，廣求唐以前書，爲疏通證明，始偕慧苑《華嚴》大顯於世，自子田、二雲、若膺、懷祖諸家徵引後，重之殆中允《釋文》、崇賢《選注》等。太史公曰：「禮失而求諸野」，不信然歟。道光庚子秋，假觀西來寺正統北藏本。癸卯夏，主者趣歸，即命寫官過録。四月經始，六月畢功。復假禹門寺南藏本，諸弟分校一通，箋異文於旁。蓋北本出於南本，南本異者佳處十八、九，北本異者佳處十一、二。又不過可推而知之譌衍字其大謬戾者：十四卷（南十三）『相干』條云，字從一從入，徐云一者守一也，入者干之也。十九卷（南十八）『不革』條云，《廣韻》改也。熟曰韋，生曰革。玄應，初唐人，不應能見小徐《繫傳》、雍熙《廣韻》。南本『相干』條則云，一正也，到入爲千字意。『不革』條則云，字從三，十從□，□爲國邑，國三十年而法更。别取别異之意也。□音韋也。並用《説文》舊訓，且革義與本書二十三（南二十二）『變革』條正同，無知妄改，可笑如此。又南本十二卷（北十三）『一匱』條云，《論語》未成一匱。苞咸曰，匱土籠也，匱亦匣也。北本『匱』並作『蕢』，末四字作『亦作簣』。考《漢書·禮樂志》引孔子曰：『譬如爲山，未成一匱。』師古曰：『匱者，織草爲器，所以盛土也。』又《王莽傳》『成在一匱』，師古全引《論語》此章，並作『匱亦云匱者，織草爲器，所以盛土。』《後漢書·班固傳》『典引並開基於一匱』，注引

《論語》「雖覆一匱」，又引注云「匱，盛土籠也」。《文選注》引《論語》亦作「匱」。作「簣」者誤改本，《説文》無「簣」字，古止通用「匱」。「簣」，玄應引作「匱」，與《兩漢選注》並合，實《論語》最古之本「匱」，「匣」則《説文》本訓，並確然無誤，淺人見「匱」與今《論語》懸絶，遂改爲「蕢」使相近，又改「匱亦匣也」爲「亦作簣」以合。今本唐以前人引經與今異甚多，未可以臆議，雖《漢書·何武王嘉師丹傳贊》「以一簣障江河」，師古亦曰「蕢，織草爲器以盛土也」，是「蕢」本可通，然古書無引《論語》作「一蕢」者，「匱」爲長矣。南本第三卷北本析爲二，故北本二十六卷，南本二十五卷，乾嘉諸老引證記卷悉是南本，蓋知北本之不足據也。九月七日裝完書，紫泉莫友芝。」

「大清道光二十三年四月始功過録，六月畢。所據遵義縣西來寺正統北藏本。紫泉莫庭芝、生芝、祥芝同對一過。七月，以同縣禹門寺逡藏白象寺南藏本對一過。朱鈎乙箋，識者是小異處，可互擇焉。」

釋藏六種

金平水刻本。每種首説法圖。右角上刊「趙城縣廣勝寺」六字。末鈐「印藏經會首僧祖美」蓮花式長方印。

大金剛妙高山樓閣陁羅尼一卷。大宋聖教序，刊名僧相福刀。

佛說普賢菩薩陁羅尼經一卷。大宋聖教序。刊名僧性淵刀。

入楞伽經十卷。存卷一。末有「汾西縣祖代經方龐家造」木記。

大方廣佛華嚴經六十卷。存卷四十。刊名孫澧。

妙臂菩薩所問經四卷。大宋聖教序，末有智遜、惠温、施護、惷災、張美、楊繼詮、王文壽、張泊等銜名數行。卷四刊名路善福。

菩薩本生鬘論。存卷十三。末有「北王鎮續家王氏刀經三板」一行。

顯揚聖教論二十卷

唐寫本。存卷五。首佚二十餘字。每行十七字，計三百四十四行。尾有「弘福寺沙門智仁筆受」，又各寺名二十一行。「銀青光禄大夫、行太子左庶子、向陽縣開國男臣許敬宗監閲。」

「貞觀二十六年八月二十一日，普薩戒弟子蘇士方發心願漸轉寫諸經論等，奉爲至尊皇后殿下儲妃又爲師僧父母諸親眷屬四主六道等出塵勞。法界有窮，斯願無訳。」

有「德化李氏凡將閣珍藏」、「德化李氏木齋闔家供養經」印。

佛説阿彌陀經一卷附阿彌陀佛説咒

唐寫本。卷末跋曰：「昔長安僧叡法師、慧崇、僧顯、慧通，近至後周實禪師、景禪師、西河鸞法師等數百人，並生西方。綽禪師等，因鸞師得生西方，各率有緣，專修浄土之業。綽師又撰西方記驗，名《安樂集》流行。又晉朝遠法師入廬山三十年不出，乃命同志白黑百有二十三人，立誓期於西方，鑿山銘願。至陳天嘉年，廬山珍禪師於坐時見人乘船往西方，乃求附載，報云：『法師未誦《阿彌陀經》，不得去也。』因即誦此經應二萬遍，未終四七日前四，更有神人從西方送一白銀臺來，空中明過於日，告云：『法師壽終，當乘此往生阿彌陀佛國，故來相示，令知定生。』臨命終時，白、黑咸聞異香數日。其夜，峰頂寺咸見一谷中有數十炬火，大如車輪。尋驗古今，往西方者非一，多見化佛徒衆來迎，靈瑞如傳，不可繁録。因珍禪師於此經有驗，故略述此以悟來喆，助往生之志耳〔一〕。」

〔一〕近至後周實禪師……往生之志耳：「後周」原作「彼國」；「綽禪師等」原前多「西何」二字；「因鸞師

得生西方」，原文「因」後多一「見」字，脱「西方」；「至陳天嘉年」，「至」原作「志」；「因即誦此經應二萬遍」，原文「因」後脱「即」字，「經」後脱「應」字；「空中明過于日」，「空」原文作「室」，「過」原文作「遇」；「當乘此往生阿彌陀佛國」，原文「此」後有一「臺」字，「國」前脱「佛」字；「令知定生」，原文「令」爲「合」；「臨命終時」，原文脱「臨命」；「峰頂寺咸見一谷中有……」原文「寺」後有一「僧」字，「中」作「内」；「往西方者非一」，「往」原文作「生」；「助往生之志耳」，原文「往」前衍「成」字，「往」後脱「生」字，均據日本《大正大藏經·浄土五會念佛誦經觀行儀》校改。

妙法蓮華經七卷

唐寫本。存卷五。末有「咸亨三年四月十一日，門下省群書手趙文審寫」一行，又「用小蔴紙貳拾貳張」一行，「裝潢手解善集」一行，「初校書手趙文審」一行，又再校、三校、各寺主名六行。

「判官少府、監掌治署令、向義感使、大中大夫、守工部侍郎、永興縣開國公虞昶監。」

又宋刻摺本。附《音釋》。半葉五行，行十七字。首《説法圖》。右角下刊「風涇徐禧刊」五字。終南山釋道寧序。宋諱避至「慎」字。

又宋刻小字本。半葉十二行，行二十九字。白口。慶安□年跋。

又元杭州刻摺本。半葉五行，行十七字。首《宋仁宗贊説法圖》。左角下刊「杭州睦親坊内沈□□□」一行，卷末「杭州大街睦親坊内沈八郎校正重刊印行」十五字木記。

大積寶經一百二十卷

宋粤刻摺本。存六十八。半葉六行，行十七字。板心有「廣東運使曾噩刊」七字，卷末「葛同印造」四字木記。有「三亞寺」印。

撰集百緣經十卷

宋福州刻摺本。存卷四。半葉六行，行十七字。首刊曰：「福州等覺禪院住持、傳法沙門普明收印經板頭錢，恭爲今上皇帝祝延聖壽，闔郡官僚同資禄位，雕造大藏經印板計五百餘函。時崇寧元年六月日謹題。」

王氏手跋曰：「光緒十五年正月二十七日，懿榮爲再同前輩題此。得覩北宋印本經卷，歡喜讚歎，受持奉行。」

黄氏手題曰：「嶺雲渡海擁殘編，佛許百緣結十緣。唐慧琳《一切經義》第七十四卷目列此經十卷。此第四卷，凡十緣。妙果力成傳鹿苑，誤書思得勝麋躔。明智旭《閲藏知津》不録此經，未諗《大藏》中已佚否？此卷中，《度五百力士緣》第三十七中「鹿麋」，唐玄應《衆經音義》第十九卷與慧琳《音義》並作「鹿麛」，注云：「又作『麑』，同莫奚反。」《爾雅》，鹿牡麚牝，麀其子麛。按與《爾雅·釋獸》文同。《釋獸》：「麋，牡麔牝麎。其子麌。」《説文》：「麛，鹿子也。從鹿弭聲」，「麋，鹿屬，從鹿未聲。」《魯語》：「獸長麑麌」，韋昭云：「麛與麑古字通。」《廣韻》麑、麛并入十二齊，麋入六脂，是麛、麑可通叚，麋不可通叚。此本出釋子傳刻，非精校讎者，不足吹求。又《釋獸》「麋其迹躔」，《後漢·郡國志·廣陵郡》劉昭注引《博物記》，十千爲群，掘食草根，其處成泥，名曰麋畯。民人隨此畯種稻，不耕而獲其收百倍。棲霞郝先生曰，種、畯古音相通，麋畯即麋躔。其説良審。涌泉唱水知何寺，涌泉院、唱水岩皆神晏誦經處，在鼓山，詳王應山《閩都記》。前後朱記曰「鼓山大藏」。定籍書碑閩幾年。蔡京定黨籍碑在崇寧三年，造端於元年五月，立碑在九月也。卻笑當時資禄位，經前有「門郡官長同資禄位」之語。判官應亦費金錢。崇寧初，張康國方爲福建轉運判官，後爲蔡京援引。光緒十五年春正月十七日，貴築黄國謹展觀，因題。」「黄再同」、「國謹」印。

首楞嚴經十卷

宋福州刻本。附《音釋》。半葉九行，行二十字。卷末福州沙門善果刊行記。刊名王澤刊。

大佛頂首楞嚴經會解十卷

元釋惟則會解。元刻本。附《音釋》。半葉十一行，行二十一字。黑口。至正二年自序。卷末有「武林童遵道刊」一行，附施財刊行名氏數行。

六祖大法師寶壇經一卷

宋釋宗寶撰。元刻本。附《説法圖》。次題：「門人法海集。」半葉十三行，行二十四字。黑口。至正二十七年德異序。

景德傳燈録三十卷

宋釋道原撰。宋紹興台州刻本。半葉十五行，行二十八、九字，注雙行三十字。白口。板心下記刊工姓名。洪悦、洪昌、方祥、蔡忠、方祐、陳高、陳才、楊昌、施端、蔡正、丁拱、張學、蔣春、孫彦、毛昌。卷九末刊曰：「嘗聞河東大士親見高安導師傳心要，於當年著倡章，而示後頓聞聾瞽焕若丹青，予惜其所遺，綴於本録云爾。慶曆戊子歲，南宗子天真題者。」

周氏跋曰：「宋本《景德傳燈録》三十卷，此存卷五至卷九，又卷十三至卷十九，又卷二十三、四，凡十四卷。每半葉十五行，每行二十八、九字不等。丁氏八千卷樓舊藏。丁氏藏書舉歸江南圖書館，此或先散失者。戊辰正月二十三日，以重值得之北京文禄堂。此書宋本，惟常熟瞿氏鐵琴銅劍樓著録，乃每半葉十三行，每行二十一字至二十五字。余所得元至正慶元路殘本、貴池劉氏所刻元延祐湖州路本行款皆與瞿本同，是十五行本流傳甚稀。以字體審之，當是紹興時刻於台州者。祥符原刻斷不可見，不能不推此爲祖本矣。余舊蓄寶祐本《五燈會元》，今復收此書，可稱雙絶。得書之五日，適第七子生，因取此書第一字命名曰『景良』，深冀此子他日能讀父書，傳我家學。余雖不敢望兔床，此子或可爲虞臣乎！周暹。」「周暹」、「叔弢」、「自莊嚴堪」印。

勞氏手跋曰：「戊辰二月初一日，余來天津，適叔弢新得子，作湯餅之會。酒後，出此書示余于自莊嚴堪，字畫精美，墨彩奪人，洵宋刻之致佳者，因爲叔弢録跋語於卷後餘紙。他日景良長成，叔弢授以此書而詔之，當念及吾二人今日抱卷相對之樂，又仿佛自聞其呱呱之啼也。篤文勞健。」

「是日並出此書元本及寶祐本《五燈會元》同觀。」

傅氏手跋曰：「此書北宋刻本存卷五至九，卷十三至十九，卷二十三、四，凡十四卷。半葉十五行，每行二十八九字，注雙行同。白口，雙闌。板心下方記刻工姓名。每卷目録後接連正文。宋諱『玄』、『弘』、『朗』、『匡』、『貞』、『署』，皆爲字不成。刻工有洪悦、王進、施端、陳元、陳辛、蔡正、陳文、陳才、方祥、楊昌、洪昌、蔡忠、李顯、方端、方祐、王臻、張學、蔣春、毛昌、丁拱、孫彦、朱芾、陳高。諸人，收藏有『越溪草堂』、『八千卷樓藏書印』、『錢塘丁氏正修堂藏書』諸印記。」

「按此書舊藏杭州丁氏，據《善本書目》云，《傳是樓》、《藝芸精舍宋板書目》俱載此書，疑徐歸於汪即此一帙也。考此書尚有元延祐刻本，首列楊億序，更列紹興壬子鄭昂跋、紹興四年劉棐後序，此則闕卷之中，無從案核云。今觀茲帙，字畫樸厚，刻工剛勁，避諱不及南渡，其爲北宋刻本無疑。安得更有紹興以後序、跋？丁《目》所云蓋誤也。光緒之季，端忠敏公以六萬金悉買八千卷樓藏書，置之江寧圖書館，獨此書不在焉。聞丁松生之女歸胡氏者，平生禮佛，酷嗜經典，手攜此帙，朝夕循諷。築園於西湖浄慈寺前，池荷岸柳，草閣翼然，環閣植緋桃百許株。余花時頻過此園，登閣徜徉，吟煙雨，往往聞梵誦聲出精廬中，意即其人也。聞此人頃已化去，其戚屬挾此殘帙入都，留架上者經年，而後持去。私心歎喟不知流落何所，不意展轉竟歸於叔弢。把卷重温，如故友之逢，喜珍籍之得所。因志其原委，俾後來有所考焉。歲在戊辰九月九日，藏園居士傅增湘書於翠微山歸來菴中，即端忠敏故居也。」

袁氏手跋曰："「叔弢所得藏《景德傳燈録》殘本，見者多目爲北宋刻本，叔弢疑之，因以眎余，且出島田翰所著《古文舊書考》所録宋紹興明州本《文選》刻工姓名爲證，蓋工人姓字多與此書同，於以知叔弢之鑒賞爲精碻，而佞宋者安得以紹興工人爲北宋耶？戊辰秋九月，項城袁克文。」「袁克文」印。

又元延祐湖州路刻本。半葉十三行，行二十一字至二十六字，注雙行三十八字。綫口。板心上記字數，下記刊工姓名。任、仲、胡、蘇、可。首《紀年表》、楊億序。卷二十二至卷二十四宋臨安刻本。半葉十一行，行二十字至二十六字，注雙行三十字。白口。板心下記刊工姓名。李碩、胡言、王榮、廣。宋諱「匡」、「殷」、「樹」，皆缺筆。有「貴池劉世珩」、「海虞翁之善」印。

嘉泰普燈録三十卷

宋釋正受編。宋嘉定刻本。附《音釋》。存卷一至三，卷二十八至三十。半葉十行，行二十字。白口。板心下記刊工姓名。阮祐、李倚、李信、李倞、李億、張樞、阮林、方至、吴志、劉昭、宋瑜。目録板心刊名：「錢塘李師正刊。」首《進書表》，嘉定戊辰黄汝霖序，嘉泰四年陸游跋。卷末刊「此板現在浄慈寺長生庫印行」十二字白文木記。宋諱避至「廓」字。有「善慧軒」、「普門院」、「守仙」印。

太上靈寶感應篇詳解八卷

宋李昌齡注。宋嘉熙刻本。半葉九行，行十九字。白口。紹定六年胡瑩微《上書表》，鄭清之、陳奂序，端平乙未龔幼采、葉應輔、真德秀、真大圭序，嘉熙戊戌鄭大惠、陳天昌、易隱大、初子應辰跋。

有「毘陵周氏」、「九松迂叟」、「周良金」、「古潭州袁氏卧雪廬」、「慧海樓」印。

翻譯名義集七卷

宋釋法雲編。宋吴郡刻本。半葉五行，行十一二字，注雙行二十字。白口。板心助刊姓氏：「沈亨、史珉共刊，各保身心安泰」，「沈宗舉刊」，「比丘法源募緣刊」。每葉助刊名氏繁多，不録。宋諱「敬」、「驚」、「竟」、「姞」、「弘」、「桓」字，皆缺筆。紹興丁丑周葵序。

注心賦四卷

宋釋延壽述。宋紹興刻本。附《音釋》。存卷四。半葉八行，行十五字，注雙行二十一字。白口。卷末刊：「今將古本逐一校證，並無差誤，重開印行」，「紹興三十年歲次庚辰仲夏圖日開畢」，「錢塘鮑洵書，李度雕」三行。宋諱「玄」、「境」字，缺筆。

又元刻本。半葉九行，行十六字，注雙行二十一字。黑口。板心上記字數。錢惟治序。

有「覺慧」、「觀如道人」、「又玄齋考藏」、「安樂堂藏書記」、「明善堂珍藏書畫記」、「東郡楊紹和字彦合藏書」、「東郡宋存書室珍藏」各印。

端必瓦成就同生要一卷八葉。

因得囉菩提手印道要一卷。十四葉，附《婆伽十四字圖》一葉。

大手印無字要一卷。十一葉。

清錢遵王鈔本。半葉十行，行十八字。黑格。每卷末葉左欄外刊「錢遵王述古堂藏書」八字。

有「錢曾」、「述古堂圖書記」、「明善堂覽書畫」、「安樂堂藏書記」、「臣澂字曰子清」、「曾經滄海」各印。

四分律行事鈔資持記□卷

宋明州刻本。存卷上一上。半葉七行，行二十二字。卷末刊曰：「明州法雲律院住持嗣法比丘如昇謹施長財一百二十貫，足開此一卷，庶永流通，固皇室之封疆，新毗尼之壽命」三行。有「澂懷堂珍藏記」印。

陶氏隸書題曰：「宋刻大藏經殘本一卷，有人得於東瀛，攜還都門。董誦芬以常本校，多不同。耽禪悦者當寶持之。鉢民觀并識。」

雲峰悦禪師語録一卷

宋釋齊曉編。宋刻本。附《悦禪師初住翠巖語録》、《次住法輪語録》。半葉十二行，行二十字。白口。板心上記字數，下記刊工姓名。徐。楊傑序，黄庭堅跋。有「季振宜」、「韓氏藏書」印。

鎮州臨濟慧照禪師語録一卷

宋釋惠然集。宋刻本。半葉十一行，行二十字。白口。板心上記字數，下記刊工姓名。章、震、徐文閣。卷末刊曰「住大名府興化嗣法小師存獎校勘」一行。

有「欽差處置邊務」關防大印、「季振宜」、「滄葦」、「御史之章」、「韓氏藏書」印。

密菴語録一卷

宋臨安刻本。附《臨安府景德靈隱禪寺語録》凡七種。半葉十行，行二十字。白口。卷末刊曰：「參學約齋居士助錢一百貫開板」一行。計八十八葉。有「季振宜藏書」、「徐健庵」、「玉峰」、「碧岩」、「好學爲福之齋」印。

紹興重雕大藏音三卷

宋釋處觀集。宋刻本。半葉八行，行十七字。白口。有「寒雲藏經」、「雙蓮華菴」印。

雪竇和尚拈古一卷瀑泉集一卷

雪竇顯和尚明覺大師頌古集一卷。參學仙都沙門簡能校勘。

慶元府雪竇明覺大師祖英集二卷。「洪舉刊」三字。宋諱「廓」字，缺筆。

宋釋重顯撰。宋刻本。次題：「弟子遠塵允誠思恭圓應集。」半葉十一行，行二十字。白口。曇玉、文政、圓應序。有「克文」、「寒雲鑑賞」印。

新雕大唐三藏法師取經記一卷

宋刻本。半葉十行，行十八字。白口。

慶元府阿育王山廣利禪師語録一卷

宋刻本。次題：「侍者德惟似涇如臯編。」半葉十一行，行十字。白口。

舒州梵天琪和尚注永嘉證道歌一卷

宋刻本。半葉六行，行十字，注雙行二十字。黑口。附添入《潙山大圖禪師警策》。十一行，行十七字。元豐□□倪序。

大慧普覺禪師普説一卷

宋釋宗杲撰。宋刻本。半葉十一行，行二十字。白口。宋諱「匡」、「樹」字，缺筆。

大慧普覺禪師年譜一卷

宋釋祖詠編。宋寶祐刻本。半葉十行，行二十字。白口。淳熙癸卯張掄序，比丘宗演跋。卷末刊曰：「寶祐癸丑天台比丘德濬募緣重刊於經山明月堂」二行。又明嘉興刻本。半葉十一行。板心下記字數。卷末刊曰：「嘉興包樫芳施銀拾兩刻年譜一卷」二行。

永明智覺禪師方大寶録一卷

宋刻本。附《壽禪師寶録》。次題：「靈芝蘭若元照重編。」半葉九行，行十七字。白口。芝園元照序。宋諱「弘」字，缺筆。

雪堂行和尚拾遺録一卷

宋臨安刻本。半葉十行，行十八字。白口。有「靈虛寶藏」、「士禮居藏」、「湯氏醇父」印。

邙山偈一卷

金平水刻本。次題：「智德述。」半葉十行，行十六字。白口。首《觀音偈讚序》。

廬山蓮宗寶鑑十卷

元釋普度撰。元至正刻本。半葉十行，行十六字。延祐甲寅希陵序，皇慶壬子優曇序，大德八年圖應、白蓮宗主智通、荆岑序，至大改元張仲壽序，至正癸未若川永盛跋。

析疑論一卷

元至元刻本。次題「京兆講經論傳大乘賜紫潤國大師子成撰」。半葉十一行，行二十字，注雙行。黑口。至元己卯足菴屈蟠序，至元六年了一跋。「了弌」二字圓形木記，「空菴」二字鼎式木記，「萬」字木記。卷末條記曰「永樂二年七月二十五日，蘇叔寶買到」一行。

湖州雙髻禪語録一卷杭州西天目山師子禪院語録一卷

示禪人語一卷

元杭州刻本。次題「參學門人編」。半葉十行，行二十字。黑口。性存居士家之序。「性存書院」四字木記。元貞二年浄日序，至元丁亥可湘跋。「正續一源」四字木記。有「姚氏舜咨圖書」、「松陵史明古藏書記」、「毛晉」、「子晉」、「劉履芬」各印。

迴光和尚唱道一卷

元至元刻本。半葉十行，行十八字。黑口。至元二十八年覺鑑序。

老子二卷

宋蘇轍注。明錢磬室手鈔本。半葉十六行，行二十字。

吴氏手跋曰：「光緒戊戌、己亥間，昌綬居吴中，書估老友楊君馥堂攜錢叔寶手鈔四册見示，册各百餘葉，多採節故事或前人詩文斷句，惟欒城《老子注》爲完書，當日以有刻本，不甚置意，四册之值，祗索三十金耳。忽二十餘年，於沅叔先生案頭見此，如遇故人。沅公校讎精敏，用寶顔本略勘，已增改八百餘字，名鈔之可貴，固有勝於舊槧者，異日蜀賢叢書足可多一善本書。此以旌昌綬不學之過。戊午六月，仁和吴昌綬記。」

「謝淞洲字滄湄，號林村，長洲布衣。雍正初，特旨召入，命鑒别内府所藏真贋。因進所畫山水，世宗嘉之。留一載，以疾罷歸，見《畫徵録》。諸書卷中首尾兩印，羅君未能辨識也。昌綬再誌。」

羅氏手跋曰：「蘇子由注《老子》二卷，錢磬室手録本。有『叔寶』、『文嘉』、『文彦可』、『謝林村氏珍藏書畫』、『淞州私印』諸記。案，磬室生平遇奇書必手鈔，嘗客文待詔門下，故此册爲文氏所藏。曩見吾鄉范氏天一閣藏書，亦有寫本子由注《老子》，蓋焦弱侯未刻以前，此書傳本固甚少也。此本與焦刻未知有無異同，惜篋中無兩蘇《經解》，不得取而校讎，其所據本必甚古，更惜畢氏作《老子考異》時未見此本也。丁巳閏二月十九日，上虞羅振常觀于蟫隱廬并誌。」

「焦刻題名作《老子解》，此本無『解』字，案書中署名作『某注本』，不云『解』，然子由自跋中亦有『老子新解』之語，《直齋書録解題》同，則書名當作《老子新解》。其曰『新』者，蓋子由本已作《老子解義》，未愜而更定之，故東坡以『新解』目之。葉石林亦有《老子解題》，石林後于欒城，其非加『新』字以別于葉《解》可知。天一閣本、《四庫目》則均作《道德經解》。振常又記。」

「病中無聊，用寶顔堂本對勘一過，計增八百餘字。名鈔已足貴，况異同如是之多乎！真秘籍也。浴佛日燕超記。」

有「叔寶」、「文嘉」、「文彦可」、「淞洲」、「謝林村氏珍藏」、「劉世珩經眼」印。

道德真經指歸六卷

漢嚴遵撰。清黄丕烈據《道藏》校胡震亨刻本。每卷增葉，并補十三全卷。道光癸未張訒菴跋，嘉慶甲戌黄丕烈跋四則，見《題識》。

《道藏》本卷七至十三。

黄氏跋遺刊曰：「用錢東澗手跋本覆校，凡朱筆字皆據錢本。復翁記。」「嘉慶甲戌秋重陽校訖，凡朱筆覆勘者，皆絳雲手跋本也。復翁。」「道光癸未重陽後五日，以天慶觀借《道藏》本覆是定本。蕘夫。」有「蕘圃藏書」、「訒菴寓自」、「張紹仁」、「楊東樵讀過」、「東郡楊氏海源閣」印。

南華真經十卷

晉郭象注。宋蜀刻大字本。半葉九行，行十五字，注雙行三十字。白口。板心刊「莊幾」，下記刊工姓名。程小六、陳小八、張四、張八、小茲、母成、李上、李珍、趙順、小八、小四、鄧、趙、程、彦、亮、上、

三、謝。注後《音義》與陸氏《釋文》不同，極簡略。首郭序。卷末刊：「安仁趙諫議宅刊行一樣□子」二行。宋諱避至「慎」字。計三百十九葉。補鈔卷三第三葉，卷九第十四至十七葉。有「半哭半笑樓」印。

分章標題南華真經十卷

宋建刻本。半葉十三行，行二十三字。白口。有「毛晉」、「粤人吴榮光」印。

莊子鬳齋口義十卷

宋林希逸撰。宋建刻本。半葉十行，行二十一字，注行大字低格。黑口。板心上記字數。首自序，景定改元林經德序，林同、徐霖跋。宋諱「桓」、「貞」、「徵」字，皆缺筆。

又宋建刻本。半葉九行，行十八字，注雙行。線口。宋「桓」、「貞」、「慎」字，皆缺筆。有「俊儀」、「王明誠」、「真賞齋圖書」印。

又明正德刻活字本。補鈔卷一、二。半葉十行，行十八字。卷末刊書識語曰：「老、列、莊三氏之書，質諸關洛大儒，謂爲異學。然程子嘗曰，莊生形容道體之語，儘有好處。又曰，老氏『谷神不死』一章最佳。君子不以人廢言，言有可取，固不得輕廢而概訾之也。周謨向於朱子曰，平時慮爲異教所汩，未嘗讀老、莊等書，今欲讀之如何？曰，自有主則讀之何害？要在識其所以異於聖人者何如爾。顧其書爲捭闔恢詭，良不易讀。《莊子》世行郭象《注》，論者以爲乃莊子注郭象耳。閩林希逸著《三子口義》，頗平實顯白，近已罕得。祭酒臨潁賈公藏善本，偶諸生胡旻有活字印，因命摹之以代鈔寫。夫三氏之言，有須解者，有不必解者，有可以意了而不可以言解者，亦有不可解者，讀者要自得之。賈公謂予盍題數語以示摹印之意，遂書所見於簡末云。時正德戊寅夏四月既望，南京國子司業弋陽汪偉跋。」

列子鬳齋口義二卷

宋林希逸撰。宋建刻本。半葉九行，行十八字，注雙行。線口。板心上記字數，下記刊工姓名。劉祐、和倪、上官、堅公、景仁、余明詹、子和、施方輝、吳文、王生。劉向進書序，末附林氏自記，景定壬戌王庚序。宋諱「貞」、「桓」、「慎」字，皆缺筆。

有「項元汴」、「墨林山人」、「子京」、「檇李項氏」、「子長沙門如正覺菴」印。

文子纘義十二卷

宋杜道堅撰。清盧抱經據《道藏》校武英殿聚珍本。卷一、三、五、八、十，卷十二《音釋》、附録共增四十二葉，首本傳、自序，至大庚戌黄石翁序，補鈔孫星衍序。有「秦恩復印」、「秦伯敦父」印。

盧氏手跋曰：「乾隆四十八年九月三日，此本從都門寄至，適所借《道藏》本在案頭，取以讎校。此所闕《纘義》，託友鈔之，以成全書，豈不快哉！東里盧文弨召弓父。」

「九月五日校。新舉人太原牛德音、定襄唐世原、襄陵盧焌、萬泉吴逢聖、屯留曹勳祖、臨縣郭綬光、鳳臺林荔、高平林時蕃、陽城張埰八明府，出闈皆來晤。余將歸里，故急校此。弓父。」

「文子姓辛名銒，一名計然，葵丘濮上人也。師事老子。」

三十代天師虚靖真君集一卷

清黄丕烈校舊鈔本。附句曲外史雜詩一卷。黄蕘翁跋，見《題識》。

黄氏手跋遺刊曰：「《道藏目録詳注》席字號，計八卷，《三十代天師虚靖真君語録》卷上尾二十一葉。《道藏》本席一爲一册，二十葉。席二爲一册，計三十一葉。嘉慶庚辰十一月二十日，借天慶觀《道藏》本校。丕烈。」

有「汪文柏」、「休寧汪季青藏」、「古香樓」、「蕘圃手校」、「彦合讀書」、「海源閣」印。

雲笈七籤一百二十二卷

宋張君房輯。金平水刻本。存卷二十九。半葉十五行，行十七字。右欄外刊書名、葉數。

又明鈔本。黑格。半葉十行，行二十四字。有「會稽鈕氏世學樓圖籍」印。

棲霞長春子丘神仙磻溪集三卷

金邱處機撰。金平水刻本。半葉九行，行十七字。白口。大定丙午胡光謙序。

沈氏手跋曰：「錢氏《補元藝文志》、《道藏》七千四百餘卷，披雲子刻於平陽府。余嘗考披雲姓宋，爲長春弟子，而其刻在金、元之間，實《明藏》祖本。沅叔云，偶刻《道藏》而得此金本《磻溪集》，爲《道藏》未收之本，應時而出，若俾增入《藏》中，仙緣爲不淺也。長春曾栖真關隴，故披雲後駐關中，承磻溪之緒。集中又有《進呈世宗皇帝詩》，則在金時已名動九重，可與史疇『金、宋之季皆嘗遣使來召』語相證。錢《志》有《磻溪集》六卷。庚申二月，寐叟借讀識。」「沈」字印。

有「毛子晉」、「汲古主人」、「乾學」、「健菴」、「東武劉喜海燕庭所藏」印。

書目題跋叢書

文祿堂訪書記

下冊

王文進 著
柳向春 整理
吴格 審定

中華書局

文禄堂訪書記卷第四

楚辭集注八卷後語六卷辨證二卷

宋朱熹撰。宋嘉定同安郡齋刻大字本。存《辨證》。半葉八行，行十七字。白口。板心刊「卞正」，上記字數，下記刊工姓名。門人長樂楊輯跋。有「范從楫清譽堂藏書記」印。

又元天曆刻本。半葉十一行，行二十字，注雙行二十四字。黑口。後語目末「天曆庚午孟夏陳忠甫宅新刊」十二字雙邊木記。

離騷草木疏四卷

宋吳仁傑撰。清方甘白手鈔本。半葉十行，行二十一字。黑格，黑口。板心下刊「知不足齋正本」六字。慶元庚申方燦跋，附校勘銜名三行。

方氏手跋曰：「乾隆丙申九月，借吴郡朱氏宋刊對録，再假錢塘汪氏鈔本覆勘。宋刊多誤，鈔本多所是正，可喜也。甘白手録。」

「乾隆庚子十月覆校。蓮夢居主人。」

「方君甘白，博雅士也，工畫善寫書。茲録知不足齋本見贈，余報以白金二兩。東洲。」

蔡中郎文集十卷外傳一卷

漢蔡邕撰。明華氏蘭雪堂刻活字本。半葉七行，行十三字。白口。板心刊「伯喈」。天聖癸亥歐陽静序。末「正德乙亥春三月，錫山蘭雪堂華堅允剛活字銅板印行」二行。計一百三十三葉。

有「鄭杰注韓居珍藏記」印。

新刊蔡中郎伯喈文集十卷詩集二卷獨斷二卷

明鄭氏覆刻蘭雪堂本。歐陽静序末：「嘉靖甲申孟冬月，宗文堂鄭氏新刊」十四字木記。目後刊曰：「此書原係正德乙亥春三月錫山華氏堅允剛活字銅板印行，今鄭氏得之繡梓重刊」二行。《獨斷》有淳熙庚子吕宗孟跋，弘治癸亥劉遜序。

曹子建文集十卷

魏曹植撰。宋江西刻大字本。半葉八行，行十五字。白口。板心上記字數，下記刊工姓名。于宗、李安、陳朝侈、徐中、劉世寧、王彦明、葉材、劉之先、王明。有「周良金」、「毘陵周氏」、「九松迂叟藏書記」、「華亭朱氏」、「朱文石史」、「我法齋」、「虞山瞿紹基藏書」各印。

又明華氏刻活字本。半葉九行，行十七字。線口。卷首行下題曰「嘉靖庚戌年外父王篁溪惠藏」一行。有「葉伯寅藏書」印。

陶靖節先生文集十卷

晉陶潛撰。宋江西刻大字本。存卷六。半葉九行，行十五字。白口。

陶靖節先生詩四卷

宋湯漢注，刻本。半葉七行，行十五字，注雙行。白口。板心下記刊工姓名。張生、鄧生、吴清、蔡刁、蔡慶、江梓。乾隆辛酉周春、顧自修，嘉慶己巳黄丕烈，同治癸亥楊紹和等跋，見《楹書隅録》。有「董宜陽」、「項萬拨」、「周春」、「松靄」、「黄丕烈」、「士禮居」、「汪士鐘」、「閬源真賞」、「東郡楊紹和字彦合」、「宋存書室」各印。

箋注陶淵明集十卷

元建刻本。半葉九行，行十五六字，注雙行。黑口。首補注、《總論》。補鈔卷三、四。

卷九末李氏題曰：「天啓甲子秋，竹懶獲觀。」「日華」印。

道光辛卯蔣因培觀。宣統三年蜀南傅增湘觀。古吴越陸紹曾觀。

邵氏手跋曰：「此書《總論》中載及苕溪、後村之説，蓋成於南宋之末，與宣和間所刻十行本不同。《贈長沙公族祖詩》以『長沙公于予爲族』斷句，而于『同出大司馬』下注：『漢高帝時陶舍與太原閆氏』説暗合。其字句較今本多有異同，如《歸去來辭》：『胡爲遑遑何』，多『乎』、『兮』二字，似音節更勝。至《桃花源記》：『欣然規往』，乃作『親往』，與他處親自偏旁不同，當由俗子妄改，然即此可考見其鈔變之迹，則正求古者所宜究心焉。道光壬辰歲二月既望，從芙川張君處借觀，因識數語。隅山邵淵耀。」

孫氏手跋曰：「此書爲南宋原刻本，固可珍重。上有『王履吉』、『雅宜山人』印，李竹懶日華觀款，是在明時已鄭重矣，豈勿寶諸！嘉慶丁丑秋九，以青孫原湘識。」

宋氏手跋曰：「同治紀元之歲，暮春之初，讀於容席易安之室。江左爲圖書淵藪，數年以來，兵燹之餘，半爲煨燼。若宋刻書史，更不知毁殘幾許。是册竟爲芙川伯岳大人於劫灰中攜來江北，若有呵護者。伯岳愛古成癖，寧非誠可格天乎！始知非常之物也，依非常之人，雖歷劫而不磨。吾爲是書幸，且爲伯岳幸也！姪婿宋濂濟識。」

方氏手跋曰：「道光辛卯，皖桐女士方若蘅叔芷氏借讀，以汲古閣毛氏舊鈔本校對，同出宋刻影寫。訛字二十五，正之并識。」「丙子三月八日，在吴門吴越坊得此宋刻宋印，可珍也。倚桐山人識。」「乙巳孟夏，鶴峰逸叟王白俞讀。宋刻佳本，宜善藏之。」「嘉慶己未，虞山歸樂安女士、席氏佩蘭道華氏讀。」有「王履吉」、「雅宜山人」、「陸宏」、「歸安陸樹聲」、「王白」、「俞叔桐」、「洪亮吉」、「稚存」、「虞山張氏月霄」、「張金吾藏」、「張玉書過眼」、「虞山張蓉鏡鑒定宋刻善本」、「張伯元字芙川」、「皖桐女士」、「方若蘅」、「宋濟濂」各印。

鮑氏集十卷

宋鮑照撰。明毛子晉影鈔宋本。半葉十行，行十六字。烏絲欄。板心下記刊工姓名。華再興、曲新、屈旻、劉廣、劉中。宋本原缺四葉，毛氏據別本補鈔，邊欄作細線以別之。有「宋本」印、「甲」字印、「毛晉」、「毛斧季」、「汪士鐘藏」印。

謝宣城詩集五卷

齊謝朓撰。宋嘉定刻本。存目録，卷一、二。半葉十行，行十八字。白口。板心上記字數，下記刊工姓名。潘暉、侯琦、潘德璋。宋諱避至「廓」字。有「陳彦良」印。

又明毛子晉影鈔宋本，同。紹興丁亥婁炤序，嘉定庚辰洪伋跋。有「宋本」印、「甲」字印、「毛子晉」、「東吴毛氏圖書」、「汲古主人」、「汲古閣」印。

又清蔣香巖鈔本。半葉九行，行二十字。有「韓德均錢潤文夫婦印」。

蔣氏手跋曰：「康熙庚寅二月，借義門師處校正《宣城詩集》手録一册。香巖小隱蔣杲。」

韓氏手跋曰：「咸豐八年二月二十日，湖州書友持來汲古閣影宋鈔本，索價二十四千，還之。檢此書下方所稱『鈔本』及『舊鈔本』皆如汲古本，此書『鈔』與『舊鈔』之異稱又不知何説。汲古本末有跋，匆匆未録也。應陛。」

梁昭明太子集五卷

梁蕭統撰。清張紹仁校明遼國寶訓堂刻本。半葉八行，行十六字。白口。淳熙八年袁説友跋，嘉靖乙卯周滿序。

張氏手跋曰：「道光二年壬午新春，獲見汲古毛氏舊藏，周滿元刻，據以校勘此本，改譌補脱，是正良多。紹仁。」

「少微吾兄秉成家學，富於收藏，隨時隨地留心搜討。今夏到滬，屏除俗務，於無意中得此善本，雖屬晚明翻刻，而士禮居、海源閣所收，又有張學安以周滿初刻精校，可寶也。喜而爲之記。乙亥仲夏，雲霈氏謹識。」

有「紹仁」、「訒盦」、「士禮居藏」、「東郡楊紹和彦合」、「宋存書室」各印。

支遁集二卷

東晉釋支遁撰。明馮巳蒼鈔本。半葉九行，行十八字。黑格。左欄外刊「馮氏家藏」

四字。

有「宋本」印、「馮氏藏本」、「馮彦淵讀書記」、「范承謨」、「徐元夢」、「陳浩」、「葉志詵」、「東郡楊紹和字彦合」、「聊城楊氏」、「宋存書室珍藏」印。

貞白先生陶隱居文集一卷

梁陶弘景撰。明馮巳蒼鈔本。半葉九行，行十八字。左欄外刊「馮氏家藏」四字。附録末周氏手書：「庚申春日，周天球借校于玄泊齋。」

文氏跋曰：「嘉靖甲辰，假得崑山周氏所藏紹興刻本，手録一帙，藏于蕭閒齋。是歲九月朔燈下，文嘉休承識。」

馮氏手跋曰：「崇禎乙卯清明後一日，湖賈邵姓者持來黄五嶽所刻本，頗有勝此處，恨目疾不能細校。計多《喜雨詞》一篇及邵陵王蕭綸所撰碑銘、昭明太子文、司馬子微碑陰、梁元帝碑文、沈休文書，俟另日增入。是編原本爲鹿城張氏所藏，休承真迹。是役同遘者有宋刊《長吉歌詩編》、徐度《却掃》二書。海虞馮彦淵燈下識於荔園。」

有「宋本」印、「馮氏藏本」、「謙牧堂藏書記」、「楊紹和」、「宋存書室」印。

東皋子集三卷

唐王績撰。清孫星衍鈔本。半葉九行，行十六字。附贊十三首，從《永樂大典》録。有「臣星衍」印。

孫氏手録余簫客跋曰：「《集》爲北宋槧本，吴松岩影鈔。予以注先君《蘇黄滄海集》，託再從弟仁山轉借得之。從遊吾子再請影寫，以四月有半而畢。然虞尚有脱誤，當求元本及别本正之。良不易得，如何！乙未初秋，簫客。伯淵録。」

又清初鈔本。附録補遺各一卷。半葉九行，行二十字。有「南昌彭氏」、「知聖道齋」、「古平董氏珍藏」印。

董氏手跋曰：「《東皋子》三卷，後有余氏簫客跋，稱北宋本録出。《讀書敏求記》云：『今世罕傳。清常道人從金陵焦太史本録出。』即此三卷也。《書録解題》云作五卷，陸淳有後序，今不獲見。此册彭文勤公家藏，并載陸序，洵可寶貴。余自廠肆購歸，聞薛淮生侍御同年有藏孫淵如先生校本，因假校一過。時咸豐辛酉十一月十一日，研樵識。」

李太白文集三十卷

唐李白撰。宋蜀刻小字本。半葉十一行，行二十字。白口。板心下記刊工姓名。大七旦、知王吕、吴一、四二。卷十五至二十四配清繆曰芑覆本。

有「休寧朱之赤珍藏」、「朱卧菴考藏」、「卧翁」、「卧菴道士」、「卧菴老人」、「逸情雲上」、「水鏡堂居士」、「高閒上人」、「二如齋」、「留耕堂」各印。

分類補注李太白詩二十五卷

宋楊齊賢注，元蕭士贇補注。元勤有堂刻本。半葉十二行，行二十字，注雙行二十六字。小黑口。李陽冰序。目後「建安余氏勤有書堂」八字篆書木記。卷末「至大庚戌余志安刻于勤有書堂」一行。

有「海虞毛晉」、「子晉圖書記」、「曾檇讀書記」、「吴城敦復」、「千里」各印。

又元勤有堂本。至元辛卯蕭士贇序。末「冰崖後人」四字木記，「粹齋」二字葫蘆式木記,「天樂吟院」四字亞形木記。目後「建安余氏勤有堂刊」八字木記。目末葉板心刊「至大辛亥三月印」七字。

有「會稽王季愷珍藏」印。

杜工部草堂詩箋四十卷外集一卷

唐杜甫撰,宋魯訔編。蔡夢弼箋刻本。缺卷十九。半葉十一行,行十九字、二十字,注雙行二十五六、七字。綫口。板心上偶記字數,左欄外刊卷數、葉數。卷二十七末「雲衢余成元德校正」一行。宋諱避至「廓」字。

李氏手跋曰:「《杜工部草堂詩箋》傳本極尠,嘉道以來,藏宋槧稱富者無過黄蕘圃、張月霄諸君,皆未之見,罕可知矣。近今黎蒪齋星使搜自東瀛,刻入《古逸叢書》中,然其跋自稱爲拙匠改易行款,遂失其真。則欲觀真面目仍非此莫屬。惜缺第十九卷,暇當以黎本景寫補之。乙酉長至後二日重裝,因記。盛鐸。」

有「周良金」、「毘陵周氏」、「九松迂叟藏書記」、「華亭朱氏珍藏」、「季振宜字詵兮號滄葦」、「玉蘭堂」、「卧雪廬袁氏藏書」各印。

集千家注分類杜工部詩二十五卷文集二卷

宋徐居仁編，黄鶴補注。元勤有堂刻本。半葉十二行，行二十字，注雙行二十六字。小黑口。附注詩姓氏、年譜、傳、序、碑銘。門類末「皇慶壬子」四字鐘式木記，「勤有堂」三字鼎式木記。序末「建安余氏勤有堂刊」八字篆書木記。目末葉板心刊：「皇慶癸丑五月印」七字。《文集》每行二十三字。卷末「皇慶壬子余志安刊於勤有堂記」一行。

又元廣勤堂刻本。行款同前。首繪子美像，楊蟠題。姓氏後「廣勤書堂新刊」六字木記。卷末「壬寅年孟春廣勤堂新刊」一行。《文集》序後「廣勤書堂新刊」六字木記。

又元積慶堂刻本。行款同前。門類後「至正戊子」四字鐘式木記、「積慶堂」三字鼎式木記。目後「至正戊子潘屏山刊于圭山書院」一行。

又明覆元勤有堂本。首傳、序，款識同前，無木記。有「肅親王寶」、「楊繼振」、「又雲秘笈」、「奕先」、「毛氏珍藏」、「雲齋所藏古槧本」印。

楊氏手跋曰：「予席先世之澤，有田可耕，有書可讀。自少及長，嗜之彌篤，積歲所得，蓋以青箱舊蓄，插架充棟，無慮數十萬卷。暇日静念，差足自豪。顧書難聚而易散，即偶聚所好，越一二傳，其不散佚殆盡者亦鮮矣。昔趙文敏有云：『聚書藏書，良非易事。善觀書者，澄神端慮，静几焚香，勿卷腦，勿折角，勿以爪侵字，勿以唾揭幅，勿以作枕，勿以夾刺。』予謂吴興數語，愛惜臻至，可云篤矣。而未能推而計之於其中，請更衍曰：『勿以鬻錢，勿以借人，勿以貽不肖子孫。』星鳳堂主人楊繼振識。」

集千家注批點杜工部詩集二十卷文集二卷附録一卷

宋劉辰翁批點。元會文堂刻本。半葉十四行，行二十六字，注雙行。黑口。目後「雲衢會文堂戊申孟冬刊」十字木記。大德癸卯劉將孫序。

孟浩然詩集三卷

唐孟浩然撰。宋蜀刻本。半葉十二行，行二十一字。白口。天寶九載韋滔、王士源序。嘉慶辛酉黄丕烈跋一則，見《題識》。

有「翰林國史院官書」長方印、「黄丕烈」、「復翁」、「百宋一廛」、「士禮居」、「汪士鐘」、「閬源」、「文登于氏小謨觴館」、「楊紹和審定」、「東郡楊氏」、「宋存書室」各印。

岑嘉州集四卷

唐岑參撰。宋陳氏書棚刻本。半葉十行，行十八字。白口。板心上記字數，下記刊工姓名。子文。

有「袁褧」、「尚之」、「十墨人」、「商丘陳群」、「崇本」、「東郡楊紹和字彦合珍藏」印。

常建詩集二卷

唐常建撰。宋陳氏書棚刻本。半葉十行，行十八字。白口。

有「廬山陽陳徵伯恭崇本珍賞」、「東郡楊紹和」、「宋存書室」印。

皇甫冉詩集二卷

唐皇甫茂政撰。宋陳氏書棚刻本。半葉十行，行十八字。白口。

有「顧千里經眼記」、「安雅堂」、「協卿讀過」、「宋存書室」印。

又明正德劉潤之編刻本。皇甫冉詩八卷，皇甫曾詩二卷。半葉十行，行十六字。黑口。

杜審言詩不分卷

唐杜必簡撰。宋陳氏書棚刻。半葉十行，行十八字。白口。心下記刊工姓名。范仙村。

有「吴郡顧元慶珍藏記」、「大有」、「顧千里經眼記」、「楊氏協卿」、「宋存書室」印。

顔魯公文集十五卷補遺一卷

唐顔真卿撰。明安國刻活字本。首本傳、行狀、年譜、碑銘。半葉十三行，行十六字。白口。板心上刊「錫山安氏館」五字，下記刊工姓名。李太、永寧、張吴、張嵩、陸細。劉敞序，留元剛後序。

隨州集十卷外集一卷

唐劉長卿撰。明弘治刻本。有「百宋書藏」印。

袁氏手跋曰：「《劉隨州文集》十一卷，明弘治庚申李士修刊本。每半葉十行，行十八字。宋諱多缺避，當是遵宋棚本覆刻。黄蕘翁藏宋建本標曰《劉文房集》，予藏明活字本無末卷，又明鈔本標末卷文爲《外集》。己未二月，寒雲。」

又明刻本。弘治庚申近湖外史跋。末宗氏子孝木記，正德十二年湯皦、陳清序。

韋蘇州集十卷附録一卷

唐韋應物撰。宋紹興刻大字本。存卷六、七。半葉十行，行十八字。白口。板心下記刊工姓名。賈据、馬良、徐英、牛智、乙琦。宋諱避至「構」字。

須溪先生校點本韋蘇州集十卷附録一卷

宋劉辰翁批點。元建刻本。半葉十行,行十六字。線口。板心上記字數。劉辰翁跋。有「季振宜」、「雪莊」、「張氏鑒藏」印。

毘陵集二十卷補遺一卷附録一卷

唐獨孤及撰。清趙坦校鈔本。半葉十一行,行二十一字。黑格,線口。板心下刊「小雲谷鈔書」五字。李舟、梁肅、趙懷玉序。

趙氏手跋曰:「嘉慶丁卯二月二十三日,以武進趙氏刻本勘校畢。凡硃筆校者悉本趙氏,其刻本所無之字,則注云『此無』。補遺一卷、附録一卷,亦備録,附於後。仁和趙坦記。」

有「歙西長塘鮑氏知不足齋」、「嚴蔚」、「二酉堂」、「月潭朱氏」印。

陸宣公文集十卷奏議十二卷

唐陸贄撰。宋蜀刻本。存《文集》卷一至六、《奏議》卷一至十。半葉十二行，行二十一字。白口。有「翰林國史院官書」長方印、「潁川劉考功藏書」印。

經進陸宣公奏議二十卷

宋郎曄注刻本。存卷十至二十。半葉十二行，行二十一字。線口。每卷次題「迪功郎新紹興府嵊縣主簿臣郎曄上進」一行。宋諱改避，「恒」作「常」、「弘」作「洪」、「慎」作「謹」、「敦」作「崇」等字。

注陸宣公奏議十五卷

元劉君佐翠巖精舍刻本。半葉十二行，行二十三字。黑口。序後刊書識語曰：「中興《奏議》，本堂舊刻，盛行于世。近因回禄之變，所幸元收謝叠山先生《經進批點》正本猶存。於是重新繡梓，切見棘闈天開，策以經史時務正書也。陳古今之得失，酌時務之切宜，故願與天下共之。幼學壯行之士，倘熟乎此，則他日敷奏大廷，禹皐陳謨，不外是矣。至正甲午仲夏，翠巖精舍謹誌。」

有「古鹽馬氏笏齋珍藏」、「陳氏景宣樓珍藏書畫」印。

新刊權載之文集五十卷

唐權德與撰。宋蜀刻本。存卷一至八。半葉十二行，行二十一字。白口。有「翰林國史院官書」長方印、「潁川劉考功藏書」印。

音注韓文公文集四十卷外集十二卷

唐韓愈撰，宋祝充注。婺州刻本。半葉十二行，行二十三字，注雙行。白口。板心上記大小字數，下記刊工姓名。劉張、劉羊、劉合、周張、楊陳、劉辛、陳辛、黄森、方堅、蔣清、方至、蔡、劉、方、王、宗、寶、周、宏、吴、蔣、黄、合、伸。趙德、李漢序。宋諱避至「敦」字。

有「知止堂」、「瞻綠堂」、「知足不傳，知止不殆」、「陳道復」、「李長英」、「盧倧」、「静虚樓」、「陳治」、「吴郡潘伯寅父藏書」各印。

昌黎先生集四十卷外集十卷

宋廖瑩中注刻本。半葉九行，行十七字，注雙行。線口。板心下刊「世綵堂」三字，上記大小字數，下記刊工姓名。介原、翁壽昌、王堯刊、錢珙、李琰、子震、孫沅刊、何光刊、李仁、李文、同甫仁、元清、从善、奕之、丁馮元。卷末「世綵廖氏刻梓家塾」八字亞形木記。

有「項氏萬卷堂圖籍」印。

朱文公校昌黎先生集四十卷外集十卷

宋朱熹注刻大字本。存《外集》卷六至十。半葉七行，行十五字，注雙行。板心上記字數，下記刊工姓名。張通禄、胡祥中、良祥、翁仁、翁真、翁時、鄧挺、鄧受。宋諱避至「慎」字。又元刻《朱文公校本附遺》。文詩。半葉十三行，行二十三字，注雙行。黑口。朱熹序、寶慶三年王伯大序。末「至元辛巳日新書堂重刊」白文一行。

有「錢樾」、「永瑆」、「詒晉齋」、「長白完顏氏」、「半畝園珍藏」印。

韓集舉正十卷外集舉正一卷

宋方崧卿撰。宋淳熙刻大字本。半葉十一行，行二十字，注雙行。線口。板心上記字數，下記刊工姓名。書衣進呈記曰：「乾隆三十八年□月，翰林院編修朱筠交出藏《韓集舉正》一部，計書十本。」

有「朱文石史」、「橫經閣考藏」、「翰林院」大方印、「顧本卿」、「顧仲子」、「草堂」、「青浦王昶」、「琴德一字蘭泉」、「大興朱氏竹君藏書」、「茉華吟舫」各印。

河東先生集四十五卷外集二卷

唐柳宗元撰。宋廖瑩中注刻本。半葉九行，行十七字，注雙行。線口。板心下刊「世綵堂」三字，上記字數，下記刊工姓名。元清、从善、同甫仁、介方、李奎、之奕、李文、范方。卷末「世綵廖氏刻梓家塾」八字亞形記。

朱氏手跋曰：「廖氏世綵堂家塾經史，周公謹極言異精。今觀漫堂中丞所藏《柳河東集》，信然。康熙壬午三月，秀水朱彝尊跋尾。盤山智朴同觀，公子致筠、孫韋金看書。」

羅氏手跋曰：「壬戌年，上虞羅振玉觀于申江。記年月以志眼福，距觀世綵《韓文》二十餘年矣。」

有「項篤壽」、「項氏萬卷堂圖籍」、「項墨林鑑賞」、「天籟閣」、「商丘宋犖」、「緯蕭草堂藏書記」、「沈鴻祚」、「載猷」各印。

重校添注音辨唐柳先生文集四十五卷外集二卷

宋鄭定輯注。嘉興刻大字本。半葉九行，行十七字，注雙行。白口。板心記字數，下記刊工姓名。王禧、王遇、王顯、王仔、徐禧、高春、高寅、高文、朱春、朱梓、毛端、繆恭、石昌、馬良、馬文、吴鉉、丁松、金流、董證、鄭錫、劉昭、張侍周、龐知德、龐初、柔、曹冠宗、曹冠英、丁日新。劉禹錫序。宋諱避至「慎」字。補鈔目録及卷中八十餘葉。

有「秀水朱氏潛采堂」、「東郡楊紹和字彦合」、「楊保彝」、「東郡宋存書室」印。

劉賓客文集三十卷外集十卷

唐劉禹錫撰。明鈔本。半葉十行，行二十字。黑格。板心下刊「卧雲山房」四字，下記刊工姓名。張明、張暉、張定、師順、金燕、金敦、王恭、章宇、濮宣、何彦、宋、永、茂、吴、李、羊、端、春、徐。

張文昌文集四卷

唐張籍撰。宋蜀刻本。半葉十二行，行二十一字。白口。計五十五葉。有「翰林國史院官書」長方印、「劉體仁」、「潁川劉考功藏書」印。

皇甫持正文集六卷

唐皇甫湜撰。宋蜀刻本。半葉十二行，行二十一字。白口。有「翰林國史院官書」長方印、「劉體仁」、「潁川劉考功藏書」印。

又明皇甫録刻本。半葉十行，行二十字。板心上線口，下刊「世業堂」三字。附《浯溪詩》、本傳、《上宰相薦書》。正德十五年王鏊序、皇甫録及子冲涍序。有「梁溪顧氏藏書」、「柯溪藏書」、「心齋居士」印。

又舊鈔本。藍格。王鏊、皇甫録序。書衣徐氏題曰:「孫佩南大令得此本於趵突泉上,余適過濟,佩南即以見貽。時庚寅四月,士言。」

徐氏手跋曰:「右鈔本《皇甫持正文集》,附持正爲元次山作《梧溪詩》,又《唐書》本傳、韋處原《上宰相薦湜書》。前有王鏊序,後有皇甫録序及録二子冲、涍識語。初鏊得《皇甫持正》、《孫可之》二集於秘閣,自刻孫集,以是集授録。正德庚辰,録命冲、涍校而刻之。《持正文集》宋槧久已絶響,今世通行刻本以汲古閣爲最古。此本行數、字數與鏊刻《孫集》同,殆出景鈔。録刻世亦罕觀,秘閣之書目獨賴此得其仿佛。庚寅四月,孫佩南得此書於趵突泉上,余適過歷下,因以見貽。良友佳貺,書以識之。惜行篋無汲古本,不獲一校異同也。上章攝提臯月朔旦,臨清徐坊書于濟南西郭旅舍。」

李文公集十八卷

唐李翺撰。清錢遵王鈔本。半葉十三行,行二十字。黑格,黑口。板心下刊「述古堂」三字。景祐三年歐陽修序,景泰乙亥邢讓序。有「季振宜藏書」、「曾在雲間沈氏歗園」、「復廬」、「結一廬藏書」印。又明成化刻本。半葉十行,行二十字。線口。成化乙未何宜序。又明嘉靖刻本。半葉十行,行十九字。黑口。嘉靖二年黄景夔序。

李元賓文集五卷

唐李觀撰。明鈔本。半葉九行,行十八字。藍格。板心下刊「平菴」二字。天順元年陸希聲序。有「檇李曹氏」、「曹溶」、「潔躬」、「白堤錢聽默經眼」印。

歐陽行周文集十卷

唐歐陽詹撰。清龔藹人校明鈔本。半葉十行,行十八字。藍格。首《唐書·文藝傳》。李貽孫序。龔氏手跋曰:「咸豐庚申三月十八日巳刻,再校一遍。藹人識。」

又明正德刻本。半葉十行，行二十二字。白口。有「會稽鈕氏世學樓」印。

孟東野詩集十卷

唐孟郊撰。宋蜀刻本。半葉十一行，行十六字。白口。板心下記刊工姓名。周升、周俊、余山、余松、余彦、江陵、江發、江淳、江翌、余盛、吴光、吴洪、曾柏、曾角、李凉、李仁、官信、虞拱、先、俊、拱、江、羔、余。卷末季氏手書「泰興季振宜滄葦氏珍藏」十字。嘉慶十五年黄丕烈跋二則，見《題識》。有「錢敬先」、「徐健菴」、「乾學」、「季滄葦圖書」、「安岐」、「安麓村藏」、「黄丕烈」、「復翁」、「百宋一廛」、「讀未見齋」、「汪士鐘」、「閬源真賞」、「楊紹和」、「宋存書室」各印。

又清周香巖據宋校明弘治刻本。半葉十行，行十八字。黑口。宋敏求序、弘治己未强晟序。道光四年黄蕘圃跋二則，見《題識》。

周氏手跋曰：「黄復翁於乾隆甲寅秋得小字宋刊《孟東野集》十卷於蔣賓嵎處，雖宋時已經修板，然在諸刻中爲最善，細校一過。又有舊鈔黑格棉紙，首題『孟東野詩集』，結銜『山南西道節度參謀試大理評事平昌孟郊』，亦十卷，無總目。末題：『臨安府棚前北睦親坊南陳宅經籍鋪印』。又復翁於嘉慶庚午購得殘宋刊《孟東野文集》十卷本，目録尚全，後五卷缺，出梁溪故家。卷中有『翰林國史院官書』朱記，亦俱借參校，終不如小字本之最精善也。嘉慶壬申三月三日，香巖居士周錫瓚記。」

「宋本每葉二十二行，每行十六字，宋時亦修板。」

「舊鈔照陳解元書棚本。每葉二十行，行十九字。末卷有『臨安府棚前北睦親坊南陳宅經籍鋪印』十六字。」

「又一宋本，黄題『蜀本』。每葉二十四行，行二十一字。有『元』印記、『國史翰林院官書』七字方印。今有與宋本異字，標明『元藏本』云。」

有「黄丕烈」、「蕘翁籍讀」、「宋廛古甀」、「周仲榮藏」、「金匱蔡氏」、「醉經軒考藏」、「廷相」、「伯卿」、「鬻及借人爲不孝」各印。

長江集十卷

唐賈島撰。清錢求赤校汲古閣刻本。

錢氏手跋曰：「右目録亦炤古本删定。古本目録自有體裁，毛氏必欲增改，何也？噫！木訥野人。」

「乙酉九月二十一日，從東鄉移亡弟遺書，得賈浪仙《詩集》善本，因取校閲，勝于毛刻良多。至二十四日而畢，中間兩遭瘧患故也。毛氏此刻稍稱近古，而謬以己意，妄改頗爲不少，其間一字一句，幾于不通，其誤讀書家何可勝道！余故一一是正之。木訥逸人。」有「錢孫保」、「錢求赤讀書記」、「庚申劫火之餘」、「汪士鐘」、「憲奎」、「秋浦」、「平陽汪氏藏書」、「楊灝」、「繼梁」、「有竹居」、「潘叔坡」、「潘氏桐西書屋」各印。

李長吉文集四卷

唐李賀撰。宋蜀刻本。半葉十二行，行二十一字。白口。計五十一葉。有「翰林國史院官書」長方印、「潁川劉考功藏書」印。

李長吉歌詩四卷外集一卷

宋劉須溪評點。清何義門校明崇禎刻本。何氏手跋曰：「庚寅借得毛斧季南宋本校過者，復正數字，已爲善本，後人勿棄擲之。

焯記。」

「異同處俱照《英華》、《文粹》改定。康熙丙戌得見碣石趙衍刻本，又稍加是正。趙本止四卷，不載集外詩。」

「康熙庚午冬，寓京師。欲讀長吉集無之，因從肆中買得此惡本，屢經目，便不忍棄去，後人念余見書之難，願勵志向學也。後二十年焯記。」

金氏孝章手跋曰：「《小傳》、陸龜蒙《書小傳後》。此書刻板無年月，殆崇禎間刻。何義門初用《英華》、《文粹》二書及碣石趙氏本勘正，加以評語。後又以宋本、金本詳校。朱書蠅頭，行楷精妙絶倫，名人手迹，固當與宋本同重，嗜古君子，宜珍視之。」

有「纔佳館」、「華白竹色緑窗人静」、「俊明」、「孝章」印。

李長吉集四卷外集一卷

明黄陶菴評點。清黎二樵校金惟駿刻本。板心下刊「漁書樓」三字。

許氏手跋曰：「黎二樵評點《李長吉集》，光緒中葉蘭臺衍蘭曾寫録刊行，謂『二樵詩學胎息於斯，故其評語最爲精當。此黄陶菴評本，二樵加墨其上，吕石飄得之，後歸陳蘭甫師，余從孝直世兄處假歸録出，石颿附識亦並録之，爰付剞劂』云云，此即其原本也。有二樵印八，曰『黎簡之印』、曰『二樵印』、曰『狂簡餘事』、曰『簡民審定』、曰『東樵西樵東粤西粤』、曰『石鼎』、曰『彝鼎圖書慰寂寥』、曰『藥姻閣鑒藏章』。有蘭甫印，曰『陳』、曰『東塾讀書樓』、曰『陳蘭甫所讀書』。評點用三色筆，朱筆僅有序末評『鬼才耶』三字，筆迹與藍筆微異，葉刊本未采，或亦爲非二樵評也。其藍筆有爲墨筆句勒者，是墨筆爲最後所加，葉刊本於句勒者皆不載，足見其過録之審。惟《神仙曲》『春羅』句評云『以下三折筆，只定邀王母』一事漏録。葉本有二十一條爲此本所無。二樵自言幼好長吉，向有朱、藍、墨三通《手記》一本，燬于火。葉氏云『王琢崖評本亦有足互證處，改二十一條，王本得之《手記》。』葉氏又採自王本也。石颿名未詳，亦粤人。蘭甫名澧，學者稱東塾先生，門下著籍者甚衆。熙八公省長新得此帙，命校，謹識於右。己巳八月，杭許寶蘅。」

「葉本所採補二十一條，其總評有云：『從來琢句之妙，無有過於長吉者。』又云：『細讀長吉詩，下筆自無躍俗之習。』又云：『昌谷于章法無大理會，亦有井然者，須細心尋繹始知。』又云：『每首工於發端，百練千磨，開門即見。至其骨力勁險，則温、李兩家俱當歛手。』餘十七條，各於本詩以朱書補之。」

「二樵，己酉拔貢。張維屏稱其詩由山谷入杜而取鍊于大謝，取動于昌黎，取幽於長吉，取艷於玉溪，取瘦於東野，取僻于閬仙。書追晉人，中年兼學北海，晚寫蘇、黄二家之體。閒居多畫，一種蕭踈淡遠，仿倪高士淋灕蒼潤，由梅花道人問津於北苑。劉彬華稱其足迹不踰嶺表，海内名士想望風采，恨不得一見。所著有《五百四峰堂詩鈔》、《藥煙閣詩文鈔》、《芙蓉亭樂府》、《注莊韻學》。」

「石驅名堅，字介卿，番禺貢生。工詩文，幽艷陸離，不肯作一常語。與黎簡、張錦芳、黄丹書稱嶺南四大家，有《遲删集》。九日，蘅再識。」「寶衡益壽」、「央廬」印。

沈下賢文集十二卷

唐沈亞之撰。清鮑以文鈔本。半葉十行，行二十字。黑格。板心下刊「知不足齋正本」六字。有「斫人詞客」、「紅豆山房藏」印。

鮑氏手跋曰：「唐沈亞之《下賢集》十二卷，昔人謂其工爲情語，善窈窕之思。觀集中《秦夢記》、《異夢録》、《湘中怨詞》、《歌者葉記》等，信矣！然頗類傳奇小説，姚鉉概不之録，無亦以其誕謾不經也。至以滄寇李同捷之誅，朝廷與柏耆牽連同貶，實以兩河諸將之譖，姑謫罰以悦其心耳。而晁公武遽以爲亞之狂躁，輔耆爲惡，愚矣哉！吾讀下賢《與鄭使君書》而悲之。」

又清吴枚菴校鈔本。半葉十行，行十八字。卷一末云：「依毛本增《村居詩》一首。」有「海豐吴重憙」印。

吴氏手跋曰：「余得此本於青芝張氏，閲八年矣。壬寅早春，復借毛裒藏本對校一過。毛氏本誤錯更多，不敢輕信也。存三數字，以硃別之。三月二十八日，吴翌鳳書於松卧居。」

「二年，復從《文苑英華》對讀一過。重陽後三日，枚菴記。」

追昔遊詩三卷

唐李紳撰。明馮巳蒼鈔本。半葉九行，行十八字。黑格。左欄外刊「馮氏家藏」四字。

馮氏手跋曰：「太歲丁亥臘月望夜，取汲古閣本，與此本同。」

「明故烈士彦淵馮公遺書，長子武藏。」

有「馮彦淵讀書記」、「馮長武」、「謙牧堂藏書記」、「漢陽葉名琛」、「楊彦合」印。

李衛公文集二十卷别集十卷外集四卷

唐李德裕撰。明鈔宋本。半葉十行，行十八字。黑格，黑口。板心下記刊工姓名。趙禮、杜彦明、劉大賓、黄通、蔡授、梁文、周之貴、王彦、劉鏡、張石、李棣、余光祖、王珪、楊永年、苗慶、黄公宥、劉銑、劉貴、胡遵、王清、郭俊民、周云。鄭亞序文。犬字未改。外集次題：《窮愁集》。

陸氏手跋曰：「季貺太守藏明鈔《李衛公集》二部，一本題曰《李文饒集》，此本題曰《李衛公集》。太守以一本貽余，因借此本對勘，二本互有缺少，遂囑乳羔徐各爲校補，俾成完書。陸心源。」

有「鄭斯天石齋藏書」、「青陽齋」、「飛雲閣」、「語古」、「謙齋」、「孝弟祭尊」、「茂苑香生」、「蔣鳳藻」、「秦漢十印齋秘篋圖書」、「陸心源」、「存齋讀過」各印。

元微之文集六十卷

唐元稹撰。宋蜀刻本。存卷一至六，卷五十一至六十。半葉十二行，行二十一字。白口。有「翰林國史院官書」長方印、「潁川劉考功藏」印。

元氏長慶集六十卷存首五册

明華氏蘭雪堂刻活字本。半葉七行，每行雙行十三字。白口。板心上刊「蘭雪堂」三字，下記刊工姓名。卷末有「錫山」二字圓形木記「蘭雪堂華堅活字板印行」篆書木記二行。宣和甲寅建安劉麟序。

華氏刊書識語曰：「樂天、微之以詩並稱，元和、長慶間互相標榜倡和爲頡頏，而論者亦曰『元白』。向既購白集鈔本，校印已行，每訪元集，則殘章斷句，皆蠹口餘物耳，深慨造物之有忌也。偶見冢宰陸公家藏宋刻板者，欣然假歸，得翻印如白氏集，是真龍劍鳳之終合，二公文章之晦明與時運盛衰爲上下也。觀二集者誠快覩云。」

白氏文集七十一卷

唐白居易撰。宋紹興小字刻本。半葉十三行，行二十一字至廿五字。白口。板心下記刊工姓名。張通、賈琚、李亨、牛實、李懋、王僅、李恂、沈端、嚴志、金昇、吕旼、李彦、蔡通、毛易、顧忠、王先文。

卷中補鈔六十六葉，計八百八十六葉。

有「趙宋本」印、「徐健菴」、「乾學」、「季振宜」、「玉蘭堂」、「汪士鐘」、「虞山瞿紹基」印。

白氏長慶集七十一卷

明華氏蘭雪堂刻活字本。半葉八行，每行雙行十六字。白口。板心上刊「蘭雪堂」三字。附陶穀《龍門白樂天影堂記》。長慶四年元稹序。末「正德癸酉歲，錫山蘭雪堂華堅活字銅板印行」一行。「錫山」二字圓形木記，「蘭雪堂華堅活字銅板印」篆書木記二行。

計一千零七十九葉。

金荃集七卷別集一卷

唐温庭筠撰。清毛文光校汲古閣刻本。有「張紹仁」、「學安」、「執經堂」印。

毛氏手跋曰：「宋本温庭筠詩集，照馮定遠先生閲本燈下對畢。前庚子春二十有一日，覲菴先生與先季父省菴同校訂於汲古閣下。今康熙庚子仲秋，予從倹思弟處假歸，再勘一過。先季父校于六十年之前，余校六十年之後，年庚相符，春秋略異，真奇事也。文光識于道東軒雙桂花下。」

許用晦文集二卷總録一卷拾遺一卷

唐許渾撰。宋蜀刻本。半葉十二行，行二十一字。白口。計八十七葉。有「翰林國史院官書」長方印、「劉體仁」、「潁川劉考功藏書」印。

增廣音注唐郢州刺史丁卯詩集二卷

元祝德子注。元大德刻本。半葉十行，行二十字，注雙行低格十八字。綫口。甲子八月黄蕘翁跋，見《題識》。

傅氏手跋曰：「木齋夫子以此本見示，取席刻校勘一過，頗有異字。第席刻所稱宋本缺各首，此本皆有之。字下所注宋本作某者，亦不盡同，蓋席所據乃書棚本，此則祝氏單刻本，世不多見，致可寶也。甲寅上巳校畢因記，傅增湘。」

有「士禮居」、「丕烈」、「蕘夫」、「蕘言」、「汪士鐘」、「閬源真賞」印。

又元建刻本。次題「信安後學祝德子訂正」，同前。半葉十行，行十九字，注雙行。小黑口。附續集一卷，半葉十二行，行二十字。

有「汪文琛」、「汪士鐘」、「平陽汪氏藏書」、「竹虛齋」、「楊東樵讀過」、「東郡楊紹和字彥合」、「宋存書室」、「楊氏海源閣」印。

丁卯集二卷續集一卷

清毛奏叔據宋校汲古閣刻本。卷一補詩四首，補鈔續集。目後「臨安府洪橋子南陳宅經籍鋪印」朱書一行。

毛氏手跋曰：「癸卯余月佛浴日，季弟假錢氏宋本勘校一過，其中訛謬止二十有三字，但字畫或依古體，或依今體，如『煙』與『煙』字，『卤』與『西』字，『𨺚』與『歸』字，『𣹢』與『濕』字，『扗』與『在』字，『朙』與『明』字，『牕』與『窗』字，『𤸘』與『應』字，『佀』與『似』字，『雁』與『鴈』字，『𦲷』與『夜』字，『艸』與『草』字，『亍』與『行』字等，殊與宋本天壤。

今一點一畫俱爲改正，非予敢妄爲改竄，亦聊存漢代衣冠之意，恐識者見而笑予之愚也，故拈出識之。汲古後人毛表。」

「余月望前三日閱竟，下卷目録失刻。《冬日開元寺贈元孚上人二十韻》，題訛謬止三字，惜宋失落二十二首，未爲全璧爾。正菴又識。」

「宋刻止此二卷，馮竇伯所藏鈔本有續集一卷，未知是佳本否？命童子録附於後。」

有「臣表」、「奏叔」、「庚申劫後之餘」、「潘叔坡」、「硯庭鑑賞」、「潘氏桐西書屋」印。

孫可之文集十卷

唐孫樵撰。宋蜀刻本。半葉十二行，行二十一字，注雙行。白口。中和四年自序。計四十六葉。

有「翰林國史院官書」長方印、「劉體仁」、「潁川劉考功藏書」印。

又宋蜀本同。嘉慶元年黄丕烈、顧千里跋，見《題識》。有「宋本」印、「顧千里經眼記」、「汪士鐘」、「楊以增字益之又字至堂晚號冬樵」、「宋存書室」印。

唐求詩集一卷

唐唐求撰。宋陳氏書棚刻本。半葉十行，行十八字。白口。卷末季氏手書「泰興季振宜滄葦氏珍藏」十字。顧南雅題簽。嘉慶癸亥黄丕烈跋二則，見《題識》。有「鹿頂山危太樸紫微館」、「季振宜字詵兮號滄葦」、「廣圻審定」、「丕烈」、「蕘夫」、「士禮居」、「有竹居」、「汪士鐘」、「閬源」、「平江汪憲奎」、「秋浦」各印。

麟角集一卷附録一卷補遺一卷

唐王棨撰。清丁松齋校鈔本。半葉八行，行十六字。黑格，黑口。丁氏手跋曰：「戊子冬杪，從鮑丈以文處借得此册，翻閱數過，爲勘定四十二字，疑未定者二十三字，補遺三字，並標簡端，以質諸鮑子，且代還書之一瓻云。松齋丁佺識。」有「丁佺」、「鮑氏知不足齋所貽」、「張燕昌」印。

張承吉文集十卷

唐張祜撰。宋蜀刻本。半葉十二行，行二十一字。白口。有「翰林國史院官書」長方印、「劉體仁」、「潁川劉考功藏書」印。

蘇廷碩文集二十卷附録二卷隴上記一卷

唐蘇頲撰。清初鈔本。半葉十行，行二十一字。韓休序。

鳳氏手跋曰：「《蘇頲集》。《昭德讀書志》作三十卷。《天一閣目》僅存五卷。此本二十卷，又有附録，不知何據。」《四庫》未見，明已失傳。「宣統元年清和，有賈來售，遂以三十金得之。其鈔尚係一手，亦間有硃校之處，暇時細讀，當知其優劣也。己酉端節前三日燈下，禹門識。」

重刊校正笠澤叢書四卷補遺一卷續補遺一卷

唐陸龜蒙撰。清吴枚菴校馮定遠鈔本。半葉十行，行十八字。黑格，黑口。左欄外刊「馮氏藏本」四字。

吴氏手跋曰：「《笠澤叢書》顧氏刻本，俗書破體，往往而是，余久欲另寫一册，未暇也。此本係周君徽軒所貽，猶是虞山馮定遠家寫本，即顧氏所從出也。雖胥鈔頗劣，愛是舊物，爰裝置古歡書庫中，並識於後。時乾隆甲辰十一月二十七日，吴翌鳳城東寓塾書。」

有「馮氏藏本」、「吴翌鳳家藏文苑」印。

笠澤叢書八卷

明鈔本。半葉九行，行二十字。書衣韓氏題曰：「《笠澤叢書》八卷，明鈔本。朱筆校字疑係明人。咸豐八年六月一日得之滂喜園。」

韓氏手跋曰：「蘇州書友持來戈順卿用宋蜀本校時本，略檢，此多同者。戊午十月，應陛。」

「《讀書敏求記》云：『《叢書》爲陸魯望卧病松陵時雜著。元符庚辰樊開序而鏤諸板，政和改元毗陵朱兖又爲後序刻行。止分上、下二卷，補遺一卷，今人所鈔。元時刻本已釐爲甲、乙、丙、丁四卷。銓次棼亂[一]，兼少《憶白菊問吟》二絶句，非經讎勘無復知此本之善矣。』按此册連補遺分八卷，更止甲、乙、丙、丁四卷矣！然此四卷本詮次多不同，而有《憶白菊問吟》二詩，比錢本詮次不同未知何如耳？咸豐九年六月十四日記，應陛。」

有「讀有用書齋應陛手記」印。

〔一〕銓次棼亂：原作「夢亂」，據《海山仙館叢書》本（卷四·集）改。

新雕注胡曾詠史詩三卷

唐胡曾撰。宋建刻本。次題：「陳蓋注，朱崇吉評注。」半葉十一行，行二十二字，注雙行二十七字。白口。首自序。有黄丕烈跋。

鄭守愚文集三卷

唐鄭谷撰。宋蜀刻本。次題：「雲臺編。」半葉十二行，行十九字至二十一字。白口。乾寧甲寅自序。計五十六葉。

有「翰林國史院官書」長方印、「劉體仁」印。

雲臺編三卷

清葉石君校。明嚴嵩刻本。半葉十行，行二十字。白口。

有「葉萬」、「石君」、「樹蓮」、「樸學齋」、「曹炎」、「彬侯」、「汪閬源」、「潘叔坡」、「桐西書屋」印。

司空表聖文集十卷

唐司空圖撰。宋蜀刻本。次題：「一鳴集。」半葉十二行，行二十一字。白口。計八十四葉。

有「翰林國史院官書」長方印、「劉體仁」、「潁川劉考功藏書」印。

甲乙集十卷

唐羅隱撰。宋陳氏書棚刻本。半葉十行，行十八字。白口。板心上記字數。目後「臨安府陳氏書籍鋪刊行」一行。卷末季氏手書「泰興季振宜滄葦氏」八字。嘉慶辛酉黄丕烈跋二則，見《題識》。計一百十葉。

有「徐乾學」、「健菴」、「季振宜字詵兮號滄葦」、「虞山錢遵王」、「安麓村」、「蕘圃過眼」、「士禮居」、「有竹居」、「汪士鐘」、「閬源真賞」、「虞山瞿紹基藏書」各印。

李中碧雲集三卷

唐李中撰。清錢求赤校鈔本。半葉九行，行十八字。孟賓于序，末題曰：「崇禎甲申七夕後五日閱竟，幽吉堂主人識。」

「順治乙酉，錢求赤氏閱本。」

有「錢景」、「錢氏幽吉堂考藏」、「張麐」、「蓉鏡」、「芙川」、「小琅環福地」印。

晝上人集十卷

唐釋皎然撰。明錢磬室手鈔本。半葉十一行，行二十字。黑格，黑口。貞元八年王禕牒文，于頔序。

有「錢穀手鈔」、「子子孫孫永保」、「中享」、「夢裏不知身是客」、「陳寶晉」、「守吾」印。

徐公文集三十卷

宋徐鉉撰。清盧抱經校鈔本。

盧氏手跋曰：「《徐公文集》三十卷。南唐舊臣，後入於宋〔一〕，東海徐鉉鼎臣之詩若文也。前二十卷在南唐所作，後十卷入宋後所作〔二〕。詩致清婉，在崑體未興之前，故無豐縟之習。其文儷體爲多，亦雅淡有餘，爲組織之學者見之或不盡意，然沖瀜演迤，自能成家，不可得而廢也。李文正稱其爲文敏速，不樂豫作，臨事立揮草云。速則意思壯敏，緩則體勢殊慢。今觀集中之文，則其言也信。亦唯其如是，故亦無瀠洄渟蓄之趣，崩雲列石之勢，此殆由人之才力各有所偏勝，雖使自知之而固無能相易者乎？余從鮑氏借得此集，乃明虞山馮巳蒼舒手校本。余又爲正其所未盡者，録成復請江陰趙敬夫曦明復審，又得十數條，其本脱者，尚無從補正之，然此已可信其爲善本矣。乾隆三十九年，歲在甲午，十一月望日，東里盧文弨識。」

「此卷寫成，又得一完書矣。余校後又託友人趙君曒江覆審，往往有余所遺漏者，讎書之難若此。今日開四庫館，有被議者，亦豈盡疏慢之咎哉！時歲在甲午十一月十二日，盧文弨記。」

〔一〕後入于宋：原脱「後」字，據乾隆六十年刊《抱經堂文集》卷十三改。

〔二〕後十卷入宋後所作：原「十卷」後有一「於」字，據乾隆六十年刊《抱經堂文集》卷十三改。

河東集十五卷

宋柳開撰，門人張景編。清王蓮涇校清初鈔宋本。半葉十三行，行二十四字。咸平三年張景序。有「王聞遠」、「蓮涇」印。

王氏手跋曰：「《河東先生集》，覓之數年不獲，客冬得於城隍廟前之書肆。其書行款及避諱字悉照宋本鈔録，但脱漏舛誤頗多。今秋於何庶常屺瞻所見其校本，因假歸，訂三日繳原書，乃作輟因循，遂遲至二十餘日始校畢歸書，甚矣，爽信于友之多咎也！康熙五十年歲辛卯十月朔，王聞遠識。」

咸平集三十卷

宋田錫撰。明祁承㸁鈔本。半葉十行，行二十字。藍格。板心下刊「淡生堂鈔本」五字。蘇軾序。有「錢犀菴藏」、「江夏徐氏藏」印。

彭氏手跋曰：「開帙十二奏疏，伉直危切，自魏鄭公、陸宣公外千古所罕見也〔一〕。其詞多對舉，文體亦相近。范文正公《墓誌》謂奏凡五十二上，文集五十卷。然則集外所遺者多矣。壬子清明前一日校竟書，芸楣。」

「《北宋諸臣奏議》中有《上太宗論旱災》、《論邊事》兩篇，此集不載，鈔附於末。丁巳嘉平再記。」

〔一〕自魏鄭公、陸宣公外千古所罕見也：「魏鄭公」原脱「鄭」字，據《知聖道齋讀書跋尾》家刻本補。

忠愍公詩三卷

宋寇準撰。明謝在杭鈔本。半葉十行，行二十字。黑格。板心下刊「小草齋鈔本」五字。首贈謚誥、孫抃奉勅撰碑文。宣和五年王汝翁序、范雍序，隆興改元辛敦後序。有「晉安謝氏家藏圖書」、「周雪客家藏書」印。

王黄州小畜集三十卷

宋王禹偁撰。清宋漫堂鈔本。半葉十行，行二十二字。藍格。板心下刊「漫堂鈔本」

四字。紹興丁卯沈虞卿序。有「鳴野山房藏」印。

武溪集二十卷

宋余靖撰。清王漁洋批明嘉靖刻本。半葉十行，行二十字。黑口。周源序，成化九年丘濬序，嘉靖四十五年劉穩、蘇韡序。

王氏手跋曰：「宋余襄公靖《武溪集》二十卷，成化間丘文莊所得秘閣本，嘉靖中衡陽劉穩重刊之韶郡者，有宋尚書屯田郎中周源序。余過曲江，秦令熙祚以此本見遺，云購之一老儒家〔一〕。秦，山西聞喜人，孝廉。其祖爲先太師門生，有孔、李之誼云。康熙二十四年孟夏，王士禛記于韶石舟中。」

〔一〕秦令熙祚以此本見遺，云購之一老儒家：「見」原文作「既」，「云」原文作「乃」，據清康熙五十年程哲七略書堂刊《帶經常集·漁洋文集》卷十二改。

穆參軍集三卷遺事一卷

宋穆修撰。清朱卧菴鈔本。次題：「祖無擇編。」半葉十行，行二十字。

朱氏手跋曰：「宋初文體，相沿五代，衰靡極矣。穆參軍長獨取韓、柳二集刻而弆之，豈非豪傑之士哉！其集原屬宋刊，未有別本，故此流傳甚罕。今聞江北有新本矣，曹秋嶽侍郎曾攜贈陸子繩仲，予得寓目，遂倩譚兄揚仲程子竟日録之。午飯畢，雨窗獨坐，復終此卷。卧菴赤。」

有「休寧朱之赤珍藏」、「卧菴」、「牧仲」、「商丘宋犖考藏」印。

范文正公集二十卷別集四卷尺牘三卷

宋范仲淹撰。元天曆刻本。附《年譜》、《拾遺》。半葉十二行，行二十字。白口。板心下記刊工姓名。張允、張仲、張壽、周言、周成、周全、夏潮、夏淮、楊惠、楊鸞、唐林、唐其、章仁、章益、陳鑑、陳子仁、馮相、守仲、文祥、李約。元祐四年蘇軾序。《別集》乾道丁亥俞翊跋，淳熙丙午綦焕跋。末嘉定壬申宋鈞、趙舊巘銜名二行。《尺牘》淳熙三年張栻、朱熹跋。

有「季振宜」、「滄葦」、「御史之章」、「翼盦珍秘」印。

范忠宣公文集二十卷

宋范純仁撰。元天曆刻本。半葉十二行，行二十字。小黑口。

有「汪士鐘字春霆」、「浪園書畫」印。

古靈先生文集二十五卷末一卷

宋陳襄撰。宋贛州刻本。半葉十行，行十八字。白口。板心上記字數，下記刊工姓名。倪端、鄭統、鄭全、鄭埜、魏、志、仁。首《年譜》、《使遼語録》、《熙寧經筵論薦司馬光等三十三人章稿》、《紹興元年求賢手詔》。紹興三十一年陳輝跋云：「徐世昌先刻於閩，重爲校正，命仲子曄編次《年譜》重刻於贛之郡齋。」又六世孫姪曄記云：「家君重刻先正密學遺文于贛之郡齋。」卷中補鈔四十葉。又紹興元年李綱序。計四百六十六葉。

有「梁溪顧朝泰珍藏」、「虞山瞿紹基藏書」印。

蘇學士文集十六卷

宋蘇舜欽撰。清何義門據宋校徐七來刻本。卷首眉上題曰：「宋本。十三行，行二十一字。」又卷六末曰：「癸巳十月初六日晨，刻校於語古小齋」二行。

温國文正公文集八十卷

宋司馬光撰。宋紹興刻本。半葉十二行，行二十字。白口。板心下記刊工姓名。蔡文、蔡清、蔡若、蔡巖、蔡盈刀、陳忠、陳文、陳僧、林遠、林從、林燮、林發刀、周源刀、丘明、余才、黄潘、李妙、興吉、梁生、異仁、梁浩、邵老、李平、才正、振發、吴仁、本明。紹興二年劉嶠序。宋諱避至「構」字。首上書表，末徐氏朱筆隸書：「洪武丁巳秋八月收。」「徐良夫」印。又弘治乙丑盧雍記一行。嘉慶己未錢大昕觀。黄丕烈跋，見《題識》。補鈔卷一至四、卷七十六至八十。計一千一百五十三葉。

有「松雪道人」、「徐良夫藏書」、「雲間宋源餘」、「汪士鐘」、「虞山瞿紹基」各印。

元豐類稿五十卷

宋曾鞏撰。宋刻本。存卷六。半葉十二行，行十九字至二十一字。白口。板心上記字數。下方殘佚。

歐陽六一居士文集五十卷

宋歐陽修撰。宋衢州刻大字本。存目録、卷三至十五、卷二十九至三十三、卷三十七至四十七。半葉七行，行十四字。白口。目録八行二十二字。板心下記刊工姓名。王正、周實、周昌、徐昌、洪其、楊端、林彥、思宋、李明、范宜。卷末「熙寧五年秋七月男發等編定」一行。宋諱避至「構」字。

歐陽文忠公居士集五十卷

宋周必大吉州刻本。存卷三至十八、卷二十至三十四、卷四十至五十。半葉十行，行十六字，注雙行。白口。板心上記字數，下記刊工姓名。劉忠、劉宗、劉臻、劉賓、劉聰、劉晉、劉克明、蔡成、蔡思、蔡懋、蔡錫、蔡武、蔡和、蔡文、鄧發、鄧振、鄧析、鄧俊、鄧壽、鄧援、胡辛、胡昌、胡元、胡彦、余仲、余章、余顯、吴顯、吴茂、鄧挺、戴立、孫通、陳藏、陳應、陳全、上官通、葉源、官達、虞丙、鐘成、曾春、丁受、丁仲文、徐才、沈榮。卷末鈴朱文四行曰：「北平路總管李亞中置到官書。至治元年歲次辛酉九月朔旦，儒學教授梅奕芳識。」

伊川擊壤集二十卷

宋邵雍撰。宋建刻本。半葉十行，行二十一字。小黑口。板心下記刊工姓名。文貴。治平丙午自序。卷末刊「錦官印造」四字白文木記。卷末附條書曰：「洪武三十五年蜀世子在京留下」一行。

王文公文集一百卷

宋王安石撰。宋浙刻大字本。存卷一至三、卷七至十九、卷三十三至五十九、卷七十至末。半葉十行，行十七字。白口。板心下記刊工姓名。魏二、陳伸、張敬、吴暉、文立、媿賓、徐利、江清、徐作礪、何卞、陳通、魏達、余忠輝、吴輝、余表、孫右、徐文、魏可、林選、施光、余亮、何荆、余才、葉明、阮宗、潘明、李彪、余全、斐道。

臨川先生文集一百卷

宋紹興刻本。存卷五十二至五十五。半葉十二行，行二十字。白口。板心下記刊工姓名。王受、王份、徐明、蔣成、董暉、金昇、黄廷年、趙宗、陳志、陳忠、惠林、杜雲、周、謝。

又宋本同，明初危素修板。黑口，亦有白口者。刊名。李强、李林、方道、項中國。黄次山序。有「泰州劉漢臣」、「麓樵」印。

又明修本同。吴澄序。有「吴偉業」、「梅村藏」印。

東萊標注老泉先生文集十二卷

宋蘇洵撰，吕祖謙注。宋紹熙刻本。次題：「君峰吴炎校勘。」半葉十四行，行二十五字，注雙行。線口。卷中眉上刊評語，正文點句。目後刊書識語曰：「先生父子文體不同，世多混亂無刻，書肆久亡善本，前後編節刊行，非繁簡失宜，則取舍不當，魯魚亥豕，無所是正，觀者病焉。頃在上庠，得吕東萊手鈔，凡五百餘篇，皆可誦習爲矜式者。因與同舍校勘訛謬，爲三集，逐篇指擇關鍵，標題以發明主意。其有事迹隱晦，又從而注釋之，誠使一見，本末不遺，義理昭晰，豈曰小補之哉。鼎新作大字鋟木，與天下共之，收書賢士，伏幸望沓。紹熙癸丑八月既望，從事郎桂陽軍軍學校授吴炎濟之。」

有「楝亭曹氏藏書」印。

蘇文忠公文集四十卷

宋蘇軾撰。宋眉山刻大字本。存卷十七至三十九。半葉九行，行十五字至十八字。白口。板心下記刊工姓名。宋彦、朱順、程柳、秦元一、王執、張宣、王万、八茂。

東坡文集四十卷

宋淳熙刻本。存「乾道九年閏正月望，選德殿書賜蘇嶠」二葉。八行十六字。目録六葉。十行十八字。白口。板心下記刊工姓名。劉辛。

東坡先生奏議十五卷

宋慶元刻本。半葉十行，行十八字。白口。板心下記刊工姓名。首鈐朱文曰：「君詠三十後所得考古刻善本。辛勤收書積歲年，購求不惜清俸錢。巧偷豪奪無取焉，子孫能讀信云賢。不然留爲曉者傳，勿以故紙輕棄捐。」

東坡先生外制集三卷

宋慶元刻本。半葉十行，行十六字。白口。板心「庚子補刊」，又「乙卯補刊」四字，上記字數，下記刊工姓名。吴輔、辛。宋諱避至「敦」字。

又宋蜀刻小字本。半葉十四行，行二十五字。白口。板心下記刊工姓名。吾文、信、仁、京。

經進東坡文集事略六十卷

宋郎曄注。宋建刻本。半葉十二行，行二十一字，注雙行。綫口。板心刊記字數，上下不一。乾道九年御製序，附《贈太傅制行言》。

有「敬甫」、「荆州田氏」、「潛山所收」、「景偉虞」、「篁村」、「島田重禮」印。

王狀元集諸家注分類東坡先生詩二十五卷

宋王十朋注。宋建刻本。存卷一至十四。半葉十一行，行十九字，注雙行二十五字。綫口。目後僞「泉州提舉市舶司東吴阿老書籍鋪印」一行。首繪東坡像六幅，畫竹一幅。

有「幼雲秘笈」、「二泉山人」、「蘇齋」印。

增刊校正王狀元集注分類東坡先生詩二十五卷紀年録一卷

元建刻本。半葉十一行，行十九字，注雙行二十五字。綫口。板心下記字數、姓氏。

後「建安虞平齋務本書堂刊」十字木記。趙公夔序。

有「宋本」印、「漢陽李廷相」、「雙檜堂」、「汪士鐘」、「藝芸主人」、「平江汪憲奎」、「秋浦」、「東郡楊紹和字彦合」、「東郡楊氏宋存書室珍藏」各印。

東坡先生編年詩五十卷

清查慎行注，彭元瑞批。香雨齋刻本。

彭氏手跋曰：「悔餘是編附録倡和詩，搜撮極富。予近得毛氏影宋鈔《坡門酬倡》二十三卷，以東坡爲綱，凡子由、魯直、少游、無咎、文潛、無已、方叔倡和之作咸在。細校之，乃有悔餘所未録者，因鈔□之版端。其此書未見它本，殊可貴。撰者邵詒，字叔義，金華人，爲吾郡□幕。紹熙年刻。前有永嘉張叔椿序。乾隆丁未臘月十日，芸楣記。」

李氏手跋曰：「此士棻辛亥三月得之琉璃廠肆，爲南昌彭文勤公校勘本。文勤事高宗朝，應制鉅篇多出其手，有才子之稱。今觀是編，披□導窾，朱墨兼施，不遺餘力，好學如此，則信乎其勤也。豐城師夙好蘇詩，不第玩其詞而已，其於長公忠言讜論、英風亮節蓋有深契焉！視文勤較量於一字之得失、予奪於一章之是非，其精神氣象倜乎遠矣。士棻既得是書，益自愧資學凡陋，於長公無能爲役也。敢以獻之左右，惟吾師鑒而存之。至幸至幸！咸豐二年六月朔日，受業李士棻謹志。」

有「河南巡撫兼提督關防」印、「南昌彭氏知聖道齋」、「士棻」、「懷文閣」印。

又清查慎行注，紀曉嵐批。香雨齋刻本。

紀氏手跋曰：「余點論是集始于丙戌之五月，初以墨筆，再閱改用朱筆，三閱又改用紫筆。交互縱横，遞相塗抹，殆模糊不可辨識，友朋傳録，各以意去取之。續於門人葛編修正華處得初白先生手批本，又補寫于罅隙之中，益轇轕難别。今歲六月，自烏魯木齊歸，長晝多暇，因繕浄本，以便省覽，蓋至是凡五閱矣。乾隆辛卯八月，曉嵐記。」

「先文達公手批《蘇詩》一部，計十册，爲盛松雲借去十餘年不還。今歲取回七册，其三册則在若有若無間，以爲必不能珠還合浦矣。後知在盧公坤處，三日索一次，自三月起，至七月内方收全。得之極喜，以誌歲月，時嘉慶戊辰七月十三日也。香林記。」

有「瀛海紀氏閲微草堂藏」印。

蘇文定公文集五十卷

宋蘇轍撰。宋眉山刻大字本。存卷一至三、卷十六至十八、卷四十四。半葉九行，行十五字。白口。板心下記刊工姓名。名七、單道一、王慶、趙七、劉念、朱順、馮相、馮施、張彭二、楊祖、王邦、袁次一、王朝。宋諱避至「慎」字。有「俞氏華園」印。

類編增廣黄先生大全文集五十卷

宋黄庭堅撰。宋劉仲吉刻本。半葉十五行，行二十六字，注雙行二十九字。線口。目後牌記雙邊五行曰：「麻沙鎮水南劉仲吉宅近求到《類編增廣黄先生大全文集》，計五十卷。比之先印行者，增三分之一，不欲私藏，庸鑱木以廣其傳，幸學士詳鑒焉。乾道端午識。」

乾隆壬戌沈廷芳跋。道光乙酉黄蕘夫跋，見《題識》。

有「文安開國印」、「沈廷芳」、「黄丕烈」、「蕘夫」、「復翁」、「百宋一廛」、「汪士鐘」、

「汪振動」、「查昇」、「彦清」、「玉峰徐氏家藏」、「楊東樵讀過」、「海源閣」各印。

豫章黄先生文集三十卷外集十四卷

宋乾道刻本。存卷二至十四，卷十七至十九，《外集》存卷一至六。半葉九行，行十八字。白口。板心上記字數，下記刊工姓名。王月、王明、王禮、劉成、劉順、劉彦、吴恭、吴常、吴世明、彭新、彭達、鄧明、鄧感、蔡民、蔡華、蔡迪、徐昌、徐亮、李偁、陳華、黄通、高智年、田庚、周彦、林通、上官慶、許安、胡允、丘仲、莊文、夏棠、弓受、郭仁、張中、嚴端、施光。《外集》卷一末刊：「山房李彫，洛陽朱敦儒正是」一行。

嘉慶三年黄丕烈跋二則，見《題識》。附鈐「山谷」印。

李氏手跋曰：「宋黄文節公遺印，鐵質馬紐，周身錯銀蟠螭，絶精。嘉慶間，中州相國寺僧埜鼉浚放生池得之，又數易主，始歸於予。沅叔世丈頃以此本見眎，歎爲得未曾有，爰鈐諸卷末，以志墨緣。庚申嘉平，義州李放謹識於抱竹居。」

有「虞山毛晉」、「子晉」、「汪士鐘藏」、「汪振動」、「某泉」印。

山谷黄先生大全詩注二十卷外集七卷别集二卷

宋任淵注。宋建刻本。半葉十一行，行二十字，注雙行二十四字。黑口。紹興□年許尹序。

後山先生集三十卷

宋陳師道撰。清顧千里臨何義門校明弘治刻本。半葉十一行，行二十字。黑口。卷末「潞州儒學廩膳生員郭銘繕寫」一行。首門人魏衍記，政和丙申王雲、任淵題，弘治十二年王鴻儒序。每卷次題「彭城陳師道履常著，茶陵陳仁子同俌編校，後學南陽王鴻儒懋學重校，後學彭城馬暾廷震繡梓」四行。

卷一、卷十五、卷二十一首眉上有千里朱書校記。

卷十三何氏跋曰：「此卷弘治間刻本，《送邢居實序》脱後半，《章善序》脱前半，凡二十行。己丑七月得嘉靖以前舊鈔對校，因爲補寫。錢牧翁蓄書，非得宋刻名鈔，則云無有，真細心讀書者之言；如浙之某某輩，徒取盈卷帙，全不契勘，雖可以汗牛馬，其實謂之無一紙可也。焯記。」

「康熙己丑秋日，從吴興鬻書人購得舊鈔《後山集》殘本，中缺三、四、五、六凡四卷。勘校一過，改正脱誤處甚多，庶幾粗爲可讀，而明人錯本誤人真有不如不刻之歎也。焯記。」

顧氏手跋曰：「政和五年，魏衍編次，記云『《雜詩》爲六卷，《類文》爲十四卷，合二十卷，《目録》一卷。』未知其本尚在世間否。今弘治板三十卷，詩多七至十二，文但八卷，又多二十一至三十，驗其標題，有『茶陵陳仁子同備編校』，即弘治板出於此，故不同也。衍記末云：『又有《解洪範相表》、《闡徵》、《彰善》、《詩話叢談》各自爲集。』而陳仁子但有《詩話談叢》，尤不同耳。思適居士記。」

「義門手閱書，及門下士所過最盛，往往有源流，蓋見舊本多耳。近此道幾絶，諸家藏者散失略盡矣。偶遇是集於五笥僊館，借而臨之。道光七年之閏，一雲老人記，時年六十二。」

「道光丁亥臨於揚州新城寓齋。顧千里。」

有「顧廣圻」、「陳唐讀書記」、「檇李項藥師藏」、「賞心樂事」印。

後山詩注六卷

宋陳師道撰，任淵注。宋蜀刻本。每卷分上、下，存卷三下至六。半葉十三行，行二十四字，注行低二格。白口。板心下記刊工姓名。李彦、甘祖、小甘、張小四、張小五、張小八、小十、李、甘、張、侯、鄧、梁、馬、楊。宋諱避至「構」字。有「皇六子章」印。

後山詩注十二卷

宋建刻本。補鈔首卷。半葉十三行，行二十三字，注雙行同。白口。板心上記字數。又明弘治刻本。半葉九行，行二十字，注雙行。白口。板心下刊「梅南書屋」。首魏衍、王雲記，弘治丁巳楊一清序。鄧正闇跋，見《寒瘦山房目》。

徐氏手跋曰：「宋人任子淵注《陳後山詩》十二卷，目録附《年譜》一卷，四本。同治甲子二月二日，城西草堂徐氏收藏。此本爲明刻本，第一本有『紅豆齋』、『重遠書樓』及惠定宇私印。卷中朱墨批點不知出何人，墨筆有駁朱批處，是朱在墨前也。兩批當有一出惠徵君手，未識其手迹，不能定耳。乙丑十有一月二十九夕，時棟記。」

有「惠棟」、「定宇」、「紅豆齋攷藏」、「重遠書樓」、「徐時棟」、「柳泉」印。

張右史文集六十卷

宋張耒撰。清謝浦泰手鈔本。附補遺不分卷。半葉九行，行十七字。列傳首題曰：「太倉州浦泰心傳氏手鈔」一行。

謝氏手跋曰：「余校閲《右史集》既，隨將集中所無者捱次鈔補，得《宛丘》原集詩文共一百六首。《宛丘補》卷又一百頁，另爲兩本，以附於《右史文集》之後，合之得十二本，以爲肥仙先生之全集云。時雍正己酉春三月二十三日，太倉謝浦泰心傳氏識於王館之雨窗。」

「細校《宛丘集》中所有而《右史集》所無者，古詩二百七十首，律詩二百三十三首，絶句七首，書二篇，墓誌五篇，補遺六卷全無。《右史集》中所有而《宛丘集》中所無者，不過古詩四首，律詩九首，《讀唐書論》第二條而已。但余此書，律詩已將《瀛奎律髓》内幾首參在内，亦不可不知。雍正己酉春三月清明前二日惺廛書，時杏花初放，娱媚可愛，不覺與此書相輝映也。」

有「婁東謝氏家藏」、「浦泰心傳別字惺𢈪」、「尚論堂鈔書」、「老更癡」印。

張文潛文集十三卷

清徐澹如據宋校明郝梁刻本。半葉十行，行十八字。白口。嘉靖甲申馬駙、郝梁序。書衣李氏題曰：「《張文潛文集》十三卷，明嘉靖甲申刊本。吴方山、馮彦淵舊藏。徐澹如用宋建安刻十卷本校。盛鐸記。」

徐氏手跋曰：「《張文潛文集》亦名《宛丘集》，相傳南宋初已有四本，一本十卷，一本三十卷，一本七十卷，一本一百卷。國朝《四庫》所收之本則又七十六卷。今余得此本十三卷，係虞山馮氏與吴氏兩家藏本，與所記上五本卷帙不同，想即胡氏應麟所見之本也。昨吴興書賈鄭甫田以宋建安余騰夫所刻《永嘉先生標注張文潛文集》來，上有『季滄葦』與『毛子晉圖書』。書共十卷，與此本校對，篇目正同，惟分卷異，因知此本即南宋初十卷之本，後人亂其卷次耳。校正一通如右，俾不失宋本面目。篇中標注，亦照建安本寫出，以便讀者。至字句異同，無論允否，並一一校注，不敢意爲去取，蓋校書之體例也。然賴以是正者也居十之九，並信古本之足貴。乙卯十二月初六日，姑餘徐葵識。」

有「姑蘇吳岫」、「馮彥淵讀書記」、「馮知十」、「徐葵」、「古潭州袁氏卧雪廬」印。

淮海先生文集四十卷後集六卷

宋秦觀撰。宋眉山刻大字本。存卷一至十八、卷二十七至三十四。半葉九行，行十五字。白口。卷一題：「淮海先生閒居集。」首葉板心下「眉山文中刊」五字，第七葉板心下「南仁刊」三字。元豐七年自序。宋諱避至「廓」字。卷中補鈔七葉。有元官印、「郁松年」、「泰峰」、「田耕堂」、「虞山瞿紹基藏書」印。

淮海集四十卷後集六卷長短句三卷

宋浙刻本。存卷十二至二十五。半葉十行，行十九字至二十一字。白口。板心上記字數，下記刊工姓名。劉文、劉仁。黄丕烈跋。

又清黄丕烈、韓緑卿據宋校虛止閣鈔本。半葉十二行，行二十六、七字。嘉靖乙巳盛儀序。黄蕘夫跋，見《題識》。

書衣韓氏題曰：「咸豐戊午六月朔日，得之滂喜園黄氏。十一月冬至前一日，囑族姪重裝舊鈔各校本。」「應陛手記」印。

某氏手跋曰：「序中稱張世文刻此集于鄂，考之在嘉靖己亥秋九月，蓋抵乙巳重刻，正七年耳〔一〕。世文名綎，有序一篇，今不鈔。虚止閣識。」

「又綎序中云『山東新刻不全』，今世有本止四十卷，無《後集》暨《詞集》者，疑即其本也。西齋有竹軒又識〔二〕。」

「三十日凡校十二卷。是日甚煩熱，申刻始有大風，吹雨數點，窗外蕉葉亦復可聽也。虚止。」

「自□卷至三十五卷以奚子將假去，六月七日始取歸補校。讀書西齋虚止道人元之志。」

黄氏手跋遺刊曰：「自十二至二十五卷偶得宋本殘帙，藏篋中久矣。兹收此舊鈔，出爲對勘，用墨筆識之。惜缺葉連篇，仍多漏略。蕘夫。」

韓氏手跋曰：「咸豐九年六月二十四日〔三〕，用宋板《淮海閒居集》十卷校。書友匆匆持去，草略已甚。宋板每半葉九行，行十五字，小字同。每卷首有元官印。應陛。」

「西時。得兩日之力，又重校一過，自問庶無憾矣。其書現在上海郁氏。二十六日申刻。」「應陛手校」印。

「虚止閣校一至四十卷，黄蕘圃墨筆校用殘宋本十二卷至二十五卷，長短句南宋本《閒居》校一卷至十卷。應陛手校，己未七月。」

「書中朱筆，據後序識語曰『虚止閣西齋有竹軒』。三十卷後曰『讀書堂西齋虚止道人元之』，不知究係何許人也，記以俟考。應陛。」「讀有用書齋」印。

「按序後朱筆稱世文有序一篇，今不鈔，其筆意與書首序傳等同，疑道人即鈔書人也。書中筆迹非□，要爲道人屬人鈔者耳。據末黄跋云此本出亦孫潛藏鈔本，何以此本亦有孫潛藏書印也？豈道人即孫款，抑其此書并歸孫歟？又記。」「應陛」印。

「此書書面紙原用黑紙，黄氏藏。以朱秋田云金雲莊家書用黑裝面，歷驗果然，書中顧未有金氏印記。現已改裝，無從認得，特記此，俾人知所由來也。應陛手記。」「應陛」印。

有「孫潛」、「黄丕烈」、「蕘圃」、「古婁韓氏應陛載陽父子珍藏善本」印。

〔一〕正七年耳：原作「止七卷耳」，據上海古籍出版社版徐培均《淮海集箋注》附録三所録國家圖書館藏清初鈔本《淮海集》卷端改。

〔二〕西山有竹軒又識：原作「西齋菉竹軒又識」，據上海古籍出版社版徐培均《淮海集箋注》附録三所録國家圖書館藏清初鈔本《淮海集》卷端改。

〔三〕咸豐九年六月二十四日：原作「七月二十四日」，據上海古籍出版社版徐培均《淮海集箋注》附録三所録國家圖書館藏清初鈔本《淮海集》卷端改。

淮海集長短句一卷

清錢遵王、何小山據宋校明李建芝刻本。半葉八行，行二十字。白口。板心下刊「戲鴻館」三字。書衣唐百川隸書曰：「淮海居士長短句，知不足齋舊藏，錢遵王、何小山斠宋本。怡蘭堂藏。」

錢氏手跋曰：「戊午九月二十七日，從不全宋槧本校一過。述古主人遵王。」

何氏手跋曰：「辛巳五月二十三日，再以殘宋本校，缺更倍于錢所見本而刻則一也。小山。」

鮑氏手題曰：「乾隆丙戌十二月二十日，鮑氏知不足齋收藏。」

張氏手跋曰：「叔弢屬校此集，爰從友人趙斐雲假得日本寫真宋槧完本，合故宫及吴縣潘氏所藏兩殘帙補校一過，以其同是高郵軍學刻也。錢、何原校爲朱、墨二筆，兹用藍筆以别之。丙子仲秋，庚樓。」

有「唐百川」、「鴻學大關」、「唐氏怡蘭堂珍藏」、「周暹」、「庚樓手校」印。

青山集三十卷

宋郭祥正撰。宋浙刻本。半葉十行，行二十字。白口。板心下記刊工姓名。陳仲、陳震、陳榮、楊英、楊詵、楊生、章旼、章英、閔翌、閔昱、毛方、毛用、莊文、邊皓、李章、施光、王明、汪靖、黄淵、馮詔。卷末鈐朱文二行曰：「嘉興崇德鳳鳴世醫蔡濟公惠，家無甔石之儲，惟好蓄書于藏，以爲子孫計，因書此，傳之不朽。」

倚松老人詩集三卷

宋饒節撰。宋黄汝嘉刻本。存下半部。半葉十行，行二十字。白口。板心下記刊工姓名。卷末「慶元己未校官黄汝嘉重刊」一行。

袁氏手跋曰：「乙卯七夕歸三琴趣齋。寒雲於上苑。倦繡、梅真侍觀。」有「完顏景賢」、「小如菴居士」、「譚錫慶學看宋本書籍記」印。

又傳鈔宋本。卷首各家題曰：「長沙葉德輝曾讀。」「陽湖張壽齡曾觀。」「甲寅八月八日，寒雲讀過。」章鈺、莊蘊寬跋。有「國子監」滿漢文印、「前分巡廣東高廉道歸安陸心源捐送國子監書籍印」、「光緒戊子湖州陸心源捐送國子監之書匱藏南學」大印。

陸氏手跋曰：「宋慶元刊本。半葉二十行，行二十字。此本行款與宋本同，當是從宋刻仿寫。重出《偶作》七絶一首，則由仿寫非題寫故也。同治八年，長夏無事，用宋本校一過。存齋識。」

惲氏手跋曰：「甲寅、乙巳間，余學爲陳、黄之詩，廣搜江西派各專集，以次得陶齋仿宋鎸《山谷内外集》，知不足齋鈔校宋胡穉《簡齋詩箋》，舊鈔本《茶山》、《竹友》、《溪堂》、《陵陽》、《西渡》諸集。復從汲古閣《宋詩鈔》中鈔出《吕紫微集》，菁華略萃矣。聞同年董授經得舊鈔《倚松老人集》，欲借録未果，數年來心未嘗忘也。去歲除夕，在友人吴伯宛許見宋刻《倚松集》半部，詫爲藝林瓌秘，因爲半松盦額以矜異之。授經適自南來，以嘉興沈子培丈新刊景宋《倚松集》全册見贈，後半册即據伯宛藏本也。陶子缽民知余之好也，持此本請代校，乃湖州陸氏皕宋樓故物。入春久無雨，炎風吹午，黄塵薄人，話蘭簃窗前，藤陰如帳幕，緑潤浸几案，稍解煩枯。日校二十餘葉，四日而畢。沈刻間有譌字，亦藉是以正之，一舉而兩得焉。皕宋琳瑯爲東瀛島田捆載而去，此本落鉢民手，吾輩猶得摩挲古香，丹黄並下，可謂幸也，爰詳記以歸鉢民。甲寅端午，澄齋惲毓鼎識。」

慶湖遺老詩集九卷拾遺一卷補遺一卷

宋賀鑄撰。明謝在杭鈔本。半葉十行，行二十字。藍格。板心下刊「小草齋鈔本」五字。有「徐興公藏」印。

謝幼槃文集十卷

宋謝逸撰。清謝珊嶠校清初鈔本。半葉十行，行二十二字。

謝氏手跋曰：「宋謝幼槃先生詩文全集久無刊本行世，明萬曆己酉冬，謝在杭先生假内府本手録之，于是復見人間矣。國朝康熙初年，先生之子青門始得之于敗簏中，則此編之不竟絶也，蓋以僅僅焉爾。是本前有漁洋山人小序，其又曾入池北書庫歟？然輾轉傳鈔，譌誤殊甚，今就其可知者，凡校百餘字，闕疑者尚多耳。幼槃一布衣之士，老死江湖，吕東萊、劉後村皆樂道之，修身厲行，人之大節也，蓋有重于文字者焉。嘉慶丁丑八月朔日，北平謝寶樹識。」

「原書遇譌誤處，輒傍加點，頗詳細，不知爲誰氏所校，惜不注所疑何字耳。至如《同遊安樂寺詩》中之『帝江』見《山海經》；《倦夜詩》中之『白間』見《文選》，乃疑『帝』字、『間』字爲誤，並加點識。甚矣，校書之難也！寶樹又識。」

「嘉慶乙亥夏六月，葉東卿借校一過。」「平安館」印。

有「石倉藏書」、「北平謝氏藏書」、「南昌彭氏知聖道齋藏書」印。

西渡詩集一卷補遺一卷

宋洪炎撰。清宋漫堂鈔本。半葉九行，行十八字。

王氏手跋曰：「宋牧仲中丞自吴中鈔寄洪炎玉父《西渡集》僅一卷，與此本合，然編首題『卷第一』，又似不全之書，何也？《坐上程師川有懷駒父》七律所云：『欣逢白鶴歸華表，更想黄能出羽淵。』正在集中。其詩局促，去豫章殊遠。又《經籍志》洪芻駒父《老圃集》、洪朋龜父《清非集》，皆止一卷。此本牧仲鈔之醫士陸其清家。康熙甲戌四月漁洋山人跋。」

有「池北書庫」、「璜川吴氏攷藏」、「惠棟」、「惠定宇手校本」、「吴江洪氏藏」印。

松隱文集四十卷

宋曹勛撰。清彭元瑞校鈔本。半葉十行，行二十四字。黑格。板心下刻「知聖道齋鈔校書籍」八字。正統五年洪益中序。

彭氏跋曰：「勛所著《北狩見聞録》别行，而此集絶少傳本，其中一二闕譌，遂不可校。勛以龍德宫祗應人從浮北行，竟持領巾九字脱歸，時陳前後十事，皆切當時情勢，尚可施行，其材力似可以有爲者。一爲黄潛善所沮，淹回右職，後遂附和和議，頓忘屈辱流離之苦，其所上《和戰》、《畏天》、《保民》三奏，專諂秦長脚，爲之矜寵固權，又以檀施貢諛醫師王繼先，多爲貴人作廟碑、墓誌，《宋史》本傳謂其專事鑽求，不讀其集，不知此語之信然。然則人欲以文字傳世，可不慎哉！芸楣校竟書。」有「緑硯山房藏書」印。

李學士新注孫尚書内簡尺牘十六卷

宋孫覿撰，門人李祖堯注。元葉氏刻本。半葉十二行，行二十字，注雙行二十五字。線口。目後「泰定甲子歲廣勤葉氏刊」十字雙邊木記。陳氏手跋曰：「嘉靖壬戌八月十日，借沈潤卿家工裝於金臺玉河橋邸。道復志。」吴氏題曰：「嘉慶乙丑五月十三日，記於友多聞齋。石雲山人吴榮光。」有「瑴」字印、「白陽山人」、「文璧」、「文徵明」、「伊秉綬」、「覃溪審定」、「吴榮光」各印。

豫章羅先生文集十七卷

宋羅從彦撰。元豫章書院刻本。次題：「曹道振編，張泰重刊。」半葉十三行，行二十三字。黑口。目後「至正乙巳秋沙陽豫章書院刊」十二字木記。至正三年曹道振識，又卓説序。

李氏手跋曰：「《四庫書目》，《豫章文集》十七卷，宋羅從彦撰，元曹道振編。首列《經解》一卷，有録無書。次《遵堯録》八卷，集二程、楊龜山《語録》一卷，《雜著》二卷，詩一卷，附録三卷，外集一卷，實十六卷。《四庫》所著即此本也。又見吾邑劉氏嘉蔭簃藏書，有前明豐城熊氏知本堂刊本，前序紀刊於萬曆乙酉，結銜列『福建按察司提督學校僉事後學熊尚文重校正』，後附『延平府沙縣知縣錫山倪俊重修豫章羅先生祠堂記』，它皆與此本同。道光六年，歲在柔兆閹茂，相月下澣，禮南識。」

有「蒼巖山人書屋記」、「洒桐齋書畫記」、「李禮南藏書記」印。

高東溪先生文集不分卷

宋高登撰。明建刻本。次題：「林希元編，黄直校正。」半葉十二行，行二十字。白口。嘉靖丙戌林希元、黄直序。

徐氏手跋曰：「《文獻通考》載《東溪文集》二十卷，此乃掇拾殘篇，非全集也。詩如『作掾只三語，讀書空五車。』『一無可意身將老，百不如人心自知。』『夢連滄海難窮日，人在巒流欲盡頭。』其□啓如『分憂南服，得諸侯之寶三；儷美古人，有君子之道四。』『梁子徒勞走州縣，嗟十年其猶初；蕭生不得行胸懷，雖百歲而何益。』『伯樂去而凡馬空，象罔來而玄珠得〔一〕。』皆佳句也。戊午秋，徐興公題。」

有「閩中徐惟起藏書」、「徐興公」印。

又舊鈔本二卷，附録一卷。半葉八行，行十七字。書衣韓氏題曰：「咸豐戊午六月一日，得之滂喜園黄氏。十一月十七日，族姓裝。應陛記。」

張氏手跋曰：「曩歲江陰繆少薇嘗以舊鈔本《高東溪》寄眎，上書一卷，雜文二卷，詞一卷，表啓一卷，附録一卷，凡作七卷。然統計不及六十葉，屑屑分卷，疑非原本。中間脱誤甚夥，始置之。後於湖估處借得一本，衹分二卷，較五卷本稍完善，賴以校正脱誤數處，其空缺不能悉補也。適錢鼎卿廣文補刻《藝海珠塵》，編入壬集。今歲秋，韓緑卿中翰復以藏本眎余，亦即二卷本，而前缺林希元序末三十字及黄直序，後缺《漳郡志》本傳一條及徐興公、宋葆淳二跋，脱誤處及空缺更多於五卷本，然亦有此本不誤而五卷本誤者，既詳於《藝海》刻本，復識其概如此。南匯張文虎。」

有「許氏竹隱」、「何錫兖」、「章九」、「韓德均錢潤文夫婦之印」。

〔一〕梁子徒勞走州縣……蕭生不得行胸懷……象罔來而玄珠得：原文脱「勞」字、「得」字，「玄」字作

「元」據福建人民出版社版沈文倬校點《紅雨樓序跋》校改。

宋著作王先生文集八卷

宋王蘋撰。舊鈔本。半葉十行，行二十一字。寶祐丙辰盧鉞序，正德九年徐源序。首《支派圖》，次《劄子》。書衣翁氏題曰：「南渡後理學通儒，伊川弟子。平江震澤人。」有「常熟翁同龢」印。

翁氏手跋曰：「《王著作集》八卷，明弘治中其裔孫觀所編，非復原本四卷之舊。《四庫》所録即此本也。方南渡搶攘之際，其君臣能以周、孔爲指歸，卒能綿延數百祀，謂非講學之效歟！庚子十月，瓶生記。」

默堂先生文集二十二卷

宋陳淵撰。清初影鈔宋本。次題：「門人沈度編。」半葉十一行，行二十二字。黑格。左欄外刊「影寫崑山徐氏傳是樓所藏宋槧本」十四字。紹興十七年沈度序，淳熙戊戌楊萬里序。

有「東郡楊紹和字彦合藏書」、「宋存書室珍藏」印。

于湖居士文集四十卷

宋張孝祥撰。宋嘉定刻本。補鈔附録。半葉十行，行十六字。白口。板心上記字數，下記刊工姓名。王恭新、劉處仁、劉大有、陳恭、金文浚、陳良、朱正、祐新。嘉泰改元謝堯仁序。有「文淵閣」、「人間孤本」、「景行維賢」、「小如菴秘笈」、「寒雲秘笈珍藏」印。

宋貞士羅滄洲先生集五卷

宋羅公升撰。清戈小蓮校鈔本。半葉九行，行二十字。劉辰翁序。書衣韓氏題曰：「《羅滄洲集》五卷，璜川吴氏舊藏，戈小蓮校並跋。咸豐八年五月得之經鉏堂。讀有用書齋藏。」

戈氏手跋曰：「嘉慶六年，歲次辛酉，正月三日巳、午二時校讀一過。錯字尚多，惜無善本一勘。真止道人戈襄記。」

有「戈載小蓮」、「半樹齋」、「緑卿」、「韓德均錢潤文夫婦之印」。

育德堂集五十卷内制三卷外制八卷

宋蔡幼學撰。宋蔡氏家刻本。存《外制》卷一至五。半葉九行，行十八字。白口。板心上記字數，下記刊工姓名。虞干、劉西、文甫、次升、葉樞、葉仁、江德、余西、江京、共生、蔡仁、蔡仲、余士、江文。

有「中吳毛斧季圖書記」、「毛扆字斧季别號省菴」、「永嘉韋昭且」印。

朱文公文集一百卷

宋朱熹撰。宋江西刻本。存卷三十五至五十九。半葉十行，行十八字。白口。板心上記字數。

晦菴先生文集一百卷

宋浙刻本。存卷七十五至八十。半葉十行，行十九字。白口。板心下記刊工姓名。張允、張榮、陳伸、陳晃、陳彬、李琪、李培、劉昭、劉海、余旼、余政、項文、范元、丁之才、吕信、黄邵、秦昌、石昌、翁定、何澄、曹鼎、朱祖。宋諱避至「擴」字。

周益文忠公全集二百卷附録五卷

宋周必大撰。明鈔本。半葉九行，行二十四字。黑格，線口。開禧元年陸游序。武清曹氏補鈔三十二卷。板心刊「舊山樓」三字。

《省齋文稿》四十卷，《平園續稿》四十卷，《省齋别稿》十卷，《詞科舊稿》三卷，《掖垣類稿》七卷，《玉堂類稿》二十卷，《政府應制稿》一卷，《歷官表奏》十二卷，《奏議》十二卷，《奉詔録》七卷，《承明集》十卷，《雜著》二十七卷，《書稿》十五卷，詳目二百零四卷。《附録》五卷。

張氏手跋曰：「余家三代搜羅秘帙，集中惟《周益文忠公全集》最爲罕見。先君於道光戊申歲以重值獲得同里潘氏，的係明初名人舊鈔，紙色亦屬佳妙。迨咸豐庚申，避兵江北，此集寄存鄉間，刼後復歸，即爲重裝，惜已缺少三十二卷。素知上海郁氏藏有全集，擬向假鈔補全，未識能否如願也。乙丑春仲，虞山渭濱張本淵識。」

有「惠斌」、「萬卷樓」、「河陽後人」、「寶硯樓」、「海林潘氏家藏」印。

周益文忠公書稿十五卷

宋慶元刻本。存卷一、二。半葉十行，行十六字。白口。板心上記字數，下記刊工姓名。鄧仁、鄧明、文伯、景年、蔡懋、胡克俊、一新、方仲、江全、克、旻、忠、才、邦。

嚴氏手跋曰：「辛亥秋八月下澣，僕訪知不足齋主人鮑君以文于烏鎮，言及《周益公集》，以文出宋槧殘本兩册觀之，云得自蘇州，紙墨古雅可喜。欲從假讀，以文即舉以相貽，良友之惠，不敢忘也。亟記之册後，以誌勿諼云。二十八日漏三下，獨坐書，芳椒堂主人嚴元照。」

「去年仲秋，余過烏鎮，以文先生贈予《周益公書稿》首二卷殘本，紙墨絶佳，有『貞元』、『季雅』二圖記，知是鳳洲藏書。季冬三月，以文家厄于火，是册得免落他人之手。於乎悕與！壬子元旦，芳椒堂主人嚴元照書。」

「以文又贈陳思所刻《中興羣公吟稿》戊集七卷五册，僅戴石屏、高菊礀、姜白石、嚴華谷四家，紙墨古艷。板甚狹小，行十格十八。爲前後斷爛不可書跋，附識于宋本《周益公集》尾。元照又書。」

有「宋本」印、「甲」字印、「貞元」、「季雅」、「嚴久能」、「元照」、「石溪嚴氏芳椒堂」、「學林堂」、「蟫盦」、「群碧樓藏」各印。

東萊吕太史集十五卷別集十六卷外集五卷附録三卷

宋吕祖謙撰。附吕喬年《麗澤論説集録》十卷。宋浙刻本。半葉十行，行二十字。板心上記字數，下記刊工姓名。張文、陳清、吕拱、李思賢。明補刻刊名。張世忠、姚彦、趙竹補。有「天禄繼鑑」、「乾隆御覽之寶」印。

止齋先生文集五十一卷附録一卷

宋陳傅良撰。宋永嘉郡齋刻本。存卷一至三十二。半葉十四行，行二十三字。白口。板心上記字數，下記刊工姓名。宋諱避至「敦」字。卷中補鈔葉記「庚午冬月」。

攻媿先生文集一百二十卷

宋樓鑰撰。宋樓氏家刻本。半葉十行，行十八字。白口。板心刊「攻媿文集卷第幾」，次類名。上記字數，下記刊工姓名。按，聚珍板有真德秀序，缺卷七十三、四，卷七十七、八、九。有許乃普跋，詳缺卷，未録。

有「棟亭曹氏藏書」、「長白敷槎氏」、「堇齋」、「昌齡」、「滇生珍藏」、「慧海樓」印。

義豐文集一卷

宋王阮撰。宋淳祐刻大字本。半葉十行，行十八字。綫口。板心上記字數，下記刊工姓名。吴全、陳三、蘇成、朱文、朱榮、万金、陳顯、王俊、鄭興。淳祐戊申趙希埊序。末「克家」、「毋惰書房」二木記。又癸卯吴愈序。

李氏手跋曰：「余舊藏《義豐集》有鮑渌飲跋，蓋從知不足齋本傳録者，烏焉亥豕，不可句讀。春間，晤沅叔，聞得此書宋本，亟謀借校，以留滯南中而沅叔之書又在京邸，未償此願。秋間北來，卧疾累月，至歲杪少愈，沅叔攜此見過，遂得留校一通，俾西江鄉賢遺著多一善本流傳，曷勝愉快！至此刻精妙，已詳《百宋一廛賦》中，不復贅述云。癸亥祀竈前一日，盛鐸。」

有「黄丕烈」、「汪士鐘讀書」印。

盤洲文集八十一卷

宋洪適撰。清洪振安鈔本。半葉十行，行二十字。

洪氏手跋曰：「《盤洲文集》雕本罕有於世，聞宋刻尚在商邱宋氏，是一是二之物，斷難購覓，知世間即有舊鈔本，亦可貴也。余向見朱氏潛采堂、宋氏青綸館二家宋元集目内，此集或云十三卷，或云十二卷，所儲皆非足本。彼富於收藏，如東城顧氏，亦僅見末册三卷并拾遺而已。近日購得此本，係東皐隱蔣氏珍藏，的是影宋舊鈔，可無異議，惜紙板毁敗，兼有蠹蝕處。爰借黄復翁藏本校補數十字，倩味書吴君重鈔，並付裝訂，頗覺完善。其中尚有殘缺錯誤者，與黄本無异，想宋刻亦復爾爾。嘉慶甲戌孟冬，雄川三派振安謹識。」

有「洪振安字元揆號竹村子」、「文忠後裔」印。

新刊劍南詩稿二十卷

宋陸游撰。宋嚴州刻本。存卷一至四、卷八至十、卷十四至十六。半葉十行，行二十字。白口。板心下記刊工姓名。淳熙十四年鄭師尹序。

有「宋本」印、「汪士鐘」、「閬源真賞」、「蔡廷楨」、「金匱蔡氏」、「醉經軒攷藏」印。

放翁先生劍南詩稿六十七卷

宋浙刻本。存目録、卷四十二至四十四、卷五十八至六十二。半葉十行，行二十字。白口。板心上記字數，下記刊工姓名。胡生、胡桂、胡九、蔡章、蔡禮、蔡懋、天祐、阮才、吴元、虞桂、振、青、景。嘉慶庚午黄復翁跋二則并詩二首，見《題識》。

有「華亭朱氏」、「横經閣攷藏」、「汪士鐘」、「閬源真賞」、「徐子容」、「天鏡」印。

客亭類稿十五卷

宋楊冠卿撰。宋刻巾箱本。存《四六編》四卷、《雜著編》三卷、《古律編》二卷、《書啓編》一卷。半葉十一行，行十八字。白口。題作大字。

周氏手跋曰：「沅叔同年癖嗜古籍〔二〕，校勘學極精，今之蕘圃、顧澗薲也。近得宋刻《客亭類稿》殘卷，雖間有剥蝕，而古澤黝然，非同近玩。每卷首均有大字題行『客亭類稿某某編』。若《四六》、《雜著》，樂府之屬，署名則曰『江陵楊冠卿夢錫』。今《四庫》輯本，體式悉易其舊，又將《諸老先生惠答客亭書啓編》汰去，因避時忌，字句多有删改，非見此本，末由知宋刻真面矣。沅叔每歲生日，輒得宋書一部，若循次爲例，將與百宋比富不難，書此當祝。甲子冬十月，泊叟周樹模識。」

朱氏手跋曰：「宋楊冠卿《客亭類稿》，《四庫》著録者乃據舊刊巾箱本，復從《永樂大典》搜輯補綴，釐爲十四卷，而以《書啓》一卷附之。其家世仕履，亦略考見大概。此宋刻殘本，每半葉十一行，行十八字。四周雙邊。字體方勁精美，不分卷數。其所缺者，按之《四庫》本，爲一、二、十、十二、十四各卷，而《大典》所收諸篇不與，疑《四庫》所據當即此本。藏園主人去年初度得宋本《楚辭辨證》，今歲茲辰復獲此書，信乎古緣不淺也。甲子九月上浣，翼盦朱文鈞識。」

有「雲莊張氏鑒藏」印。

〔一〕沅叔同年癖嗜古籍：原脱「嗜」字，據《藏園群書題記》卷十五補。

南軒先生文集四十四卷

宋張栻撰。元大德刻本。次題：「朱熹編。」存卷七、八。半葉十二行，行二十字。黑口。有「天禄繼鑑」、「乾隆御覽之寶」、「五福五代堂寶」、「八徵耄念之寶」、「太上皇帝之寶」印。

瓜廬詩一卷附録一卷

宋薛師石撰。明鈔本。半葉十一行，行十六字。黑格，綫口。板心下刊「文始堂」三字。嘉熙元年趙汝回序。末有「王師安刊」四字。附録末「程景思刻」四字。

何氏手跋曰：「薛景石詩藏書家亦不易得，此編秋嶽侍郎於吴市得之。手録趙紫芝三詩於卷末，蓋其所最賞心者也。今歸□主書庫，乃傳録一本而謹識其後。何焯。」「首題詩二首，戊戌中秋燕庭書于金沙郡齋。」有「明善堂覽書畫記」、「安樂堂藏書記」印。

重校鶴山先生大全文集一百十卷

宋魏了翁撰。宋蜀刻本。半葉十一行，行二十一字。白口。板心上記字數，下記刊工姓名。榮昇之、箇卿、何每、祖、日、喜、梁、宋、休、南、全、保、春、雨、袁、李、夭、材行、由。庚申四月錢大昕跋三則，嘉慶二年黄丕烈跋三則，均見《題識》。

冷然齋詩集八卷補遺一卷

宋蘇泂撰。清鮑以文手鈔本。半葉十行，行二十字。書衣朱書題曰：「計一百四十六葉。《永樂大典》鈔入《四庫全書》本。恭誥文瀾閣校正訖。」

鮑氏手跋曰：「乾隆戊申六月初五日，寓兩廣會館鈔竟，計一百四十六紙。原本邵太史晉涵録自《永樂大典》，脱誤處無從校正，略以意改數字而已。午後校閲一過。士恭回青鎮，將以八日束裝赴楚，予誦東野『寸草春暉』句送之，兒其念。乾隆乙卯八月初四日，恭諳西湖文瀾閣，就欽頒《四庫全書》是正一過，補《金陵雜詠》絶句一首，改定十餘字。其謬誤相同處，特加圓圍別之。識於知不足齋，時年八十又三。」

「右詩四首，俱放翁作。前二首簡贈召叟，後二首則題送其昆季趙叟、虞叟之作。偶檢《劍南稿》，遂附録於召叟集後。時嘉慶十五年庚午正月二十二日，距戊申鈔録此書已二十三年矣。同寓杭之方君蘭如墓木已拱，撫卷爲之泣下。通介老人。」

有「廷博」、「以文」、「歙西長塘鮑氏知不足齋世守」、「陳編之家」、「老屋三間賜書萬卷」、「老眼向書明」印。

玉楮詩稿八卷

宋岳珂撰。明宗室高唐王鈔本。半葉十行，行二十字。嘉熙庚子自序。王氏手跋曰：「岳公所著書有《桯史》、《金陀粹編》各若干卷。其詩名《玉楮集》者，余夙昔聞之而未見也。康熙己卯春三月，與杞園先生同客青州，每獲一秘本，輒互欣賞，此其一也。集中《贈李微之秘監詩》自注云：『微之以吏館牒來，索余所撰《東陲筆略》』云云，亦不及見，不知尚傳於世否，俟更訪之。禍山王士禎記。」

有「執鄙吝者非我而誰」、「張貞起」、「元氏書畫」印。

竹溪鬳齋十一稿續集三十卷

宋林希逸撰。明謝在杭鈔本。半葉十行，行二十字。黑格。板心下刊「小草齋鈔本」五字。淳祐戊申林同序。

楊氏手跋曰：「晉安謝氏小草齋爲古梅先生鈔本，經周櫟園、李鹿山、何郊海藏弆，後歸陳恭甫。咸豐辛酉重陽，雪滄所得。」

有「晉安謝氏家藏」、「曾在李鹿山處」、「怡南何氏瑞室」、「櫟園周氏藏書」、「侯官楊浚」、「健公」、「侯官楊雪滄金石圖書」各印。

友林乙稿一卷

宋史彌寧撰。明覆刻宋本。半葉八行，行十六字。白口。板心上記字數，下記刊工姓名。李春、之先、春、先、揖。乾道癸巳自序。

朱氏手跋：「《友林乙稿》一卷，宋史彌寧撰。《四庫書目》云：『彌寧字安卿，鄞縣人，丞相浩之從子也。嘉定中，以國子舍生莅春坊事，帶閣門宣贊舍人，知邵陽。《宋史》無傳，其集亦不見於《藝文志》。此本猶宋時舊刊，楷法頗爲工緻。凡録詩一百七十首。前有原序一篇，自稱其名曰域，大略謂浩帥閩時，以庠序諸生最沐稱賞。後四十年，得見彌寧於湘南，因掇拾《友林詩稿》，命工鋟之。而序末舊缺一翻，失去題署年月，不知其姓爲誰。以詞意推之，蓋作於彌寧知邵陽時也。』按《書目》既云《宋史》無傳，其所述彌寧爵邑未詳出自何書，或附浩傳之内歟？至序末舊缺一翻，與此本同，可知古書剥蝕，亡來久矣。道光二年癸未春二月六日，少河山人書。」

有「大興朱筠河」、「朱筠」、「坦之秘笈」、「葉名灃」、「潤臣」、「翁同龢」、「潘祖蔭」印。

北磵文集十卷

宋釋居簡撰。明謝在杭鈔本。半葉十行，行二十字。黑格。板心下刊「小草齋鈔本」五字。嘉定丁丑張自明序。有「曾藏周元亮家」、「周雪客」印。

默菴遺稿二卷

宋游九言撰。清趙一清鈔本。半葉十行，行二十字。黑格。左欄外刊「小山堂鈔本」五字。書衣唐鷦安題曰：「《游默齋集》傳本罕見，蘇估吴履卿持是册見示，遂録而記之。庚午八月六日記。」

草窗韻語六稿

宋周密撰。宋周氏家刻本。半葉九行，行七字。白口。板心下記刊工姓名。王堯、文明、應允、勺一。咸淳甲子同郡陳存序文及翁序，末有篆書「翰林學士院印」木記。李彭老跋，末「篔房圖書」四字尊式木記，「篔房」二字鼎式木記。李萊老跋，末「秋崖」二字白文鼎式木記。

張氏手跋曰：「至正十年三月，浚儀張雯得之于高文遠書肆。五月重書於吴下樂志齋。」

羅氏題曰：「萬曆庚寅端陽，余有齊魯之行。過夏鎮，謁明復先生仙署，出此宋板佳刻，世所罕見，當爲法帖中求也。漫紀喜爾。新都羅文瑞。」

許氏手跋曰：「寖丘頻罹兵燹，世家所寶書畫，俱爲烏有。琳季遷徙南北，篋中尚存有宋板書，是以覆舟持蘭亭大呼之意也。其猶有司馬先生之風乎？己丑仲秋，嶺南許汝都識。」

有「都穆」、「吴郡都玄敬」、「羅文瑞」、「張子昭」、「余繼善」、「陸雲」、「朱子儋」各印。

豫章熊先生家集七卷

宋熊朋來撰。清彭元瑞校鈔本。半葉九行，行二十一字。

彭氏手跋曰：「天慵之學極精細，大似劉仲原父。其論武成月日〔一〕、春秋周正、周禮籩豆實、律同合聲，辨且密矣。論《易》《詩》叶音，近代顧寧人《易音》《詩本音》所從出也。至必期改定《洪範》、《雜卦傳》、《玉藻》，未免南宋人習氣。若欲用女冠比丘尼求雨〔二〕，易笙魁漆木爲匏，以召人之清廉，則迂矣。是集乃經學之書，非其它詩文集可比。通志堂刻入《經解》中，并第七卷《雜説》，統名曰《經説》，字句亦不能無譌，因以對勘改正數十字。吾縣熊姓最多，不知何派祖天慵，安得好古者登梓專行。乾隆戊申正月開籌前校四日竣，因記。芸楣。」

「《經解》附刻本傳云，《家集》三十卷。考焦氏《經籍志》正同，今不可得而見矣。此七卷自即從《經解》録出，標以『家集』而没其三十卷之數〔三〕，鈔賈之作僞也。二十七日燈下再記。」

有「南昌彭氏知聖道齋藏書」、「遇讀者善」、「水香村父」印。

〔一〕其論武成月日：原脱「成」字，據《知聖道齋讀書跋尾》補。

〔二〕若欲用女冠比丘尼求雨：原脱「欲」字，據《知聖道齋讀書跋尾》補。

〔三〕標以「家集」而没其三十卷之數：「標」原作「據」，據《知聖道齋讀書跋尾》補。

宋國史秋堂公詩文集二卷補遺一卷

宋柴望撰。清戴松門手鈔本。半葉十行，行二十五字。至正四年楊仲宏、張斗序，萬曆戊子柴復貞序。

戴氏手跋曰：「柴氏《四隱集》二卷，宋柴望著，知不足齋鮑氏舊鈔校正本。後附《補遺》、《墓誌》，皆渌飲手鈔採録。壬申十二月，光曾手録。」

「余與鮑丈渌飲交二十餘年矣，余之性愛古書及搜羅前人秘笈，皆渌飲講習討論。每得異書，彼此借鈔，相與傳觀訂正以爲樂。渌飲老年貧病，且有家累，不通音問經年矣。癸酉五月十日，忽偕夏君儼過余，形神枯槁，索然意盡，新患頭疽，雖愈而窘態日甚，心計日龐。詢以近況，自云生平以書爲命，今開卷輒泣，精神不振，檢束藏書已散，不復向此中討生活矣。余聞之酸鼻，送之去，因檢渌飲歸余之書及借鈔之本，内有二册，係渌飲手校前人遺集，久假未歸者，共四種，此《秋堂集》則余已録之副本也。既歎渌飲老境之衰，益惜秘書之不可再得，因附記於此。松門戴光曾。」「松門」印。

「嘉慶癸酉七月，渌飲忽奉特恩賞給舉人，此異數也。晤於省垣，老病初愈，後福正未有艾。光曾又識。」

「甲戌七月，聞渌飲已歸道山。此種書籍，皆經渌飲手校秘藏而余假録者，不可多得也。光曾。」

有「嘉興戴光曾鑒藏」、「從好齋書畫」、「錢天尌」、「夢廬借觀」、「徐康」印。

陵陽先生集二十四卷

宋牟巘撰。清初鈔本。次題「男應復編」。半葉九行，行十八字。至順三年程端學序。

有「翰林院」大方印、「吴興姚氏邃雅堂」、「天都鮑氏困學齋」印。

汪水雲詩一卷

宋汪元量撰。清黄丕烈校清初鈔本。附鈔崇禎年某人跋。黄丕烈跋，見《題識》。

有「顧肇聲讀書記」、「平江陳氏西畇草堂」、「趙子騫」、「舊山樓」、「養拙齋」印。

湖山類稿六卷

宋汪元量撰。清黄丕烈校清初鈔本。戊寅八月復翁記二行，見《題識》。黄氏手跋遺刊曰：「從毛鈔元本甲部本校之，作第下同。此從元本録出，首失四葉，中多闕字。劉評用丹黄標出，以便檢閲。」有「楊氏海源閣鑑藏」、「宋存書室」印。

待清軒遺稿一卷

宋處士潘音撰。清鮑以文校鈔本。附《真山民詩集》一卷。半葉十行，行二十一字。正德丙子徐雲卿序，嘉靖己亥裔孫昇跋。鮑氏題曰：「嘉慶三年歲次戊午五月初四日，重鈔并校。知不足齋識。」

古逸民先生集一卷

宋汪炎昌撰。清趙氏小山堂鈔本。半葉十二行，行二十二字。嘉靖二年族孫元錫跋。

趙氏手跋曰：「乾隆甲申，余主講龍城書院，史文忠公孫貽孫者出其所藏先人遺書見示，檢得此册，命男焜謄録一番，置之架中，幾五閱寒暑矣。今放舟雪川，蓬窗有暇，因校閲一過，偶書數語於簡末，併識歲月緣來耳。一清識。」

古梅遺稿六卷

宋吴龍翰撰。清勞巽卿手鈔本。半葉十四行，行二十四字。黑格。卷末「族裔吴惟時中立甫校」一行。程元鳳序。

勞氏手跋曰：「咸豐丁巳四月，吴興丁葆書新得知不足齋鈔本。家藏宋人小集尚缺此帙，因借傳之，并以義門校本之《笠澤叢書》寄我。二十四日録。昨偶至緑埜菴，彙上人留飲，薄醉，今尚病酲。下午，禯女歸自外家。二十六日，奡卿記。」

「二十九日晦録。卧病兩日，比來殊忽忽，明日擬攜新校《客亭類稿》、《栲栳山人集》歸精舍閒話撥悶。叔荃惠筆，殊不中書，舍字愈拙劣。蟫盦。」

「五月初日鈔畢。晝長人倦，接叔荃札并代人乞書，便回。頃得渌飲先生手鈔《夾漈遺稿》，倩雙姬重裝，補綴熨貼，殊可人意。」

「午日招朱笠夫暨季言、典叔於漚喜亭蒲觴小集，遲客不來，録成此卷。」

「初九日午刻，寫於秋井草堂。前一夕，湖州張南坪來尋，不晤。有客遊天目歸來，送茶。今晚，季言招集學林堂。蟫隱書。」

「古梅事實，略見《新安文獻志》。《志》稱有詩十六卷，雜著文二百餘篇。此本僅存五卷，故聯句、辨及方虛谷跋所載往往不見集中。篁墩所見已無出此外者，此係殘帙，未經重編。雜著四首則掇拾增入也。秋崖和詩爲小稿所不載，《秋崖集》有二本，互有詳略，予所藏乃嘉靖壬寅所刻別本，尚有此詩，亦可參校其異同耳。望後一日，仁和勞權識。」

「首卷附載小令闋而不著其調，蓋《遷鶯》也。唯前片第四句、後片第三句不叶韻，與夏英公作不合耳。詢諸婉秀，古梅殆復工，惜竹垞未及採入《詞綜》，不無遺珠之憾。蟫盦詞隱又識。」

「篁墩附載方虚谷評語，初疑出《瀛奎律髓》，顧檢閲，不登一字。尋得此跋于《桐江集》，因附録之。丁巳五月既望芒種，蕘卿記于雙聲閣。」

王梅邊集不分卷

宋王炎午撰。清黄丕烈校曹古林鈔本。藍格。板心下刊「槜李曹氏古林鈔書」八字。首本傳，元統二年揭傒斯、歐陽玄序。黄氏半恕道人跋，見《題識》。計三十三葉。

林氏手跋曰：「讀《吾汶稿》，予舊聞有此書，今始得見而讀之。王梅邊先生英風義概，凛凛可想，宋末有士如此，作育之效見矣。撫卷感歎，因成一絶，用發其意云。」

「養士恩深士氣豪，豈分廊廟與蓬蒿。梅邊節概秋雲聳，直繞文山萬仞高。國子祭酒三山林瀚識。」

戴氏手跋曰：「鮑氏知不足齋舊藏明鈔《吾汶稿》，今已歸余從好齋，因校此本附録之。癸酉秋，光曾記。」

有「槜李曹氏」、「曹溶」、「鈕葉翁」、「沈樹鏞」、「蕘翁藉讀」、「嘉興戴光曾鑒藏」印。

滏水文集二十卷附録一卷

金趙秉文撰。清何義門、黄丕烈校就堂和尚手鈔本。半葉十行，行二十字。黑格。書衣韓氏題曰：「名鈔本、名校本《滏水文集》，就堂和尚鈔。應陛按，元始滂喜園得《清河書畫舫》，據題知係就堂和尚鈔，筆意端楷，與此不同，不知誰真？抑時有前後，致有不同歟？義門先生硃筆校。末有跋四行，失去尾，據黄跋知係何。蕘翁墨筆，用朱之赤鈔本校。咸豐八年十一月十五日得之金順甫，價洋四元。應陛記。」「緑卿」印。黄丕烈跋一則，見《題識續録》。

何氏手跋曰：「予所有《滏水集》傳於竹垞前輩，復借汲古毛氏對勘，二本無大異同。獨此本間有多一□者，意此本乃閑閑公之舊，朱氏本則後人病其凡冗，而頗加删削。□間失其本意處，不如[二]。」佚。

黄氏手跋遺刊曰：「癸亥秋七月二十一日，過五柳居主人。以新從揚州估人易得書兩種出示，一爲義門先生手批陸文量《菽園雜記》，一即閑閑老人《滏水文集》也。末有朱之赤長跋，云是僧南潛所遺本，遂取以覆校此本。此本雖經義門校勘，然訛謬尚多，頗多是正。惜中缺七、八、九卷，無從對勘爲恨耳。金人文集傳者絶少，此集亦止係傳寫，彼此不能無歧異〔二〕，安得板行舊本一正魯魚耶？中秋前十日校畢。連日病足疾，枯坐百宋一廛中，謝絶酬應，始得竣事。蕘翁記。」

「癸亥秋八月，用朱卧菴鈔本校。」「蕘圃手校」印。

「此集既收得兩本，後又見西沚王光禄家藏本，因照朱本行款補所缺失，王本遂轉歸同郡某，未及細校也。頃書友從玉峰趧考，獲有鈔本《滏水集》，上鈐『張位之印』，彼初不知爲誰何，因攜示余，余曰此張青芝先生手筆也。遂收之。適病腹疾腸秘，眠食不安，今日始能起坐書齋，擬爲校勘。且義門即係青芝之師，或當日傳本亦出義門所，蓋此書義門跋云傳於朱而校以毛者〔三〕，固自有別本在也。爲志其源流如此。復翁記，時嘉慶己巳秋九月二十有三日。」

有「汪士鐘曾讀」、「長洲汪文琛鑒藏書畫記」、「韓應陛鑒藏宋元名鈔名校各善本于讀有用書齋」印。

〔一〕獨此本間有多一□者，意此本乃閑閑公之舊，朱氏本則後人病其凡冗，而頗加删削。□間失其本意處，不如：原文脱「間有多一□……朱氏本」，「□」原作「姓」，「不如」原作「不知」，據《蕘圃藏書題識》校改。

〔二〕以新從揚州估人……不能無歧異：原文「以」下脱「新」；「末有朱之赤長跋」，原文「末」下脱「有」；「此本雖經義門校勘」，「此本」原作「一一」；「彼此不能無歧異」，原文「不能」下脱「無」，據《蕘圃藏書題識》校改。

〔三〕今日始能起坐書齋：原文「今」作「□」。蓋此書義門跋云傳于朱而校以毛者：原文「而」作「向」，據《蕘圃藏書題識》校改。

閑閑老人滏水文集二十卷附録一卷

清陳蘭鄰校張青芝手鈔本。半葉九行，行十七字。有「張位」印。

陳氏手跋曰：「甲戌三月八日，借得朱卧菴校本校勘，兩本互有錯誤，字句間亦時有不同，爲添注校改數十字，一日而畢。其可疑者闕之，不敢蹈顔氏之譏也。蘭鄰識。」

遺山先生詩集二十卷

金元好問撰。明汝州刻本。半葉十行，行二十一字。黑口。弘治戊午李瀚序，段成己序。

何氏手跋曰：「汝州所刊《遺山詩》視歸德所刊《全集》爲善，然印行頗少，汲古閣刊元人詩獨未見此本也。庚辰歲，從金陵肆中得之，後又從虞山錢遵王借閲東磵老人《遺山詩鈔》，遂以朱點記每篇之下。他年得吾書，尚寶惜諸。康熙辛巳四月，何焯記於語古小齋。」

有「語古」、「文殊師利弟子」、「不事元後人」、「在家道人」、「士風清嘉」印。

遺山先生文集四十卷附録一卷

明張德輝刻本。半葉十行，行十九字。黑口。板心下記刊工姓名。李。首儲巏手簡，中統三年李治、林仁、王鶚、徐世隆序，弘治戊午李瀚、靳貴序。有「有懷堂圖書」印。

文禄堂訪書記卷第五

湛然居士文集十四卷

元耶律楚材撰。清蔣西圃校鈔本。半葉九行，行十八字。李微、王鱗、孟攀麟、行秀序。

顧氏手跋曰：「此蔣西圃家鈔本，江都陳稼堂逢衡所贈。道光丙戌花朝後十日，顧千里記。」

有「西圃蔣氏手校鈔本」、「顧千里」、「一雲散人」、「包子莊經眼」、「陳氏珍藏」印。

張文忠公文集二十八卷附録一卷

元張養浩撰。清邵二雲鈔本。首像贊。半葉十行，行十八字。

邵氏手跋曰：「乾隆四十二年春，借汪氏振綺堂藏本映鈔。晉涵記。」「柔兆涒灘辜月，借振綺堂家藏《張文忠公集》鈔本傭人影鈔。强圉作噩，余月鈔畢，適有修志之役，未及校勘，深用爲愧。晉涵識於宗陽道院。」

有「邵氏二雲」、「晉涵」、「藉書園本」、「林汲山房藏書」印。

虚谷桐江續集四十四卷

元方回撰。清孔葒谷校鈔本。半葉九行，行二十字。卷四「從事郎寧國路儒學教授同舍生曾祐編次」，卷五「男方存心正心刊行」，卷六「初授徽州路儒學教授馮家龜林一桂等刊」，卷九「表姪劉秉懿謹編刊行」，卷十「甥姪汪庭芝謹編」，卷二十五「古杭徐芝石宅滄浪山房刊行」，卷二十七「學生徐編次」。

按卷末編刊名氏，當從元本出。卷一、卷十九、卷二十七皆不全卷，缺卷十四、卷二十一、卷二十三、卷二十四、卷二十六、卷三十二、卷三十四、卷三十六、卷三十九至四十一。卷二十二附條孔氏題曰：「此後半葉訛舛殊甚，須以底本乃可辨其錯謬也。嘉慶元年丙辰五月朔乙巳芒種日申刻，天陰欲雨，微波榭録，因至此記之。」「竹原」印。

月屋漫稿一卷

元黄庚撰。清王乃昭鈔本。次題：「林伯良編，張楧校正。」泰定丁卯自序。王氏手跋曰：「康熙癸丑小春二十有四，懶髯野叟偶得元人手書《天台山人集》，喜而録之。時年六十有七。」

有「王乃昭」、「禮邸珍玩」、「謙牧堂書畫記」印。

任松鄉先生文集十卷

元任士林撰。元至元刻本。半葉十三行，行二十三字。黑口。趙孟頫、杜本、王應麟序，至元後丁丑邢泰序。

松雪齋文集十卷外集一卷

元趙孟頫撰。元至元刻本。首謚文、行狀。半葉十二行，行二十二字。白口。大德戊戌戴表元序、至元己卯何貞立跋。

卷末刊書識語曰:「松雪翁詞翰妙天下,片言隻字,人輒傳玩。公薨幾二十年矣,而生所爲詩文猶未鏤板。今從公子仲穆求假全集,與原誠鄭君再加校正,亟鋟諸梓,置之家塾,俾識者得共觀焉。至元後己卯良月十日,花溪沈璜跋。」

静修先生文集三十卷

元劉因撰。元至順刻本。存卷一至三。半葉十三行,行二十一字。黑口。卷一「至順庚午孟秋宗文堂刊」十字木記。

許白雲先生文集四卷補遺一卷附録一卷

元許謙撰。清戈小蓮校宋賓王鈔本。半葉十行,行二十字。

戈氏手跋曰:「辛酉二月上旬一日讀畢,作跋一首。小蓮戈襄,時年三十七。」

韓氏手跋曰:「《許白雲集》余向有一部。咸豐戊午五月,在蘇州玄妙觀西書坊見此,知從戈順卿家散出。中有硃筆校改字，蓋出戈手，價值極廉，收之。第三卷當係宋賓王書。六月六日揮汗記於舟中，應陛。」

有「戈載順卿」、「戈襄」、「戈小蓮秘笈」、「半樹齋藏書」印。

秋澗先生大全集一百卷附録一卷

元王惲撰。清金星軺校鈔本。至大己酉王構、王士熙序，至治壬戌羅應龍跋。每卷末鈐一「校」字。有「吴焯」、「尺凫」、「繡谷」、「方功惠藏」印。

金氏手跋曰：「此集曾於蘇郡採蓮巷王蓮涇先生家獲見，元時刻本。中間頗多缺文，計欠共百餘葉。先生必購求元板補鈔，故至今闕如。茲從梵門橋王氏逸陶先生所藏，就堂上人手鈔本録得之，終篇祇欠六葉。凡三校，尚有疑譌處，猶俟同志者購求全善之本補之、較正之。雍正癸卯歲春王正月，桐鄉金氏軺星書。」

又明弘治刻本。附像贊。半葉十二行，行二十字。黑口。上記白文字數，亦有白口，附字數。弘治十一年車璽序。有「田伏侯」印。

默菴安先生文集五卷附録一卷

元安熙撰。清劉燕庭鈔本。半葉十行，行二十字。黑格。板心下刊「東武劉氏味經書屋藏書」十字，左欄外刊「燕庭校鈔」四字。

劉氏手跋曰：「元安熙《默菴集》五卷，其門人蘇天爵編輯。元刻久佚，不可得。茲偶於汪巽泉師插架檢得一册，前有顧俠君收藏印，知爲秀野草堂故物，即選元詩之原本也。因借歸校録之，并志。道光辛卯暮春，東武劉喜海。」

有「文正曾孫」、「劉喜海」、「燕庭藏書」、「朱澂字子清號復廬」印。

漢泉曹文貞公詩集十卷附録一卷

元曹伯啓撰。明毛子晉影鈔元本。存卷六至末。半葉十行，行二十字。書簽「漢泉漫稿」。卷末鈐朱文印曰：「趙文敏公書卷末云：『吾家業儒，辛勤置書，以遺子孫，其志何如。後人不讀，將至于鬻，遺其家聲，不如禽犢。苟歸他室，當念斯言。取非其有，吾寧舍旃。』」

有「元本」印、「甲」字印、「毛晉」、「子晉」、「汲古主人」、「毛扆」、「斧季」、「汲古得修綆」印。

石田先生文集十五卷

元馬祖常撰。元刻大字本。補鈔卷十一至十五。半葉十行，行十八字。線口。板心上記字數，下記刊工姓名。至元五年王守誠、蘇天爵序。

有「元本」印、「汪文琛」、「汪士鐘」、「閬源」、「平陽汪氏藏書」、「郁松年」、「泰峰」印。

雍虞先生道園類稿五十卷

元虞集撰。明初刻大字本。半葉九行，行二十字。黑口。至正六年歐陽玄序。首牒文，末刊「撫州路總管詹天麟、經歷黄天覺識」。書衣鈐「江蘇巡購備選書籍」印。計一千六百九十二葉。

附葉某氏題曰:「此書爲元季原刻,舊藏正定梁蒼巖相國家,乾隆經正定縣呈送備四庫編輯者。觀首葉梁氏藏書印章及書面粘存『正定縣呈送書籍』短簽可資考證。藏余家者數十年,卷帙完好,偶一展閱,古意磅礴,如對昔賢,可寶也。光緒己亥修禊日,竹潭謹記。」

有「蕉林梁氏書畫」、「大學士章」、「大興徐氏藏書」印。

道園遺稿六卷

清初鈔本。半葉十一行,行二十字。至正十三年黄溍序。甲子十二月黄蕘翁跋,見《題識》。洪同董研樵跋。

有「朱彝尊」、「曝書亭」、「黄丕烈」、「蕘圃」、「士禮居」、「吴榮光」、「沈揆石研樵藏」印。

伯生詩續編三卷

元虞集撰。元至正刻本。半葉十行,行十五字。黑口。目後刊書識語曰:「是集乃學士晚年所作，比常作尤爲得意。敬刻梓，與騷壇共之。至元後庚辰，劉氏日新堂謹識。」有「胡惟善」、「納齋」、「揚州阮氏文選樓」、「墨莊藏書」、「荃蓀」、「雲輪閣」印。

楊仲弘詩集八卷

元楊載撰。元刻本。半葉十二行，行二十字。黑口。至治三年自題、致和元年范梈序。末刊「臨江埜人」、「范梈」二木記。

范德機詩集七卷

元范梈撰。元刻本。次題：「葛雝仲編、孫從吾校刊。」半葉十一行，行二十字。黑口。目後「至大庚辰良月益友書堂新刊」十二字木記。有「毛扆」、「汲古閣」印。

淵穎吴先生集十二卷附録一卷

元吴萊撰。明初宋璲寫刻本。次題：「門人宋濂編。」半葉十三行，行二十三字。黑口。目後刊曰：「男前婺州路金華縣儒學教諭士諤再拜謹識，金華後學宋璲謄寫」一行。至正十二年胡助、胡翰序。

卷中附簽條曰：「分校潘庭筠。」

葉氏手跋曰：「《吴淵穎集》十二卷，濂溪宋學士編録。古人於師弟之誼甚篤，於此可見。然淵穎之學，誠不媿乎一日之長，而《春秋》猶其長也。及門高弟有濂溪、烏傷二公，皆有集行世。余日思一覩焉，而無資置之，中懷悒悒，不知何時得遂斯志也。近以虞山太史教，天下讀書風尚漸以復古，故濂溪與李懷麓、歸震川文集世頗宗之。今年太史已殁，主持文教者蓋難乎其人，惟誦其遺言而流傳其教思而已矣。追溯淵源，淵穎之集不可不反復誦之也。時康熙甲辰歲夏六月二十三日，葉石君重裝于成軒并跋。」

有「翰林院」大方印、「鬱華閣藏書記」、「九龍山人」、「莫善誠書畫」印。

又明初宋璲寫刻本。首題曰：「嘉靖丙戌秋日，陳淳讀於雙桂軒。」

錢氏手跋曰：「《淵穎集》傳本頗希，此爲項氏天籟閣中舊物，余於己巳得之梁溪。庚午夏，曝書檢閲一過，漫書歲月。蒙叟書於榮木樓下。」有「陳道復」、「子京」、「項氏家藏」、「謙益」、「金星軺藏書」、「黄丕烈」、「復翁」、「蓉鏡」、「清河伯子」、「李兆洛」各印。

金華黄先生文集四十三卷

元黄溍撰。元至正刻本。初稿三卷，次題：「危素編、劉耳校正」；續稿四十卷，次題：「門人王生、宋生編，三山學宫刊梓。」半葉十二行，行二十四字。小黑口。至正十五年貢師泰序。

順齋先生閑居叢稿二十六卷

元蒲道源撰。元至正刻大字本。次題：「男蒲機類編，門生薛懿校正。」半葉九行，行十四五字。白口。至正十年黄溍序。卷末哀辭七葉。目首行張氏題曰：「丙申十一月得之錢生，云周恭肅家藏舊物。」「張雋」印。

圭塘款乃集一卷

元許有孚撰。清鮑以文鈔本。至正十年周伯琦、周溥、段天祐、丁文生、黄㝷、趙恒、張守、王翰、陸煥然、王國賓、洹濵、哈剌台諸序。

彭氏手跋曰：「許文忠公至正六年以御史中丞病歸湯陰時所作，明初名《熙衡州安仁人公圭塘小稿》，中有《送馬教授南歸詩》，蓋十年門館之舊。此編知不足齋主人鈔贈，校以錢辛楣宫詹潛研堂本。癸卯春分後三日，芸楣記。」

有「曾在鮑以文處」、「南昌彭氏知聖道齋」、「朱學勤」、「修伯」、「結一廬」印。

燕石集十五卷附録一卷

元宋褧撰。清宋賓王校鈔本。次題：「姪瓚編，危素校正。」半葉十二行，行二十二字。至順元年歐陽玄序，至正六年蘇天爵、許有壬、吕思誠序。

書衣題曰:「天璽雙碑館藏書。」次曰:「書鈔閣秘藏。」有「宋定國」、「蔚如」印。宋氏手跋曰:「康熙辛丑初夏,仝錢方蔚、汪天立校閱。宋賓王記。」又清吴枚菴手鈔十卷本。有「吴翌鳳」、「枚菴」、「每愛奇書手自鈔」印。吴氏手跋曰:「是書諸簿録家不載,惟焦氏《經籍志》有之,係秘本可貴。丁酉七月,得本于海虞友人。明年秋日,鮑君以文就余傳鈔。既還,漫志於後。古歡堂主人翌鳳書。」

吴正傳集二十卷附録一卷

元吴師道撰。明鈔本。半葉十三行,行二十五字。藍格。至正六年王濳序。卷十七末有「侍書洪壽録」一行。

杜氏手跋曰:「《正傳先生集》,楚得從其裔孫貞源處借讀,爰作而歎曰:『先生之事,距今且三百歲矣。而讀其書、味其指,不啻親炙於一堂而躬聆其言論之斐亹也。後生末學,抑何幸歟! 第念先生道氣湛深,學術醇正,且與同郡何北山、金仁山諸先正後先頡頏,使從祀聖宫,頒布其籍于學官,夫何忝焉! 惜盛典尚堙,而其書僅爲一家之藏也。然聖朝稽古右文，闡揚幽逸，豈無任風教之責者力爲表章，俾先生之懷久而彌耀，與程朱諸先儒並馨典祀者乎？』爲屬聞孫尚什襲是編以俟，愚且拭目企之矣。時康熙十七年，歲次戊午，季秋重九日，宛陵後學杜楚敬題。」

「此本壬申見於一骨董家，適囊中告罄，曾質衣浼沈司訓素庭購得之，每恨無副墨可讎，故怱怱未一寓目。頃從其後人吴秀才勗處假所藏家稿，剪燭手校一過，幾忘寒漏之已殘矣。因漫題數字於其末，時甲戌十月五日。偶影居士書。」

有「杜楚」、「重遠書樓」、「晉涵」、「文瀾閣校理」、「鳴野山房」印。

吴禮部别集二卷

清黄丕烈校舊鈔本。半葉九行，行二十字。黑格。卷下首行朱筆題曰：「明刻每葉二十行，行二十字。今以紅筆畫斷，以記頁數。」「蕘圃過眼」印。

厲氏跋曰：「吴禮部《正傳集》世多傳本，獨《詩話雜説》一卷罕見藏弆者。金華胡孝廉元瑞家收書最富，嘗跋此册及《敬鄉録》云：『遍舉郡邑，凡有聞者，緝其製作、履歷，粲若指掌。下逮畸流逸客，片語隻詞，亦博采旁證，竟其隱伏，耳目所及，點綴弗遺，其爲力勤而用心苦矣。今去吴公僅二百載，而文獻之詳邈弗得覩。南渡而上才篇什，史乘軼而未收者，尚倚藉諸編，稍獲綜其崖略。余於禮部，異世子雲也，因筆于末簡，以俟異世之爲余子雲者諗之。』觀元瑞云云，此書之難得而可寶貴審矣。邗江馬四兄半槎，癖嗜異書，搜剔隱秘，得元時刻本。方與予同輯《宋詩紀事》，獲覩南宋諸賢逸唱，歎爲未有〔一〕。獨《敬鄉録》無從訪求。向曾晤東陽王先生虎文，云有其書，恨不借鈔，以成合璧。而爲元瑞之子雲，則余兩人未敢多讓焉。」

「皇清雍正十一年五月一日，杭人厲鶚謹題於邗上之小玲瓏館〔二〕。」

「吴禮部《詩話》所載宋人詩句最佳，如李坦之、戴祖禹輩，皆世所未見者。暇日以朱筆點定，略改譌字數處。雍正壬子冬十月二十七日，古杭厲鶚記。」

周氏手跋曰：「是書丙午得於城中騎龍巷顧氏，分上、下二卷。上卷有吴正傳序。及劉孝標云云二條下，皆復寫下卷之全文。下卷寫至方岳一條止，心疑爲殘缺之本。近晤黄主政蕘圃，云於維揚書估得一刻本，蕘圃因取鈔本勘對，并互校誤處，方知明刻上、下二卷，止存下卷。余因假再校，删去重複，定爲下卷而仍存上卷之吴序、劉孝標二條於前。蓋以明刻每葉二十行，此適符一葉之數。疑上卷已斷爛，猶存殘簡，抄入以留上卷之痕迹。蕘圃云首二條作僞者爲之，恐未必然也。《别集》不載於墓表、碑文，蕘圃以爲後人掇拾成書，其言當矣。如論陶靖節詩三條，皆掇取《禮部集》中跋語可見也。二「桃園圖後題」、一「家藏淵明集跋」。其書疑有上、中、下卷三卷，明刻時想已不全，而分爲上、下二卷。卷内云：『《題赤松詩》舒道紀最佳，見下卷。』『時天彝詩見下卷。』今皆不見於集中。且此已爲下卷，何又有見下卷之説耶？上卷吴序云：『取録中佳者，别爲卷附後。』舒、時二家詩，其亦在後卷而失之耶？余因校畢，并録厲徵君太鴻跋於後，而欣是書之得以更正。略加辯語，俟後之得完本者考焉。嘉慶九年，歲在甲子，香巖居士周錫瓚識〔三〕。」

黄氏手跋曰：「吴師道集》後《墓表》，臚列生平所著書，獨無所謂《詩話雜説》者。近錢少詹補《元史·藝文志》，方有吴禮部《詩話》二卷，諸家書目並未著録，何是書之秘也？近頃揚州書估以小玲瓏山館所藏《吴禮部别集》卷下售余，其標題却曰《詩話雜説》，不逕名『詩話』而曰『别集』，不僅名『詩話』而兼『雜説』，似又與少詹所載者異矣。然此有下卷，則二卷之説得之。此本分卷下前半，爲卷下而改曰卷上，又多師道自題一首及劉峻云云一條，未知其何據也。略以刻本正之。丕烈。」

「八月一日，香巖丈復以校正本示余，并云鈔本之卷上師道自序及劉峻云云一條想已殘缺不全之故，留此一葉之痕，蓋其所憑信者，以明刻證之，適爲一葉也。然余云僞作，又因鈔本複出下卷之文而謬曰卷上，則其僞作之迹顯然，故并疑卷首一葉有二行，亦以僞作目之。今得香巖訂正，俾留傳此殘缺不全者，以待後來印正，不誠慎之又慎耶！書此以誌余之鹵莽，蕘翁又識[四]。」

有「黄丕烈」、「蕘圃過眼」、「周錫瓚」、「仲連手校」、「南湖華隱」、「西村居士」印。

〔一〕獨《詩話雜説》一卷罕見藏弆者：「弆」原作「棄」；「遍舉郡邑」，「遍」原作「編」；「其爲力勤而用心苦矣」，原脱「勤」字；「才人篇什」，原脱「人」字；「獲購南宋諸賢逸唱」，「購」原作「覯」，據《蕘圃藏書題識》校改。

〔二〕杭人厲鶚謹題于邗江之小玲瓏館：原脱「題」字，據《蕘圃藏書題識》補。

〔三〕是書丙午得于城中騎龍巷顧氏：原「中」作「市」；「蓋以明刻每葉二十行，此適符一葉之數」，兩處「葉」原文均作「頁」；「蕘圃以爲後人掇拾成書」，原脱「人」字；「今皆不見於集中」，原脱「於」字，據《蕘圃藏書題識》校改。

〔四〕又因鈔本複出下卷之文而謬曰卷上：「出」原作「初」，「故並疑卷首一葉有二行」，原脱「故」字，據《蕘圃藏書題識》校改。

薩天錫詩集三卷外集一卷

元薩都剌撰。清毛破崖、沈寶研校汲古閣刻本。書衣徐梧生題曰：「《雁門集》汲古閣刻本，用葉石君所藏本及元人寫本校。矩菴。」

毛氏手跋曰：「歲在甲申秋九月重陽後，風雨浹旬，檢得《雁門集》鈔本，手校一過，兩集殊多異同，頗有讀書之樂。兩集《雁門》較勝。破崖居士九月十有八日校畢。晚窗略有霽色，然亦明日陰晴未定也。」

沈氏手跋曰：「毛氏雖補刻不載諸篇，而已刻者竟未刊正訛謬。先生從包山葉石君校本改字數百，庶幾復《雁門》之舊矣。」

「先生又得元季人寫本一册，乃崑山葉文莊公故書。卷首有『巡撫宣府』關防。所有詩僅百餘篇，復從之校補二十餘字云。書迹間架似王叔明、倪元鎮，蓋于時風氣用筆細勁，得諸公之筋。弘正以後書家不窺此秘也。癸亥三月，巖記。」

「此册爲虞山汲古閣藏書，所改即據樸學齋校本。癸亥二月，雨雪杜門，後從吾師義門先生閱本參勘是正，差爲善本矣。巖又記。」「乾隆甲子三月，又校一過。」

有「穎谷」、「破崖先生」、「寶研居士」印。

傅與礪文集十一卷附録一卷

元傅若金撰。明洪武刻本。半葉十行，行二十一字。黑口。洪武甲子梁寅序。有「曹溶」、「潔躬」印。

又《詩集》八卷同。至正戊戌胡行簡序。末刊：「洪武壬戌仲冬，渝川百丈山前建溪精舍新刊」二行。有徐興公手跋，光緒紀元周星詒題記。有「徐𤊹」、「閩中徐惟起藏書」印。

滋溪文稿三十卷

元蘇天爵撰。元刻本。存卷二十一至二十五。半葉十行，行二十字。綫口。板心下記字數。

袁氏手題詩曰：「零珍斷璧滋溪稿，五卷精嚴出有元。莫道一鱗鈐乙字，清容孤秘可同論。《丁巳春日雜詩》之一，寒雲。丁巳二月獲于上海。」有「寒雲」、「裒存歡喜」印。

繆氏致莫氏手札曰：「送上元刻《滋溪文》一册，書目四册，乞詧。《滋溪文》弟即藏抱經校本，然繆誤尚不少，行款亦異矣。再乞假《儀禮要義》、《青陽集》兩種。《要義》録跋。《青陽》，《四庫》四卷，明刻六卷，尊藏似十卷，擬一核定。楚生三姻兄大人，弟荃孫鞠躬。」

五峰集七卷補遺三卷文集一卷雁山十記一卷

元李孝先撰。清鮑以文鈔本。半葉十行，行二十一字。弘治甲子錢杲序。有「歙西長塘鮑氏知不足齋藏書」、「老屋三間賜書萬卷」印。

又清勞季言校舊鈔本。六卷。補鈔《提要》、錢杲序。勞氏手跋曰：「咸豐壬子六月，吴興丁寶書以鮑渌飲先生手寫本寄示，因據校一過，補鈔十六首。鮑本後附《補遺》三卷，渌飲從《玉山雅集》諸書集録。又《文集》一卷，止十首。《雁山十記》一卷，别録成帙。二十五日午刻，季言。」有「孔傳金」、「曾在姚古香處」、「周長溶字舜元號秋湆」、「永嘉人」印。

僑吴集十二卷附録一卷

元鄭元祐撰。明張習刻本。半葉十二行，行二十四字。黑口。至正二十年謝徽序，弘治丙辰張習題。嘉慶三年黄丕烈跋一則，見《題識》。

顧氏手跋曰：「朱三丈故物今在周香巖家，較此本多十一卷之六葉，其第五葉仍闕如也。蕘圃借歸，囑余影寫補入，而去所附録宋氏鈔本之半。仍留前一葉，俟他本以續完璧云。八月二十四日，澗薲記。」

費氏手跋曰：「光緒十六年四月二十一日，武進費念慈從建緻同年假讀。時久晴，望雨甚切。念慈記。」

葉氏手跋曰：「此《僑吴集》十二卷，雖明中葉刻本，字畫古雅，猶有宋槧遺意。舊爲潘笏盦明經所藏，建緻太史以古幣數十易得之，亦藝林佳話也。辛卯中秋後一日，昌熾。」

潘氏手跋曰：「《僑吴集》精妙已極，令人愛不忍釋。三十年塵土，安得見此。癸未九月下旬，潘祖蔭識。」

有「虞山毛氏汲古閣考藏」、「士禮居藏」、「廣圻審定」、「澗薲」、「思適齋」、「汪士鐘藏」、「長洲汪駿昌藏」、「潘氏桐西書屋」、「江標」、「靈鶼」、「荃孫」各印。「大清光緒十二年十二月朔三十日，書窟弟子江標敬造長恩像一區，願留不散，嚙蠹魚不生，永充供養」印〔一〕。

〔一〕書窟弟子江標敬造長恩像一區，……永充供養：原文「恩」作「思」，「養」作「餐」，據王欣夫《蛾術軒篋存善本書録》改。

貢禮部玩齋集十卷拾遺一卷

元貢師泰撰。清初鈔本。次題沈性編。半葉十三行，行二十四字。至正十九年楊維楨、趙贄、錢用壬、謝肅、李國鳳、王褘、余闕、程文、黄溍等序，嘉靖李默序。

吴氏手跋曰：「貢尚書《玩齋集》十卷，嘗刻於宣城。此鈔本逸其前八卷，吾友巢飲朱君所藏也。尚書元末避地小桃源，爲寧遠公師，且迎其孥于家，生乎吾居，死乎吾葬。至於今，尚書丘墓與夫春秋祀事，皆小桃源之朱世掌弗替。而其賢者又往往喜讀尚書之書，刻本不得則轉相傳録，雖殘編斷袠，寶之若天球大貝，如巢飲斯編是也。自尚書之没，迄今已四百有餘歲，而朱氏敬其師猶若此，何其篤也！昔楊子雲既殁，弟子侯芭葬而喪之，世多其義，以今視古，奚翅過之！《大雅》云『無言不讎，無德不報』，寧遠之後，魁儒碩士代不乏人，天之所以報之者，良不爲薄矣！巢飲爲寧遠嫡系，爲人温然儒雅，好學不倦，有先民之榘矱，時方祭酒予家，因獲借讀是編，不禁有觸而題其後，以爲修子弟職者勸。乾隆戊戌九月晦日，休寧後學吴騫書于小桐溪之愚谷。」

有「朱自恒」、「曹文埴」、「薺原」、「臣騫」、「葵里」、「兔床經眼」印。

謝宗可詠物詩一卷

元謝宗可撰。明蔣絅臣校鈔本。半葉八行，行十七字。至正癸巳汪澤民序。

蔣氏手跋曰：「有《鴛鴦梅》一律，未知從何本採入，留之爲存疑可也。九日，絅臣玢校識。」「蔣玢」印。

郭氏手跋曰：「蔣玢字絅臣，崇禎間閩縣庠生。雅尚氣節，藏書數萬卷，時多秘本。子夢蘭，太學生。孫晟，康熙間進士。俱能詩，知名於世。道光壬寅七月六夕，借李愷安同年鈔本，因書此。檗花。」「柏蒼」印。

有「是書曾藏蔣絅臣家」、「鄭氏注韓居」、「閩中郭蒹秋」印。

師山先生文集十一卷

元鄭玉撰。元至正刻本。半葉十行，行二十三字。白口。板心刊小題，上記字數。明補刻。大黑口。下記白文字數。首本傳，至正丙寅自序、至正丁亥程文序。

有「季振宜藏書」、「長洲顧沅湘舟鑒藏」印。

又明祁承㸁鈔本八卷，《遺文》五卷。半葉十行，行二十字。藍格。板心下刊「淡生堂鈔本」五字。程文序、洪武三年王禕序。

有「淡生堂經籍記」、「禦兒」、「吕氏講習堂經籍圖書」印。

江月松風集十二卷續集一卷

元錢惟善撰。清翁又張手鈔本。半葉十行，行二十字。至元後戊寅陳旅、夏溥序，道光癸未黄蕘夫跋，見《題識》。

翁氏手跋曰：「《江月松風集》爲有元錢思復手書稿草，先民筆墨具有別致，好事家因裝裱成册，錢罄室、曹秋岳相繼收藏。秋岳亡後，伯兄駕徵於金閶見之，傾囊得歸，一時争相傳寫，未免有豕魚之譌。此本乃余手鈔，較對獨細，惜有缺落，無從考補。至字畫間有舛誤，亦從闕疑，大抵古人手筆，當仍其舊，不可妄以己意增損也。所得更有張伯淳、貫酸齋書卷〔一〕、元人草玄閣湘竹龍唱和并雜詩束，共此集爲三册，得於康熙丙寅之杪春，而鈔成于季秋之十三日。東洞庭山又張翁栻識。」

「旁有朱字，乃録金亦陶夫子所改誤也。丁卯四月，栻。」

「癸未七月二十有八日，從蕘夫借觀。晦日，往瀆川以省徐氏妹。午後狂風大作，泊西跨塘橋下，投宿談氏越日，仲秋朔歸。往來舟中讀竟。湖山風月主人記。」

有「栻」字印、「洞庭翁栻」、「又張」、「湖山風月主人」、「南陔」、「名山樓」、「金元功藏書記」、「黄丕烈」、「復翁」、「揚庭」、「璧雲群玉之居」各印。

〔一〕貫酸齋書卷：「酸」原文作「馥」，據《蕘圃藏書題識》改。

龜巢稿十五卷補遺一卷附録一卷

元謝應芳撰。清宋賓王校鈔本。半葉十一行，行二十一字。洪武十二年余詮、盧熊、張紳序。書衣題曰：「《龜巢摘稿目》分四言、五言、六言、七言，共七葉。後有殊識者，皆全録所無之詩。」又曰：「此《龜巢集》善本也，勿謂録詩不全而忽之。」

宋氏手跋曰：「《龜巢先生全集》世鮮傳本，其已刻之稿曰《龜巢摘稿》，集之詩二十一重加改正，乃付諸梓人。讀其詩，慕其文不得。蘇郡蓮涇王先生向得薛氏本藏弆。雍正丁未夏，文瑞樓主人于桃塢又得竹垞翁所藏稿本。因借歸合較，全録其文。其詩獨存所摘，附注原篇子下，以見先生手删之妙云。戊申初冬日，委水宋賓王記。」

有「宋賓王」、「蔚如」、「玉蘭堂」、「汪士鐘藏」、「平陽汪氏家藏」、「潘氏桐西書屋」印。

石初集十卷附録一卷

元周霆震撰。明鈔本。次題「門生晏璧編」。半葉九行，行二十四字。藍格。板心下刊「鶴洲鴛渚之間」六字。洪武癸丑劉玉、陳謨、葛化、張蕡、林堅序，成化元年彭時、商輅、劉宣序。

有「盛百二」、「秦川」、「羅浮山人」、「春草堂」印。

九靈山房集三十卷

元戴良撰。明正統刻本。次題：「男戴禮類編，從孫侗編。」半葉十四行，行二十字。黑口。至正二十五年揭汯、王禕、桂彦良序，洪武十二年宋濂序，正統十年從曾孫毓跋。周氏手跋曰：「吾鄉戴先生叔能文集世鮮傳本，舍弟蓟雲於嘉慶辛酉獲此本於京師，藏已二十餘年。戴氏今爲吾鄉望族，不知能另爲梓行否？舊本稍有損壞，重加裝治題。道光丁亥十一月十一日，周心如識。」

有「鶴溪」、「長水胡氏敦仁堂圖書」、「楊芳燦」、「才叔」、「芙蓉山館」印。

雲間清嘯集桂軒詩集不分卷

元陶振、謝常撰。清王蓮涇校清崑山葉氏鈔本。黑格。板心刊「葉氏小有堂鈔本」七字。黄丕烈跋，見《題識》。

有「半繭」、「太原叔子藏書記」、「東吴王蓮涇藏書畫記」印。

牧萊脞語二十卷二稿八卷

元陳仁子撰。清初鈔本。半葉十行，行二十字。有「楝亭」、「曹氏藏書」、「長白敷槎氏堇齋昌齡圖書」印。

東維子文集三十卷附録一卷

元楊維楨撰。元至正刻本。半葉十二行，行二十四字。黑口。有「孔繼涵」、「莊谷」印。

楊鐵崖詩稿不分卷

元楊維楨手稿本。黑格。板心刊「西樓筆札」四字。皇甫汸跋，天啓七年俞安期跋。嘉慶十六年長白平謙跋云：「西樓即鐵崖讀書處，又名萬卷樓。」有「陸氏家藏」、「朝鮮安岐珍藏」、「麓村鑒賞」、「長白重持菴家藏」印。

鐵崖先生古樂府十六卷

元至正刻本。次題：「門生吴復類編。」半葉十一行，行二十字。黑口。至正丙戌張天雨、吴復序。卷十一至十六《復古詩集》，次題：「門生章琬注，黄溍評。」有章琬序。有「方質夫考藏」、「質夫讀過」、「慎餘堂藏書」印。

存復齋文集十卷附録一卷

元朱德潤撰。明初刻本。次題：「曾孫夏重編，項璁校正。」半葉十一行，行二十字。黑口。虞集序、至正九年俞焯序。有「孝友堂」、「睢陽世家」印。

松雨軒集八卷補遺附録

元平顯撰。清勞顨卿手鈔本。半葉十四行，行二十四字。景泰元年柯暹序、宣德五年張洪序、嘉靖十九年陳霆序。

勞氏手跋曰：「咸豐壬子秋，吴興丁上舍肇慶寄示此集，從淥飲先生校本傳出。松雨爲吾鄉先哲，求之彌久，一朝獲之，殊感丁君不靳一瓻之雅意。每卷淥飲有題識，并録存之。九月朔鈔此卷，翌日録畢。仁和勞權巽卿記於蟫隱别墅。」

「同是晚校。」「初五日録畢。」「夏間於池上搆一亭子，署名漚喜軒。因臨水，致饒佳趣。西風乍起，几席東向，差嫌硯水易涸，筆頭轉燥，新製兔豪又不中書，令人愈想風日妍美、筆研精良之適。巽卿記。」

「二十九日巳刻校。陰雨。」「初十日録畢。」「秋袚乍過，既佳光景，懷抱暫開。三年度病中值茲節，今年幸此身尚健耳。巽卿記。」

「午後校。」「十二日午後録。」「昨歸，留宿玉參差館，擕墨遺阿穠。今早與典叔往答過存諸客，計已五十日不出户庭矣。蟫盦居士書。」

「十一月朔晨起，校於賜書堂。是日長至，晴色可喜。」「二十日録。手胝，輟數日筆。」

「屬有人事，行避去入城，歸玉參差館點檢行李，託環卿具舟。去留情深，遲遲吾行也。下午，尋湘曉于霞綺堂，共憶高叔荃。下第後，倘未往湖州，冀得能一面否？漚喜亭主人識。」

「初四日巳刻校。陰。」「來城已六日，旅中無事，朝暮録此。早起，次閑丈暨劍秋先生枉顧，同出問茶，旋往菜市橋作勾當。歸，齋鐘動矣。飯罷録竟，作此寂寂，出門又無所諧，不如向三間蠡殼窗開一尊去耳。蟫隱漫識，寓仙林寺祝壽房僧寮，二十八日。」「十月朔，獨遊湖上。歸，解逅叔荃，適乞假返杭。來寓相尋，留連譚燕，殊慰經年采葛之思。初六日，於瑞霞主人許酌別，次日抵家。歸後復鈔此卷。十三日記。」「元本以五言絶句置後，兹移易之。」「此卷中秋前所録，爲日不復記憶矣。望日記。」李氏手跋曰：「戊辰二月，又塵得於天津七十二沽春水初漲時也。」袁氏手跋曰：「文稿二册，易自張庾樓妹婿。克文題拜記。」「乙卯上巳前二日，無咎贈。寒雲記於倦繡室。」有「寒雲秘笈」、「百宋書藏」、「宜興李書勳藏書記」印。

秋堂邵先生文集□卷

不著撰人名氏。元刻本。存卷二至五。半葉十行，行十六字。線口。有「晉府書畫」、「敬德堂圖書」、「姜氏圖書」印。

拱和詩集一卷

元曹志撰。清鮑以文校鈔本。附《八詠詩》、本傳及先人傳。半葉十行，行二十字。黑格，黑口。板心下刊「知不足齋正本」六字。

鮑氏手跋曰：「乾隆己丑六月，傳錢塘汪氏振綺堂本。七月十一日校于知不足齋。」

有「鮑以文一生於此足矣」、「朱筠」、「朱錫庚」、「楊紹和」、「海源閣」、「瀛海仙班」印。

雪崖先生詩集五卷

元金守正撰。明初刻本。洪武壬戌梁寅、張美和序，永樂十九年胡儼序。有「古潭州袁氏卧雪廬」印。

蘭雪集二卷

元張玉孃撰。舊鈔本。半葉十行，行二十一字。

陳氏手跋曰：「道光己亥夏五望前一日，葉君潤臣以此册見示，爲題一律。此册與柳依之、劉碧環兩人逸事，他日可刊入叢書也，則柳事南中有之。玉清散史陳文述書于京師。」

有「陳文述」、「星齋」、「頤道經眼」、「漢陽葉名灃」、「潤臣」、「宗室盛昱考藏」印。

覆瓿集二十四卷

明劉基撰。明初刻本。有「徐釚」、「菊莊」、「復翁」、「汪士鐘藏」印。

徐氏手跋曰：「劉誠意《覆瓿集》係明初板，近日流傳頗少，宜珍惜之。康熙壬申三月重裝於松風書屋。」

黄氏手跋曰：「家俞邰《明史·藝文志·别集》載劉基《覆瓿集》二十四卷、拾遺二卷，前元時作。外間實罕見也。此《覆瓿集》二十四卷與《志》合，《拾遺》無聞焉。己巳仲冬二十有四日，坊間得五硯樓書，余轉向取歸，猶是珍惜之意云爾。康熙時，徐太史以爲近日流傳頗少，矧經百餘年來耶！雖明初刻，當與宋潛溪《文粹》等並重矣〔一〕。嘉慶十有四年十一月，復翁黄丕烈識。」

〔一〕當與宋潛溪《文粹》等並重矣：「溪」原作「虚」，據《蕘圃藏書題識》改。

宋學士文粹十卷補遺一卷

明宋濂撰。明洪武刻本。半葉十三行，行二十五字。小黑口。卷末刊識語曰：「右翰林學士承旨潛溪宋先生《文粹》十卷，青田劉公伯温所選定者。濟及弟湞約同門之士劉剛、林静、樓璉、方孝孺相與繕寫成書，用紙一百五十四番，以字計之一十二萬二千有奇。於是命印工十人鋟梓以傳。自今年夏五月十七日起手，七月九日畢工，凡歷五十二日云。先生平生著述頗多，其已刊行世者《潛溪集》四十卷、《羅山集》五卷、《龍門子》三卷，其未刻者《翰苑集》四十卷，歸田以來所著《芝園集》尚未分卷。在禁林時，見諸辭翰，多係大製作，竊意劉丈選之，或有所遺，尚俟來者續編以附其後。惟先生受知聖主，輔導東宫，名滿天下，文傳四夷，則不待區區之所贊頌云。洪武丁巳七月，門人鄭濟謹記。」有「嚴氏修能」、「元照」、「芳茉堂」、「張氏秋月字香修」、「晉陵羊氏兼如」、「羊翘」印。

翠屏集四卷

明張以寧撰。清初梁氏鈔本。次題：「門人石光霽編。」半葉八行，行二十字。藍格。板心下刊「悠肰齋」三字。洪武己丑陳南賓、石光霽序。有「蒼巖山人」、「蕉林藏書」印。

逃虚子詩集十卷續集一卷類稿五卷

明姚廣孝撰。清金星軺鈔本。半葉十一行，行二十二字。黑格。板心下刊「文瑞樓」三字。有「金星軺藏書記」、「文瑞樓」、「結社溪山」、「家在黄山白岡之間」印。

高太史大全集十八卷

明高啓撰。景泰刻本。次題:「徐庸編。」半葉十一行,行二十字。黑口。卷末有「常熟錢允言助刊」、「崑山王宗器助刊」、「常熟陳宗盛助刊」各一行。王禕、胡翰、謝徽序,景泰元年劉昌序,有葉及菴跋。

葉氏手跋曰:「《高太史大全集》爲先世所遺,編首有八世祖文莊公手筆誌,尤宜加珍藏,我後其勉之焉。康熙丁丑年七夕後一日,八世孫棐敬書。」

有「葉德榮甫世藏」、「乾隆五十有七年遂初堂初氏」印。

姑蘇雜詠一卷

明高啓撰。洪武刻本。半葉十行,行二十字。黑口。洪武四年自序。隸書。卷首次題「後學殷鏜校刊」六字。補刊。卷末殷氏改刻二葉,增詩二首。有季振宜手書「泰興季氏珍藏」六字。

「乾隆乙卯中秋，道華席佩蘭讀。」「佩蘭」印。

「嘉慶庚辰暮春下澣，滇南李浩讀。」「李浩」印。

「道光丙戌長至前三日，芙川攜來，快讀一過。」「心清居士」印。

「道光十五年乙未閏六月朔，合江陶廷杰借觀。」「臣廷杰」、「蓮生」印。

「道光乙酉清和月下浣，魏亨逵讀，三復志。」「亨逵」印。

「癸丑九月，仁和吴蕊園讀。」「蕊園」印。

「壬子冬至前三日，樊香同讀炎止。」

黄氏手跋曰：「是書洪武年間有二本，一刻於四年辛亥，再刻於末年戊寅。然四年本出公手定，尤爲祖刻足貴。迨後景泰中《大全》本盛行，而此單刻寖微。國朝康熙間，雖有周氏、金氏兩家重鋟，然祇據流傳俗本，未獲見初刻付梓，是以錯亂訛脱皆無足觀。今秋芙川參軍出是本屬題，古香盈紙，字迹圓整，洵爲元槧無二。舊爲吾鄉陸敕先暨泰興季滄葦藏書，展轉流傳，卷之首尾，圖記重重。以今視洪武初間，已閲五百年，當與宋槧同珍矣。第此本初刻而非初印，卷首題撰人及校刊姓氏兩行係出補刊，其『殷鐣』未詳在何時，玩其字刻，與全書迥異，似屬景泰後成、弘間人，明眼人當一覽而知，不爲所惑也。道光辛丑冬十有一月長至後五日，八十拙叟廷鑑呵凍書。」「黄廷鑑」、「琴六」印。

繆氏手跋曰：「此書罕見，琴川黄先生跋語至詳至確。殷鏜補二詩云出《大石志》。按，大石，陽山支峰，涌出山腰如蓮花。《志》明中葉人所撰，俟考人名。既見此志，則非明初人矣。然《大全集》以前單刻本無不絶佳，况遞爲各家收藏，望而知爲瓌寶。藝風。」「荃孫」印。

鄧氏手跋曰：「舊刻《姑蘇雜詠》名人藏印至夥，洵所稀覯。甘遯有詞二章，余本姑蘇人，惜不能和，謹書此以志眼福。戊午小除，沅叔祭書之夕，正闇寫記。」

袁氏手跋曰：「《姑蘇雜詠》，青丘自刊詩，與《大全集》頗有異同。予所藏本楮墨佳於此册，惟缺前序二葉及三十五、四十一兩葉，因假沅叔，屬梅真影寫補完。乙卯初秋，寒雲記。」「抱存」印。

陳氏手跋曰：「《青邱集》當時行世者有《吹臺集》、《江館集》、《鳳臺集》、《婁江集》、《姑蘇雜詠》等編，自景泰初徐用理薈萃各編刊爲《大全集》，凡一千七百七十餘首，稱爲完備，然自《大全》出而單行諸編遂渺不可得見。兹獲覩此帙，猶是洪武原刻，筆法、鐫工猶具元代規範，至可珍玩。况校之後來刻本，字句迥不相侔，題下小注亦景泰以後本所無，秘笈孤本雖與宋元珍槧等量齊觀可也。頃來都門，訪沅叔先生於藏園長春室中，出此相示，展觀移晷，粗考源委，題於卷首以志眼福。同觀者楊熊祥、徐仁釗。庚午十月，陳曾壽書。」「陳曾壽」印。

陳氏手題詩曰：「吹臺江館久塵荒，片羽流傳重吉光。五百年來幾興廢，問從卷裏話滄桑。　愁吟擁鼻未能豪，雲極南天入目蒿。會擬扁舟五湖去，垂虹橋畔訪三高。沅叔師出觀明刻本《姑蘇雜詠》，敬題二絶。門下士陳士廉。」「翼」半印。

吴氏手題詞曰：「少小住吴中，故事依稀能説。迴想泰娘橋畔，負鷺辰蟾夕。親栽弱柳早飛綿，絲鬢更誰惜。未到緑陰吟望，又滄桑一瞥。　西子舊家湖，白傅當年行迹。容我鴛橈載玉，接吴波柔碧。兒時遊釣更關情，滄浪占漁席。安得篛篷歸去，補扣舷新集。沅叔先生於南中獲此舊本《姑蘇雜詠》見示，意有棖觸，率題二詞卷尾，同人有爲我繼聲者乎？甘遯志。」「昌綬」印。

袁氏跋曰：「歲庚午十月九日，真賞社第二集。無錫楊壽樞、武進趙椿年、番禺陳慶和、南海譚祖任、宛平袁勵準、新會陳垣、吴江沈兆奎、豐潤張恂、丹徒尹文、豐潤張允亮、長白溥伒會於藏園，主人則江安傅沅叔也。主人藏書冠海内，琳瑯滿目，如入宛委山中。又出所蓄楊廉夫《真鏡菴募疏卷》，沈無夢亦以宋搨本《十七帖》來，因記於此。勵準書。」

有「古虞陸氏貽典」、「滄葦」、「振宜」、「晚香堂」、「稽瑞樓」、「陳浩」、「念甫」、「天水趙氏」、「芑孫」、「秋蓉」、「稼墨」、「蓉鏡」、「飛爾樓」、「金粟秘玩」、「墨琴」、「畹芳女士」、

「清河芙初女史」、「姚氏畹真」、「佛來仙館」、「香草山房」、「紅葉山房」、「田居放奕曾觀」、「楊有鑲字仲巽」、「汪澤別字東山」、「漁洋草堂」、「庚辰狀元」、「在處有神物護持」各印，「上清大洞寶籙第號五雷三司判官」大方印。

又明成化張習補刻本。行同。卷末增刊半葉十二行，行二十一字。洪武三十一年郡人周傳識。

張氏刊跋曰：「吴中故迹頗夥，國初高槎軒先生咏之殆遍，尚有遺者，惜乎後生小子莫如先生之才之清毫博贍，弗克繼承遺響。然不可已者數，題曰『買臣讀書臺』，可以勉後學之進；曰『陸績鬱林石』，可以激鄙夫之貪。雍公事業弘大，德學醇正；鶴山有功道學，先儒論其當入祀典；石湖履歷無疵，著述可法；清獻祠翰高出人表，實皆斯文命脈。吾邦英乂，義當表而出之，爲鄉人訓，兹愧未能即舉，益久則將委諸草莽，莫有聞而訪識之矣。習爲是懼，勉各賦一詩，附先生成集之後，尚覬讀之者因有所考，烏敢效顰學步，鼓瓦缶以間黄鐘也哉。成化丙午春二月望，郡晚生張習謹志。」

「七姬，良家子，事江浙行省左丞潘元紹爲側室。元季驛騷，潘統兵出治，而姬皆笄年，幼未破瓜。潘因逗遛，其幼者請自經，餘繼之。時戒嚴，權厝居第後圃。《潯陽□羽志》，郡人宋克書，人求學宋書，嘗傳其文，然莫□□所。高先生因近事，雖詩之而不及其貞烈，但□墜樓如緑珠耳。兹因空方録補之，非敢後也。習又紀。」

有「文正曾孫」、「劉華海」、「劉氏須客」、「竹鄂考藏」印。

西菴集十卷

明孫蕡撰。明弘治金蘭館刻活字本。半葉十行，行二十一字。白口。板心上右刊「弘治癸亥金蘭館刻」八字。弘治十六年張習序，崑山八十七翁顧恂題。有「天一閣」、「古司馬氏」印。

説學齋稿附續集不分卷

明危素撰。清金星軺鈔本。半葉十四行，行二十六字。歸有光跋。卷首題曰：「意珠居士夏璜曾觀。」

鮑氏手跋曰：「《危太樸集》二册，去年客吴郡得之金星軺家，麗煌三兄見而愛之。今年三月，麗煌有聊城之遊，無以爲贐，因舉此書及宋紙舊鈔高注《國策》一部爲贈。二書俱不易得，舟中客邸，宜加意保護，勿爲蟲鼠風雨所壞。俟明年攜歸，更從君借觀，展卷定爲之欣然也。乾隆丙子三月二十二日，棘人鮑廷博識。」

續集有葉氏跋曰：「嘉靖辛酉歲，震川歸師從予覓危太樸文，因檢不得，竟復之。自隆慶丁卯後，予以病淹，偶檢點樓間元朝集，乃獲此卷，實先文莊鈔存，題曰『危翰林文』者。因思向歸師借時，若細加檢閱，亦可應命。只緣不肯加功，故草草回之。今歸師已仙去，而不獲見，予復病淹而非昔比，皆可憾也。故記之云。隆慶辛未秋九月二十八日，括蒼老人恭焕識。」

有「金星軺」、「文瑞樓」、「結社谿山」、「天都鮑氏困學齋」、「潘祖蔭藏書記」印。

解學士先生集三十卷

明解縉撰。明初刻本。次題黄諫編。半葉十二行，行二十字至二十二字。黑口。上刊白文「李」。有「徐熥」、「六如軒」印。

徐氏手跋曰：「萬曆戊戌初秋三日，自京師南還。舟次淮陰，登岸謁漂母祠，因入城閒步，偶得此種。雖梨棗漫漶，然篋中所不可少者，謹藏之。賓應湖中，幔亭居士徐熥識。」

静居集六卷附録一卷

明張羽撰。明張習刻本。半葉十一行，行二十一字。黑口。弘治改元左贊序。末「時翊」二字木記，「弘治辛亥張習謹志」，「企翱」二字木記。

有「汪士鐘藏」、「萬華小隱」、「鄧尉山樵」、「潘叔坡」、「潘不敏」、「桐西書屋」印。

眉菴集十二卷補遺一卷

明楊基撰。明張習刻本。半葉十一行，行二十一字。黑口。成化二十年江朝宗序，成化乙巳張習志。

王氏手跋曰：「弘治丁巳五月，鄉達張企翱先生餽此書。」「王獻」印。

有「王玉芝」、「書深」、「鄉菴道人」、「槐雨亭中物」、「汪士鐘藏」、「文掞」、「十二硯齋」印。

蘇平仲文集十六卷

明蘇伯衡撰。明正統刻本。次題「林與直編，黎諒校正重刊」。半葉十二行，行二十四字。黑口。洪武四年劉基、宋濂序，正統壬戌黎諒序。癸丑九秋黄丕烈跋，見《題識續録》。

有「隆慶壬申夏提學副使邵晒理書籍關防」印、「潘叔坡」、「崦西草堂」印。

思玄集十六卷

明桑悦撰。明弘治刻本。次題計宗道校。弘治十八年計宗道序。

何氏手跋曰：「此後殘缺，書賈并割裁去，他日得遇善本補完，亦一快事也。康熙己卯二月花朝後二日，何焯識。」

「按《列朝詩集》中言，楊布政子器收拾遺文以傳，豈惟中所編十六卷之外，所謂晚年厭其浮於理而删去者耶？陸氏式齋《書目》云有民懌序，此集無之，當亦在所删中也。海虞少年見民懌之文者少矣，當從毛奏叔、斧季兄弟問之。是月晦日，焯又識。」「歲之皋月，從桃花塢蔣氏見民懌真迹一帖，體源兼工，漸近晦翁，亦奇逸無□云。焯識。」

有「何焯」、「謙齋」、「懷玉居士」、「張拱乾」印。

文肅公圭峰羅先生文集三十七卷

明羅玘撰。清錢湘靈批崇禎刻本。書衣題曰「調運齋閲本」。

錢氏手跋曰：「康熙三十一年八月乙酉十五日，雨窗校一過。鐵牛虞山錢陸燦爾弢閲〔一〕。」

有「錢陸燦」、「湘靈」、「鐵牛老學」、「鐵牛文字禪」、「書經解元」、「好夢」、「草創大還堂」、「嬾菴居士」、「虞山劍門詩文塔主」、「乾坤一草亭」、「圓沙」、「斯文亦吾病」、「提起最上一層」、「調運齋」、「延賞堂」、「趙氏藏書記」各印〔二〕。

〔一〕康熙三十一年八月乙酉十五日，雨窗校一過：「日」原文作「松」，「校」原文作「揭」，據王欣夫《藏書紀事詩補正》卷四所引此條校改。

〔一〕「草創大還堂」：「創」原作「劍」；「提起更上一層」，「層」原作「屬」，據王欣夫《藏書紀事詩補正》卷四所引此條校改。

吴日千先生文集不分卷

明吴騏撰。清初鈔本。有「劉喜海」、「燕庭」、「嘉蔭簃藏書」印。

朱氏手跋曰：「吴日千先生名騏，吾松奉賢縣人，明諸生。遭遇鼎革，棄衣巾遯迹山中，其生平梗概詳今新修《松江府志》。而《志》第稱其詩曰著有《顣頷集》八卷，未嘗及其文。此鈔爲其文集，題曰《鎧龍》，計二帙，不著卷數，蓋文集則曰『鎧龍』而詩集則曰『顣頷』也。先世父觀白樓中藏書頗富，曾見有《顣頷集》而並未見所爲《鎧龍文集》者，茲僅見於此，知此集即吾松稀覯矣，良足寶貴。道光九年己丑冬日，燕庭農部屬識此數語。婁縣後生朱大源書。」

甘白先生文集六卷

明張適撰。清就堂和尚手鈔本。半葉九行，行二十二字。黑格。板心下刊「就堂藏書」四字。正統丁卯不肖子收謹識。

有「金星軺」、「文瑞樓」、「結社溪山」、「家在黄山白岡之間」、「知足長樂」、「我思古人實獲我心」、「當怒讀則喜當病讀則痊特此用爲命□横□漢□」、「松江讀有用書齋金山守山閣兩後人韓德均錢潤文夫婦」各印。

文選六十卷

梁蕭統編，唐李善注。北宋天聖明道刻本。半葉十行，行十七字至十九字，注雙行二十四五字。三線口。宋諱避至「恒」字，遇「通」字缺筆，是避宋真宗劉后父名。存全卷五册，殘不足卷者六册。

又宋紹熙尤延之刻本。存卷十三至六十。半葉十行，行十八字至二十一字，注雙行。白口。板心上記字數，下記刊工姓名。王政、王亨、王大亨、王辰、李彦、李仝、劉用、劉仲、劉文、劉彦龍、陳卞、陳森、陳新、張成、張宗、張拱、葉正、葉友、葉平、葉必先、金大有、金大受、蔡洪、蔡勝、唐才、唐恭、黄金、黄寶、黄生、夏旺、新安夏義、蔣正、蔣乙、蔣永、馬弼、馬才刊、寧國府。板心有「乙卯重刊」，下記刊名。李椿、王明、劉瑞、仲甫。「壬子重刊」，劉昭、劉昇、劉彦中、湯仲、湯盛、夏應、陳亮、昌彦。「戊申重刊」，王才、唐彬、曹佾、吴志、楊珍、余致遠。「乙丑重刊」，吴甫、吕嘉祥、劉邁、王元壽、熊才、定刀。「辛巳重刊」。從元龍、曹義。淳熙辛丑尤袤序。宋諱避至「慎」字。

袁氏刊跋曰：「説友到郡之初，倉使尤公方議鋟《文選》板以實故事。念費差廣而力未給，説友言曰：『是故此邦缺文也，願略它費以佐其用可乎？』廼相與規度費出，閱一歲有半而後成，則所以敬事於神者厚矣。江東歲比旱，説友日與他人禱之神焉，蓋有禱輒應。歲既弗登，獨池之歉猶什四也，顧神貺昭答如此，亦有以哉！《文選》以李善本爲勝，尤公博極群書，今親爲讎校，有補學者，是所謂成民而致力於神者與！淳熙辛丑三月望日，建袁説友題。」

計氏刊跋曰：「池頖《文選》，歲久多漫滅不可讀。衡到□，屬校官胡君思誠率諸生校讎，董工□而新之，亡慮三百二十二板、二十萬□□九十二字，閱三時始訖工，今遂爲全書。書成，以其板移寘郡齋，而以新本藏昭文廟文選閣云。紹熙壬子十一月□□旦，假守番陽計衡書。」

楊氏手跋曰：「唐代《文選》李善注及五臣注並各自單行，故所據蕭《選》正本亦有異同。至五代孟蜀毋昭裔始以《文選》刊板，傳記雖未言以何本上木，然可知爲五臣本。按今行袁刻六臣本於李善表後有：『國子監准勑節文五臣注《文選》傳行已久，竊見李善《文選》援引賅贍，典故分明，若許雕印，必大段流布。欲乞差國子監説書官員校定浄本後鈔寫板本，更切對讀後上板，就三館雕造，候勅旨。奉勅，宜依所奏施行。』據此可見善注初無刻本。此云『浄本後鈔寫板本』，是浄寫善注，又鈔寫五臣板本合刊之證。唯不著年月，當是北宋，故自來著録家有北宋六臣之《文選》，即袁氏所原之裴本是也。北宋五臣《文選》，即錢遵王所收之三十卷本是也。見《讀書敏求記》。而絶無有北宋善注《文選》者，良由善注自合五臣本後，人間之鈔寫卷軸本盡亡，故四明、贛上雖有刊本，想在南宋之初，僅從六臣本抽出善本，故往往有裁節語句之弊。見尤氏跋語。今存宋本六臣注所載善注往往不全，緣善注多在五臣之後。如善注五臣同者，往往删善注。四明、贛本不合，諸本參校，故有裁節語句而不知者。此善注六臣本出切證。至尤氏始病其陋，重爲校刊。當時六臣本雕印甚多，今著録尚有四五種，余嘗合校之，有彼此互節善注者，故知其詳也。故袁氏採綴該備。然舊本以五臣混善注之弊，亦未能盡除。注見胡刻《文選考異》。元時張伯顔刊善本，則又不以尤本翻雕，又多增入五臣注本。明代弘治間唐藩刊本、嘉靖間汪諒刊本、崇禎毛氏汲古閣刊本，又皆以張本爲原，而遞多謬誤。見《東湖叢記》陳仲魚跋。國朝嘉慶間，吴中黄蕘圃始得尤氏宋本聞于世，鄱陽胡氏倩元和顧澗薲影摹重刊，論者謂與原本毫髮不爽。余從日本訪得尤氏原本照之，乃知原書筆力峻拔，其精者如覩歐陽率更宋拓《化度寺碑》。胡刊雖佳，未能似之也。此本後有尤延之、袁説友、計衡三跋，胡刊本只有尤跋，袁跋則從陸敕先校本載於《考異》，然亦損失末二十餘字。此則袁跋全存，計跋稍有缺爛，猶爲可讀。唯缺第一至十二卷，未稱完整。然黄氏本孤行天地，兵燹以來，未卜存佚，此雖殘缺，固亦應球圖視之也。余嘗擬以胡刊本通校一過，顧卒卒未暇。會碩卿大令酷愛此書，欲見推讓，重違其意許之。乃隨手抽第十三卷對勘，如《風賦》『激颺熛怒』，注『如熛之聲』，胡本『熛』誤作『漂』，余所據胡本是湖北書局重刊，其中訛字甚多，恐非胡氏之舊。又『啗齰嗽獲』注『中風口動之貌』，胡本口上擠一『人』字，《考異》亦以爲誤。今按此本並無『人』字，不知胡本何以誤增。此非翻刻胡本之誤。以斯而例，則胡本亦未可盡據。又原本俗字，胡本多改刊原本。中縫下有刊工人姓名，胡氏本則盡刊削，是皆足資考證者。碩卿專足取書，匆匆作跋，但詳善刻本原委，或亦足補胡氏《考異》之所不及。至精校全書，此又託之碩卿，慎勿謂胡氏已刊忽之也。光緒丁亥正月二十八日，宜都楊守敬記。」

「余在日本時，見楓山庫所藏宋贛州刊本，卷後題『贛州州學教授張之綱覆校』。又見足利學所藏宋本，又得日本慶長活字重印紹興本及朝鮮活字本，皆六臣本。曾以互校胡刊，乃知延之當日刊此書，兼收衆本之長，各本皆誤，始以書傳校改。胡氏勘尤本，僅據袁本、茶陵本，凡二本與尤本不同者，皆以爲尤氏校改，此亦臆度之辭。如《西都賦》『除太常掌故』，袁本、茶陵本並作『固』，尤作『故』，《考異》遂謂尤氏校改，不知紹興本、朝鮮本及翻刻茶陵本並作『故』，非尤氏憑臆也。又嘗校贛州張本，於善注時有删節，頗疑即延之所云『裁節字句者』。觀延之上文云『傳世皆五臣注本』，豈似贛本六臣注中有善本故云然與？是則别善注於五臣，即自延之始。然裴氏明言刊於廣都，何得僅舉四明、贛州兩本？仍疑贛州、四明别有善注單行本，俟他日再核之。守敬記。」

袁氏手跋曰：「紹熙尤刻善注《文選》殘帙四十八卷，楊星吾獲自日本，展轉歸於木齋夫子。克文趨承教誨之暇，屢瞻秘藏。比之克文求《文選》於南中而未得，復出此帙見示，雖不能朝夕披賞，亦聊解積渴耳。洪憲丙辰花朝，克文。」

有「寶勝院」、「龍溪書屋」、「楊守敬」、「星吾海外訪得秘笈」、「寒雲主人」印。

又宋明州刻五臣注本。存卷二十，卷二十一，卷二十七、八。半葉十行，行二十三字，注雙行二十八字至三十字。白口。板心下記刊工姓名。王因、王仲、王諒、王椿、李良、李珪、李忠、李清、陳文、陳元、陳高、張欽、張舉、張謹、俞珍、俞忠、施章、吴浩、吴詢、吴正、方祥、方成、方師、葉明、宗林、洪昌、洪明、洪茂、徐亮、徐寬、朱林、朱宥、許中、毛昌、毛諒、宋珍、蔡忠、蔡政、江政、周彦、高起。宋諱避至「桓」字。

有「毛晉」、「毛扆藏書」、「汲古閣」、「季振宜」、「滄葦」、「玉蘭堂」、「辛夷館」、「慈谿楊氏文述」、「梅谿精舍」、「乾隆御覽之寶」、「天禄琳瑯」、「鐵研齋」各印。

又宋贛州刻六臣注本。存卷二十四。半葉九行，行十四五字，注雙行二十字。白口。

板心上記大小字數，下記刊工姓名。王信、王彦、李新、李端、陳壽、陳通、方正、方志、嚴忠、張明、余文、余中、蔡昌、蔡永、鄧正、鄧信、沈彦、沈貴、吴立、劉宗、高諒、胡元、金清、虞、良、蕭中、管至、宋清、上官口。宋補刻刊名。王禧、金、林、姚。卷末刊：「州學齋諭吴撝校勘」、「州學司書蕭鵬校對」、「左從政郎充贛州州學教授張之綱覆校」三行。

六臣注文選六十卷

宋建刻本。半葉十行，行十八字，注雙行二十三字。線口。左欄外刊小題。宋諱避至「慎」字。卷中季振宜補鈔五十餘葉。有「季振宜」、「滄葦」、「汪士鐘」、「閬源真賞」、「孫朝肅」、「恭生」、「孫孝茗圖書記」、「臨清徐坊三十六歲後號曰蒿菴」、「譚錫慶學看宋板書籍」各印。

增補六臣注文選六十卷

元茶陵陳仁子增注刻本。存卷三十一至四十。半葉十行，行十八字，注雙行二十三字。線口。板心下記字數。

又明洪楩覆茶陵本。板心下記刊工姓名。張敖、王令、唐大得、李、馬、青、其。大德己亥茶陵古迂陳仁子題，附諸儒議論。末「茶陵東山陳氏古迂書院刊行」十二字木記。嘉靖二十八年田汝成序。

又明汪諒刻元張伯顏李善注本。半葉十行，行二十一字。白口。目後刊：「金臺書鋪汪諒，見居正陽門内西第一巡警更鋪對門。今將所刊古書目録列于左，及家今古書籍不能悉載，願京者覽焉。」

翻刻司馬遷《正義解史記》一部　　重刻《名賢叢話詩林廣記》一部

翻刻《梁昭明解注文選》一部　　重刻《韓詩外傳》一部，十卷，韓嬰集

翻刻《黄鶴解注杜詩》一部，全集　　重刻《潛夫論》，漢王符撰，一部

翻刻《千家注蘇詩》一部　　重刻《太古遺音大全》一部

翻刻《解注唐音》一部　　重刻《臞仙神奇秘譜》一部

翻刻《玉機微義》一部，係醫書　　重刻《詩對押韻》一部

翻刻《武經直解》一部，劉寅進士注　　重刻《孝經注疏》一部

俱宋元板　　俱古板

「嘉靖元年十二月望日，金臺汪諒古板校正新刊。」

又清阮芸臺據宋校汲古閣刻李善注本。書衣題曰：「集宋元本李善注《文選》，揚州文選樓手校。嘉慶乙丑閏月十三日校起。殘宋本存卷目共計三十五：三至五、十三至十五、十八至二十一、二十八至三十九、四十九至六十。」

阮氏手跋曰：「馮竇伯據晉府諸本校本。原用紫色筆校，又用硃筆覆校過，今以硃筆臨校。原本塗改甚繁，今悉照舊，一筆不省，以全本來面目。陸敕先據遵王宋本校本。原用藍色筆校，今以黃筆代。原校有漫滅不辨字者，粘簽葉中以備考核。又原本有墨筆校者，今以墨筆臨校。顧澗蘋校周氏藏宋尤袤槧本校本。原用黃色筆校，今以綠色筆代。又顧另有按語用墨筆，皆著名，今以墨筆臨寫。又今所用乃翻刻汲古閣初印本，有與原刻不對處，皆用淺黃色筆塗，蓋改從原本以蓋畫一。五月朔記。」「中多疑字，兼考校，亦未敢盡可。謂馮書非宋槧，不足讀，豈不信然耶！安得全本出，作一愉快。燈下又書。嘉慶十一年，揚州阮氏集宋元本校字于選樓巷文選樓。」

「嘉慶丁巳，元和顧廣圻重閱一過。」

有「揚州阮氏瑯環仙館」、「文選樓」、「錢塘嚴杰借閱」、「徐恕讀過」印。

玉臺新詠十卷

陳徐陵編。明五雲溪館刻活字本。半葉十行，行十九字。白口。板心上刊「五雲溪館活字」六字。鄧正闇臨馮二癡校，跋見《寒瘦山房目》。

鄧氏手跋曰：「壬子五月廿八日，開始校寫此本。紙墨多渝敝，恐不能精也。凡與鈔本異同，寫入行側。其在欄上下者，皆係原校迻録。正闇。」

「緑筆所寫，係校寒山趙氏翻陳玉父本，與鈔本同出一源。緑筆所校宋本作某，與此活字本相符，知此本所據亦宋本也，且有勝於趙氏所據者，不可以其爲活字本而輕之。正闇記。時雨後暑退，几案如沐。」

河嶽英靈集二卷

唐殷璠撰。宋陳氏書棚刻本。半葉十行，行十八字。白口。板心上記字數。卷末題曰：「泰興縣季振宜滄葦氏珍藏」一行。宋諱避至「廓」字。上卷計三十七葉，補鈔十一葉。

下卷計三十五葉。補鈔末葉。

有「毛晉」、「季振宜藏書」、「延令」、「張氏三鳳堂」、「濟南田氏小山薑珍藏」印。

才調集十卷

蜀韋縠編。明毛子晉影鈔宋本。半葉十行，行十八字。墨格。首自序。

有「宋本」印、「甲」字印、「毛晉」、「子晉」、「汲古主人」、「虞山錢曾遵王藏書」、「述古堂圖書記」、「錢孫保」、「求赤圖書記」、「雪苑」、「宋氏蘭揮藏書記」各印。

篋中集一卷

唐元結撰。清繆藝風據宋校明嘉靖刻本。半葉十行，行十八字。白口。乾道三年自序。

繆氏手跋曰：「丙午仲秋前三日，據臨安府太廟前大街尹家書鋪刊行本校一過。荃孫。」

有「錢氏幽吉堂藏」、「曾在汪閬源家」、「藝風堂藏書」、「雲輪閣」印。

搜玉小集一卷

不著編輯名氏。明馮巳蒼校明嘉靖刻本。卷末題曰：「崇禎三年八月十九日，用柳僉本對過。」

有「馮舒」、「上黨馮巳蒼手校」、「星橋」印。

中興閒氣集二卷

唐高仲武編。明馮巳蒼、清黄丕烈校明嘉靖刻本。嘉慶癸亥黄丕烈跋，見《題識》。馮氏手跋曰：「崇禎乙卯春中，得趙玄度鈔宋本，較增于空居閣。」

有「長樂馮舒」、「空居閣」、「錢氏幽吉堂」、「顧南雅明經」、「蕘翁」、「蕘圃手校」各印。

竇氏聯珠集不分卷

唐褚藏言編。清袁又愷鈔本。半葉九行，行十七字。藍格。板心下刊「袁氏貞節堂鈔」六字。

黄氏手跋曰：「《竇氏聯珠集》宋本藏余家，此鈔即從出者。末録毛跋，此壽階所增也。宋本《竇章集》末多《杏山館聽子規》一首，毛刻所無，想所據本脱葉。中有硃筆校勘，乃義門手筆。余所藏一舊鈔，亦脱是首，可知世所行本，除宋外，此爲近真之本矣。復翁。」

有「袁廷檮」、「壽階」、「五硯樓」、「貞節堂圖書」、仲魚圖像、「得此書費辛苦後之人其監我」、「唐翰題審定」、「鷦安校勘秘籍」各印。

又清勞顨卿據何義門校許氏鈔本。半葉九行，行十九字。卷端眉上黄氏朱筆題曰：「宋本每葉十八行，每行十七字，無目録。」「蕘圃過眼」印。第七葉補詩一首，眉上藍筆。曰：「宋本此篇在第八葉，諸本皆脱去，當緣板壞故爾。」黄氏手跋曰：「右從宋板補闕一首，係第八葉，諸本皆脱去。宋本每葉十八行，行十七字。羽谷齋頭有此鈔本，屬爲補録。復翁記，時嘉慶庚午中秋後七日。」「黄丕烈」印。

勞氏跋曰：「去冬，吴估攜此鈔本來，以《行杏山館》一首曾經舊人補正〔一〕，聊復置之。頃見傳度何義門學士據宋槧校汲古本，用此移謄，頗勝汲古本，其汲古訛而此是者用規識之。第其他鈔録之誤匆匆未及比對，異日以汲古本校之不難也。至『大天』之訛，曾見錢遵王影宋本已然，汲古或其所自出耳。道光甲辰五月十三日，巽卿記於丹鉛精舍。」

許氏手跋曰：「余不知詩也，而心嗜風雅，見《聯珠集》而説之。《聯珠集》者，竇氏一家言也。其爲詩清脱雋永，不事雕琢，北海王公曾刊以行世，故《絳雲樓》、《菉竹堂書目》俱備載焉。然自淳熙迄今幾五百年，其間滄桑屢變，兵燹幾更，刻本之不少概見宜哉！是本借鈔於扶風萬氏，扶風氏之原本則虞山林宗葉子之鈔本也。然則是集竟爲世所罕有而余得據之爲枕中秘乎？是又不然。永鎬識。」

有「許永鎬字既受」、「丹鉛精舍」印。

〔一〕以《行杏山館》一首曾經舊人補正：「《行杏山館》」原作「《杳山館》」，據鄧邦述《寒瘦山房鬻存善本書目》卷六改。另文淵閣《四庫全書》本《竇氏聯珠集》，則作《杏山館》。

古文苑二十一卷

宋章樵重編。宋淳祐刻本。存卷一至四。半葉十行，行十八字至二十字，注雙行二十一字。白口。板心下記刊工姓名。許忠、余曄、邵思、邵亨、齊永裕。道光四年黄蕘夫跋三則，見《題識》。

有「宋本」印、「松江讀有用書齋金山守山閣韓德均錢潤文夫婦」印。

文苑英華一千卷

宋李昉編。宋臨安官刻本。存卷二百零一至二百二十。半葉十五行，行二十三、四字。白口。板心上記字數，下記刊工姓名。胡彦、胡俊、胡昌、賓、柔、原、振。卷末刊「登仕郎胡柯鄉、貢進士彭叔夏校正」二行。宋諱避至「廓」字。原書宋蝶裝，附葉題曰：「景定元年十月初六裝褫，臣王潤照管訖。」一行。

有「緝熙殿書籍」、「内殿文璽」、「御府圖書」、「晉府書畫」、「敬德堂圖書」印。

文苑英華纂要八十四卷

宋高似孫撰。宋嘉定刻本。半葉十行，行十七字。線口。板心上記字數。嘉定十六年自序。宋諱「恒」、「徵」、「貞」、「朗」、「勗」、「署」字，皆缺筆。乙丑秋分後七日德化李盛鐸跋。有「詩龕書畫」、「李木齋珍藏」印。

會通館印正文苑英華纂要八十四卷辨證十卷

宋彭叔夏撰《辨證》。明華燧刻活字本。半葉七行，每行雙行十五字。白口。板心上刊「歲在柔兆攝提格」，下記字數。正德改元華燧序。有「安樂堂書畫記」、「南河翁洲客」、「宛陵李之郇」、「宣城李氏」、「礶研石室」印。

文章正宗二十四卷

宋真德秀撰。宋江西刻大字本。補鈔八卷。半葉十行，行二十字，注雙行。板心上記字數，下記刊工姓名。陳士可、陳興、張震、劉清、德華。宋諱避至「慎」字。有「朱筠」、「朱錫庚」印。

文粹一百卷

宋姚鉉編。宋紹興官刻本。半葉十五行，行二十五字至二十八字。白口。板心下記刊工姓名。首自序，寶祐元年施昌言後序。卷末刊：「臨安府今重行開雕唐文粹一部計二十册已委官校正訖」，一行。「紹興九年正月日」。一行。宋諱避至「構」字。有「何竹子」、「徐健菴」、「乾學」、「季振宜」、「滄葦」、「揚州季氏」、「玉蘭堂」印。

又明洪武覆宋本。行同。黑口、白口不一。板心下記刊工姓名。王保、王彦、王侃、王記、江子名、陳彦正、江同、江寶、范彦從、貴全、士通、周壽、詹現、玄寶、六晏、丘老、原良、伯美、方正、劉保、劉宣、劉同、劉富、劉貴、劉白安、永茂、虞孟淳、虞子得、余長壽。

新刊國朝二百家名賢文粹三百卷

不著編輯名氏。宋蜀刻本。存卷一百六十四至一百六十八、卷一百八十四至一百九十。半葉十四行，行二十四字。白口。有「甓社書院文籍」印。

又聊城楊氏藏宋蜀本同。計存一百九十七卷。慶元丙辰王稱序云一百九十九人，分六類：曰論著、曰策、曰書、曰記、曰序、曰雜文。又慶元丁巳書隱齋跋。有「鼎元」、「伯雅」、「筠生」、「普福」、「常住藏書」印。

聖宋文選三十二卷

不著編輯名氏。宋乾道刻本。半葉十六行，行二十八字。白口。板心下記字數及刊工姓名。李昌、李珍、李中、張佐、陳彦、陳章、劉文、劉斌、余政、余珍、周彦、楊昌、方堅、黄冲、方至、葉迁、洪説、趙通、蔣、仲、翁、文、生、宗、瑞、祥、彬。宋諱避至「慎」字。計三百五十八葉。補鈔卷六第二十葉，卷三十一第七葉。嘉慶八年黄丕烈跋，見《題識》。有「士禮居藏」、「飛卿讀過」、「曾在張石銘處」、「吴興張氏適園考藏」印。

又舊鈔本。半葉十二行，行二十四字。

某氏序曰：「《聖宋文選》三十二卷，所録歐陽永叔二卷、司馬君實三卷、范希文一卷、王禹偁一卷、孫明復二卷、王介甫二卷、余元度一卷、曾子固二卷、石守道三卷、李邦直五卷、唐子西一卷、張文潛七卷、黄魯直一卷、陳瑩中一卷，凡十四人。先是，石門吕先生收藏宋元人文集最富，復録其所未備者數十種，囑余覓之，則是書與焉，顧卒卒數年無所得。乙丑歲至京師，朱檢討竹垞過余寓舍，因以訪之，則惟轉假得是書授余鈔録。後二年，始克攜以歸。既則余又别鈔一本，而以先所鈔本歸竹垞，爰記其事而序之曰：『其古書之不傳者多矣，書傳矣而作者之意與其名或又不傳，噫，其可惜也！然漢唐作者，其不傳則已耳，傳則章章於世不復泯没。若宋元以來，時代差異，頗有文實卓然成家而未爲世所推重，往往流落於荒遠，棄置於童豎，有者勿及知，知者勿克有，故其書猶在若顯若晦、或存或亡之間。表之則日彰，削之則遽滅，有不可與漢唐並論者，宜好古者之亟亟購置也。即如是書，藏自崑山徐立齋相國，原本宋刻甚工，然無有序紀始末與撰録者姓氏，以故不可考。爲檢閲焦弱侯所輯《經籍志》，廣矣，備矣，此獨闕焉，豈非所云書或有録而亡或無録而在者衆歟！幸其卷帙完俱，使讀者有以窺知其意，大約所録者必有關於經術、政治之大，他若詞賦之作、碑誌之文，非關體要，雖工勿取，此其大指也。然又有甚不可解者，理學若二程、三蘇，皆不見矣，乃蘇門之張文潛則又廣取之，此何以説焉？書之得在吕先生卒後數年，既無所就正，姑序藏之以俟後之博洽好古者論定焉。』」

有「沈樹鏞」、「均初校讀之本」、「茂苑」、「蔣鳳藻」、「秦漢十印齋」印。

類編層瀾文選前集十卷後集十卷續集十卷别集十卷

不著編輯名氏。元刻本。半葉十三行，行二十二三字。小黑口。每集附總目，次題「雲坡家塾新刊行」。一行。前集目首刊書識語曰：「今將舊本所選古文重新增添，分爲前、後、續、别四集，各十卷。前集類編賦、詩韻諸雜著以便初學者之誦習，後、别、續三集類編散文、記傳等作以資作文者之披閲。先後體製，次序秩然，其視舊本大有逕庭。幸鑒。」有「任氏希孟」鼎式印。

皇朝文鑑一百五十卷

宋吕祖謙編。宋端平刻本。存卷八、九。半葉十行，行十九字。板心上線口，記字數；下白口，記刊工姓名。李忠、李彦、王華、王信、劉用、劉珏、沈思忠、沈思德、沈仁舉、沈正、徐仁、徐逵、濮進、濮宣、章玉、執中、方至、楊文中、陳梓、金滋、程作、童遇、戴元、湯安中、張明、張炳。

國朝文類七十卷

元蘇天爵撰。元劉君佐翠巖精舍刻小字本。半葉十三行，行二十四字。黑口。元統二年王理、陳旅序。

有「錢□陸氏五萬卷樓圖書」、「島田翰讀書記」、「島田氏家藏」印。

又元西湖書院刻大字本。半葉十行，行二十字。綫口。板心下記刊工姓名。陳天義刊。明補黑口。上記「成化九年」，下記「吏部重刊」，均作白文。元統二年王理序，又陳旅序。至元二年二月□日咨文，末刊「右下杭州路西湖書院准此」一行。

老泉先生文粹十一卷

宋蘇洵撰。宋乾道婺州刻本。半葉十四行，行二十六字。白口。板心下記字數、刊工姓名。許中、何章、吴正、元佐。首御製序。目後有「婺州義烏青口吴宅桂堂刊行」十二字雙邊木記。

有「葉奕」、「林泉」、「趙次公真賞」、「非昔軒」、「舊山樓」、「松濤讀過」印。

三蘇先生文粹七十卷

宋乾道婺州刻本。首序。行款、木記同前。刊工姓名。李松、吴正、劉正、洪新、陳祥、俞珍、劉才、翁彬、吴嵩、元佐、許中、葉迂、師順、金章、陳元、徐彦、何昌、陳果、陳明、馬昇、徐宗、蔡元、先、昌、元、張。宋諱避至「慎」字。

有「董俊」、「士良」、「楊氏伯子」、「東郡楊紹和鑒藏」、「宋存書室」印。

又宋婺州本，同。缺首序。目後「婺州東陽胡倉王宅桂堂刊行」十二字雙邊木記，文字不整，後更刻也。

有「汪士鐘」、「三十五峰園主人」、「憲奎」、「秋浦」、「清夢軒」、「鐵琴銅劍樓」印。

重廣眉山三蘇先生文集八十卷

宋饒州刻本。原缺卷六至十五。半葉十三行，行二十七字。白口。板心上記字數，下記刊工姓名。余松、劉宗、曾文、劉正、張用。

卷二十六末刊：「饒州紹興庚辰除日，因筆以紀去歲月云。」卷三十二：「饒州德興縣莊谿董應夢宅經史局遂爲一校勘，寫作大字，命工刊行。」卷七十：「饒州德興莊谿蒙龍應夢集古堂善本。」

吴都文粹九卷

宋鄭虎臣編。清初鈔本。有「許乃普」、「滇生」印。

許氏手跋曰：「宋鄭虎臣編。案《蘇州府志》，虎臣字景兆，曾爲會稽尉。宋德祐初，自請監押賈似道，殺之於木棉菴者，即其人也。是書於吴郡遺文綜緝頗富，其中若李壽朋之《劄補新軍》、汪應辰之《申奏許浦水軍》、趙肅之《三十六浦利害》，郟亶之《至和塘六得六失》諸篇，均有兵農大計。其他輿地沿革亦多有因文以著者，如書中龔頤正《企賢堂記》曰，長洲爲縣肇唐萬歲通天中，而《吴地記》則云建自貞觀七年。考《唐地理志》，與頤正之記合，可以證《吴地記》之謁。又《吴地記》云，常熟縣改自唐貞觀九年，而書中范成大《常熟縣題名記》曰縣舊爲毘陵，至梁而改。又可與《吴地記》考異。蓋是書雖稱『文粹』，實與地志相表裏，東南文獻藉是有徵，與范成大《吴郡志》相輔而行，亦如驂有靳矣。」

吴都文粹續集五十六卷補遺一卷

明錢穀編。清初鈔本。有「許乃普」、「滇生」印。

許氏手跋曰：「明錢穀編。穀字叔寶，長洲人。《明史·文苑傳》附見《文徵明傳》中，但稱其能畫。朱彝尊《静志居詩話》則稱穀貧無典籍，遊文徵明之門，日取插架書讀之，手鈔異書最多，至老不倦。仿鄭虎臣《吴都文粹》，輯成《續編》，聞有三百卷。其子功甫繼之，吴中文獻藉以不墜云云。功甫，錢與治之字也。所稱卷數與此本不符，疑合與治《續編》言之，或穀初所搜羅原有此數，後復加删汰以成今本，彝尊乃據其舊稿言之歟？此本第五十三卷、五十四卷俱逸，第五十卷亦殘缺，檢勘他本並同，蓋流傳既久，不免脱遺，亦非完本。其中所標二十一門，分類亦多未確，蓋能傳而未能精者。然自説部、類家、詩編、文稿，以至遺碑斷碣，無不甄録，其採輯之富，視鄭書幾增至十倍，吴中文獻多藉是以有徵，亦未可以蕪雜棄矣。咸豐癸丑夏五月。」

唐僧弘秀集十卷

宋李龏編。宋陳氏書棚刻本。半葉十行，行十八字。線口。寶祐第六春自序。末有「臨安府棚北大街睦親坊南陳解元宅書籍鋪刊行」一行。卷末鈐朱文二行曰：「嘉興崇德鳳鳴世醫蔡濟公惠，家無甑石之儲，惟好蓄書于藏，以爲子孫計，因書此傳之不朽。」

又明嘉靖刻本。半葉十二行，行二十字。白口。首自序。

謝氏手跋曰：「《弘秀集》十卷，元作二册，每册並有錢牧齋名號圖章，蓋虞山故物也。然絳雲一炬，寶秘皆空，何此帙尚在人間也？牧齋進退無據，貽戚于身後，當年有挺特之操，此亦今之珍珠船矣。珊嶠。」

「詩曰：『可憐一炬絳雲樓，秘帙珍函散不收。恨殺當年身死後，風流今竟遜緇流。』嘉慶戊辰秋七月二十四日，北平謝寶樹題。」

有「錢謙益」、「牧齋」、「謙牧堂藏書記」、「謝寶樹」、「珊嶠」、「五河道人」、「文正曾孫」、「劉喜海」、「燕庭」、「御賜清愛堂」、「味經書屋」、「嘉蔭簃藏」各印。

樂府詩集一百卷

宋郭茂倩編。宋紹興刻本。存卷五十八至六十一、卷八十五至八十七。半葉十三行，行二十三字。白口。板心下記刊工姓名。蔣先、駱成、黄常、時明、金茂、朱明、張圭、王亮、李岳、金元、高珍、王珍。宋諱避至「構」字。

又元至正刻本。半葉十行，行二十字。綫口。板心上記字數。至正初元周慧孫、李孝先序。

某氏手跋曰：「《樂府詩集》十五册，通百卷，南京太常寺少卿陳俊士英所贈者。士英，予同年進士也。成化戊子正月。」有「何焯」、「屺瞻」、「黄丕烈」、「蕘圃」、「顧千里」、「汪士鐘」印。

又元本同。傅沅叔據宋紹興本校并臨陸貽典校跋。

莫氏跋曰：「元刻本《樂府詩集》，汲古閣所從出也。嘗見明代印本，多嘉靖補刊之葉，藏書家所著録大抵相同。此本首尾無一補板，蓋在明初未入南雍以前傳摹。辛亥亂後，盜竊天一閣范氏書之一，予見而論價不諧，遂爲柳君蓉村所得，屬爲審定，因記。甲寅九月，獨山莫棠。」

遯菴先生集六卷菊軒先生集五卷

金段成己、段克己撰。清鮑以文鈔本。半葉九行，行十八字。書衣韓氏題曰：「長塘鮑氏知不足齋鈔本。咸豐八年七月三日得之嘉禾書友沈秋泉。」鮑氏手跋曰：「嘉慶十三年，歲在戊辰，閏月下旬，歙西長塘鮑氏知不足齋鈔傳。」韓氏手跋曰：「《遯菴》六卷、《菊軒》五卷，按《讀書敏求記》尺鳧鈔本及刻本皆作《段氏二妙集》八卷，此得十一卷，是係分合異否？抑彼非足本也？七月四日。」「應陛」印記。有「松江讀有用書齋金山守山閣兩後人韓德均錢潤文夫婦之印」。

吴氏遺集不分卷

明吴寬撰。鈔本。半葉十行，行二十字。黑格。板心下刊「叢書堂」三字。書衣題曰：「田莊屋宇東莊記，次曰簡寄慶賀。辭別慰問，書畫贈送。」

徐氏手跋曰：「右詩集二册，皆成弘間名公鉅卿所作，及迭相唱和以遺家祖文定公者。卷首分題攏係公手筆。倘有餘貲，當擇其佳者刊爲吴氏外集，以備觀覽可也。戊寅三月八日，新塘館齋識，家楨。」

有「吴寬」、「吴氏家藏」、「潘叔潤圖書」印。

古樂府十卷

元左克明撰。元刻本。半葉九行，行二十一字，注雙行低格十九字。首自序，至正六年虞集、趙惪序。有「毛晉」、「宋蘭揮藏」印。

分門纂類唐歌詩一百卷

宋趙孟奎編。清毛斧季影鈔宋本。存「天地山川」類卷，十八、二十。「草木蟲魚」類卷。三、五、六、八。半葉十行，行十八字。墨格。板心下記刊工姓名。劉文、陳詹、高昇、文明、馬良、張占、余文父、余思恭、徐如山、邵德明。咸淳改元自序。

天地山川類三十二卷，朝會宫闕類八卷，經史詩集類三卷，城郭園廬類二十卷，仙釋觀寺類十二卷，服食器用類十一卷，兵師邊塞類二卷，草木蟲魚類十二卷。

毛氏手跋曰：「此書係牧翁先生藏本，後歸先君。先君見背後，余兄弟往見先生，問及遺書，答以宋本皆先君手授。問趙孟奎《唐歌詩》屬誰？答云屬扆。又問施注《蘇詩》，云亦屬扆。先生注目視扆，曰：『汝何幸也，此兩者皆良書也！余與君家俱有之，余爲六丁下取，惟君家獨存，故問。《唐歌詩》吾家故物，尊府君見而奇之。後余又得綿紙强半部，從内府流出，紙白墨新，燦然奪目，尊府君因求此本，適床頭金盡，遂以相質。内府藏本有序目，并鈔出。猶憶其序云一千三百五十三家，四萬七百九十一首。』又云『《蘇詩》王注荒陋，施注典核，即如吹洞簫之客，姓名藝能甚悉，他可類推矣。君家有缺卷，屢從余借鈔，未與也，今深悔之。』扆聞之，茫然不知所謂。歸家篝燈發兩書而讀之，《唐歌詩》無序目，及檢《蘇詩·赤壁賦注》，亦無吹簫人姓名。次日反覆翻閲，果于《次孔毅父詩注》見之，載坡公手帖云：綿竹武都山道士楊世昌子京善畫山水，能鼓琴，曉星曆、骨色及作軌于革卦影，通知黄白藥術。其第三首有西州楊道士識音律，洞簫入手等句，證其自廬山從公在壬戌之夏，《赤壁賦》中吹洞簫者殆是楊也。吴文定公題《赤壁圖詩》云：「西飛孤鶴記何詳，有客吹簫楊世昌。當日賦成誰與注，數行石刻舊曾藏。」見家藏集第二十卷。扆按，施注記飛鶴者又是一帖，此二帖蜀箋，墨迹往昔藏施宿家，其所刊石搨文定公有之。據「賦成誰注」之詞，則公亦未見施注矣。而所鈔趙孟奎序目奈何失去！後二年，檢《書録》中得之，開卷疾讀，一句不誤一字，急録入册内。按目展玩，雖存十其一，有隱僻姓名從未寓目者，因思以天下之大，好事者之衆，豈無全書？傳聞武進唐孝廉孔明字昭有之，託王石谷翬往問，無有也。先是，託王子良善長訪于金壇，甲辰二月，子良從金壇來，述于子荆之言曰：『唐氏舊有其書，價須百金。夏日曝書，方讀趙序，忽憶其言，躍然曰，予與唐姻婭也，果能得之，鳩工而刻之，不過傾家之半，遂可公之天下，俾讀其書者如入建章而睹千門萬户之富，此生樂事莫踰于此矣！盍再訪諸。』即欲鼓棹而前，如石壕吏何！内兄嚴拱侯垣曰：『此韻事，亦勝事也！吾當往。』次日即行，道經丹陽，宿旅店樓中。中夜聞户樞聲，鷄初鳴，鄰壁大呼失金，諸商旅盡起，將啓行，户皆扃鐍，不得出。天明，伍伯來，追宿店者二十三人，拱侯居首，爲與失金者比屋也。匍匐見縣令，命各出囊中金，召失金者驗之。布金滿堂下，多者數百，最少者拱侯也。及驗畢，皆非，遂出。拱侯曰：『可以行矣。』曰：『未也，令不能決，當質之于神。』舁神像坐廣庭，庭中架熾炭，上置巨鍋，傾桐油于中，火炎炎從油上出。向拱侯曰：『請浴。』拱侯長歎曰：『毛斧季書癖害人一至此乎！趙孟奎之《唐詩》，其有無未卜，令余死于沸油，何也？』一老人曰：『若毋恐，苟盜金必糜爛，不然無傷也。』試以手探之，痛不甚劇，遂蘸油塗體，果無損。以次二十二人，盡無恙。拱侯曰：『人謀鬼謀，鑊湯鑪炭盡嘗之矣，今可以行矣。』又一人亦去，其二十一人者，方與旅店鬨。及事白，盜金者店家也。拱侯抵金壇，促于子荆寓書唐孔明，答曰無之，竟不得書以歸。扆趨迎問《唐歌詩》，拱侯曰：『焉得歌，不哭幸矣！』扆驚叩之，具述前事。既悵怏復跼蹐焉，雖然，戚戚焉猶思他訪也。後讀《葉文莊公集》，謂從雷侍郎録殘本，完者僅二十七卷，乃幡然曰，公爲英宗朝名臣，前此且二百年。其菉竹堂藏書甲天下，尚止于此，余小子焉得冀窺全豹乎？敝箒之享，遂欣然自足。汲古後人毛扆謹識。」「毛扆」、「斧季」印。

「按趙孟奎字文耀，號春谷，寄貫蘇州，宋太祖十一世孫。寶祐丙辰，文信國榜進士，官至秘閣修撰。博覽工文，善畫竹石蘭蕙。祖希懌，字叔和，淳熙中進士，以江西安撫轉運除知平江。覈財用出入而削浮費無藝者，郡多舞文吏，未及期年，苗薅髮櫛，官寺肅清，以治行進直學士。尋以病告，移知太平州，拜始信軍節度使。致仕，累贈太師、成國公，謚正惠。葬吴縣穹窿山。父與篙，字德淵，别號節齋。嘉熙三年直敷文閣，知平江兼淮浙發運使。四年，郡中饑，分場設粥，委請董役，全活者數萬人。寶祐三年，以觀文殿學士再守郡，行鄉飲、射禮于學宫，復修飾殿堂齋廬，廣弦誦以嚴教養，學宫子弟爲生立祠。明年，兼提刑。六年，除江東安撫使、知建康府。景定初，再知平江。匄祠，封周國公，謚忠惠。扆按，孟奎祖、父俱典吾郡，有政績，且丘墓在焉，寄貫于蘇宜矣。《唐詩》一集，亦吾郡典故，其作序在咸淳改元，距今四百餘年而湮没若此，景仰之餘，何勝扼腕。宬又識。」「西河季子」印。

唐詩鼓吹十卷

金元好問撰，元郝天挺注。元日新堂刻本。半葉十三行，行二十二字，注雙行。黑口。目後「京兆日新堂刻」六字木記。至大元年趙孟頫序。

有「梁溪顧氏藏書」印。

唐元光嶽英華詩集十五卷

明許中麓編。刻本。次題「揭軌校正」。半葉十一行，行二十字。黑口。洪武十九年揭軌序。

有「安樂堂藏書記」、「明善堂覽書畫記」、「王懿榮」、「福山王氏正孺藏書」印。

唐音遺響集注七卷

元楊士弘編，張震注。元刻本。半葉九行，行十八字，注雙行。小黑口。卷末有「尚白齋」三字、「鑑池著草」四字木記。

詩人玉屑二十卷

宋魏慶之編。宋黄氏刻本。存卷一至七。半葉十一行，行二十一字。黑口。板心上記字數。淳祐甲辰黄易序，末「清則後人」四字鐘式木記、「玉林黄氏圖書」六字木記。有「談氏延思樓考藏」、「金瑾炳文」、「古潭州袁氏卧雪廬考藏」印。

增廣聖宋高僧詩選前集一卷後集三卷續集一卷

宋陳起編。明毛子晉影鈔宋本。半葉十行，行十九字。墨格。有「宋本」印、「毛晉」、「子晉」、「毛扆」、「斧季」、「黄丕烈」、「蕘夫」、「士禮居」、「汪士鐘」、「閬源」、「汪振勳」、「楳泉」、「耆齡藏本」、「克文讀書」印。

類編群英詩選前後集二卷

元何士信撰。元至正陳氏刻本。半葉十三行，行二十三字，注雙行三十字。小黑口。目後「至正辛卯孟夏雙璧陳氏刊行」十二字木記。有「神品」印、「季振宜藏書」、「茂苑」、「沈禹文」、「沈明卿」、「聽雨樓」、「韓氏藏書」印。

梅磵詩話三卷

元韋安居撰。明袁陶齋鈔本。半葉十行，行二十字。

袁氏手跋曰：「嘉靖戊申七月十九日，委門僕葛會摹之齋中備覽。汝南袁表志。」

顧氏手跋曰：「韋居安號梅磵，宋末時人。所作《詩話》，宋室諸公爲多，其間頗有異聞，非近世雷同剿説之比。癸酉歲晚，越賈持售，收而藏之。二酉山人吴會飛卿識。」

韓氏手跋曰：「《梅磵詩話》三卷，嘉靖戊申袁表寫。中鈔本上卷第七葉『晁文元』一條末，墨筆『磨字勝搬字』五字，是表手書自下斷語。戊申，係嘉靖二十七年。另條識語署『飛卿』字者，紀年癸酉，疑係萬曆元年。飛卿姓顧。起首『顧飛卿』印字朱文章，又有『沄洲仙史』印，觀其印色作置，當出一手。識語下亦有此印，應係翰院中人。旁又有『一龍』陽文印，印色亦相似，一龍是名，則飛卿當是號也。咸豐戊午七月朔日識，韓應陛。」「應陛學仿韓文印記」。

「卷中十四葉下四行有顧飛卿批語二行，筆意與書末識語相似。七月下旬，應陛。」「曾見顧手鈔《廣川書跋》，連用『嵋峨山人』、『瀛洲仙史』印，與此無二，印色亦同，又無疑夫。九月十二日。」

有「袁陶齋」、「顧飛卿」、「瀛洲仙史」、「天中山人」、「吴越王孫」、「毛晉」、「子晉」、「東吴毛氏圖書」、「汲古閣」、「邵濂」、「荷花館」、「平江黄氏圖書」、「松江讀有用書齋金山守山閣兩後人韓德均錢潤文夫婦」各印。

又清厲樊榭鈔本。半葉九行，二十字。有「翁方綱」、「覃溪」、「詩龕」、「惕甫」印。

厲氏手跋曰：「此四明范氏天一閣秘册也，主人不吝借鈔，亟付楷書家録成。其中宋賢名字如鄭致剛、張德遠、沈寓山、陳直齋、劉養源多有譌錯，檢視元本亦然，因略爲改正。

掃塵一得，聊記顛末云。時皇清雍正十一年正月二十四日夜燈下，瓶梅吹香滿硯，杭人厲鶚。」

翁氏手跋曰：「《梅磵詩話》三卷，宋末吴興韋安居撰，厲樊榭《宋詩紀事》載其景定壬戌一詩，即從此卷得之也。樊榭云，韋，宋末進士，司糾三衢。今據此書自叙，甲戌至丙子皆在三衢，是咸淳十年至德祐二年也。此内又記胡澹菴《瀟湘夜雨圖》至辛巳歲歸於苕溪趙子昂。辛巳是至元十八年，子昂年二十八，想子昂尚及見此人也。壬戌是景定三年，又在此前二十年，則韋之入元年已老矣。此書蓋撰於元世祖至元年間，而其字號及全集皆已湮没不傳，樊榭僅於四明范氏天一閣借鈔此册，世間知者罕矣。今得歸梧門詩龕，因屬予爲識其大略於卷端。珍惜珍惜！嘉慶四年，歲在己未，夏六月望，北平翁方綱。」

「此書在予案頭月餘，病中未細檢也。今日偶閲樊榭自識，有校改宋賢名字一條。因檢卷内，沈寓山□工詩事，出於陳直齋《吴興氏族志》，而樊榭《宋詩紀事》既全載此詩，獨失載韓無咎、王粲、班姬二句〔一〕，且於陳直齋所著書亦不載《吴興氏族志》一種。樊榭於南宋諸家著述最爲留意，且此二事皆有資於藝林考訂者，樊榭既得此書而失於編載者何歟？陳直齋即趙文敏所云鑒藏『定武蘭亭』者，韓無咎即與陸放翁同踏雪登焦山者。『無咎』《宋詩紀事》作『旡咎』，然予嘗見焦山石刻，確是『無』字，正與此鈔本相合，不必改作

『无咎』也。偶因檢此一條，有關補正之益於此。六月十六日晨起，方綱又書。」

王氏手跋曰：「嘉慶四年四月，刑部侍郎青浦王昶致仕在籍，以高宗皇帝大事來京，華亭教諭長洲王芑孫以會試報罷，偕至詩龕話別，同觀此册，題記而去。」「漚波舫墨緣」印。「嘉慶己未六月二十三日晨至詩龕獲觀。何道生識。」

〔一〕獨失載韓無咎、王粲、班姬二句：原脱「王粲、班姬」，據《復初齋文集》卷十八補。

葉先生詩話三卷

宋葉夢得撰。元陳仁子刻本。缺卷中。半葉十行，行十七字。小黑口。板心下記字數。有「平江黄氏圖書」、「士禮居藏」印。

月泉吟社一卷

宋吴渭撰。清林吉人手鈔本。半葉九行，行十九字。黑格。板心下刊「樸學齋鈔本」五字。正德十年田汝耔序。有「林佶」印。

絶妙詞選十卷

宋黄昇編。宋建刻本。半葉十三行，行二十三字。綫口。淳熙己酉玉林序，末「玉林」二字鐘式木記。卷末刊書識語曰：「玉林此編，亦姑據家文集之所有，朋游聞見之所傳，詞之妙者固不止此，嗣有所得，當續刊之。若其序文，亦隨得本之先後，非固爲之高下也。其間體製不同，無非英妙傑特之作，觀者其詳之。」

有「乾隆御覽之寶」、「天禄琳瑯」、「聽雨齋」、「三琴趣齋」、「八經閣」印。

增修箋注妙選群英草堂詩餘前集二卷後集二卷

不著編輯名氏。明洪武刻本。半葉十三行，行二十四字，注雙行二十九字。黑口。目後：「洪武壬申孟夏遵正書堂新刊」十二字雙邊木記。

酒邊集一卷

宋向子諲撰。明毛子晉影鈔宋本。半葉八行，行十四字。墨格。板心上記字數，下記刊工姓名。百初。計六十三葉。第三十九葉、四十一葉空白。有「宋本」印、「甲」字印、「毛晉」、「子晉」、「毛扆」、「斧季」、「汲古主人」、「汪士鐘」、「閬源」印。

稼軒長短句十二卷

宋辛棄疾撰。明嘉靖刻本。次題：「李廉批評，王詒校刊。」半葉九行，行二十字。白口。嘉靖丙申李濂序。何氏手跋曰：「東坡、稼軒兩家詞，同治乙丑春正月，顧子山同年贈我於蘇州旅寓。蝯叟記。」有「葉德輝鑒藏善本書籍」、「葉啓發」、「東明」印。

雲莊張文忠公休居自適小樂府一卷

元張養浩撰。明成化刻本。黑口。成化庚子艾俊、金潤序。有「休寧朱之赤珍藏」、「卧菴所藏」、「毛晉」、「毛扆」、「斧季」、「汲古主人」、「汲古閣」印。

梨園按試樂府新聲三卷

不著編輯名氏。明毛子晉影鈔宋本。半葉十七行，行三十字。墨格。有「毛晉」、「黄蕘圃」印。

李氏手跋曰：「《按試樂府新聲》三卷，影宋鈔本。皆當日梨園所譜雜劇，但諸家著録所未及，不得不以爲秘本。是書有黄蕘圃圖記，爲士禮居舊藏，惜無題跋，無可考證。昔明李中麓家藏詞曲最富，名『詞山曲海』，蕘圃倣之，爲『小山海居』。余所得此本外，有《太平樂府》、《南峰樂府》，皆黄氏所藏，亦足見搜羅之美備矣。丁亥二月，得於邗市，盛鐸記。」

張玉田詞二卷

宋張炎撰。明林氏鈔本。半葉十行，行二十三字。藍格。板心上刊「水竹居漫鈔」五字，下刊「楲東林氏藏」五字。書衣題曰：「鈔本《玉田詞》。吴嘉椿題，應上之尊兄屬。」有「嘉定錢生」、「臣侗之印」。

鶴山長短句一卷

宋魏了翁撰。清陳江皋、勞棨卿校舊鈔本。半葉十行，行十九字。

勞氏手跋曰：「鶴山詞雖非當行家，當其合作，語氣故自高曠。唯應酬之作存之太多，爲可憎耳。通卷不標詞調，或於題中間著一二，殊不可解。此津門查蓮坡藏本，吾鄉陳江皋先生所校，十餘年前購之。頃王吉甫持來屬校，對勘一過，補缺詞一闋，彼此俱各正誤焉。道光甲辰九月十三日，勞權手識〔一〕。」

「乾隆八年三月寒食日，勞鶚校畢。」

朱氏手跋曰：「宣統辛亥，依宋本《大全集》再校。宋本孫問清所藏，百宋一廛故物也。彊村記，時三月三日。」

吴氏手跋曰：「右查蓮坡舊藏《鶴山先生長短句》，所據明安國本，中缺三葉，而詞調適相接，故陳江皋、勞羼卿遞校均未之覺。昌綬得安本亦多殘缺，獨此三葉幸存，排比行款，迻録别紙，寄彊村侍郎從江寧圖書館本補完缺字，手寫卷中。又假孫檢討宋本重校一過，距江皋初校時百六十九年，始成善本。昔黄叔暘謂《鶴山集》皆壽詞之得體者，竹垞《詞綜》遂云華父非此不作，殆未詳檢全集耶。附書卷尾，以雪古人之誣。宣統辛亥六月，京師寓齋昌綬記。」

「宣統己酉十一月望，甘遯再校。」

有「羼卿」、「吴昌綬」、「伯宛藏書」、「澹室藏本」印。

〔一〕「鶴山詞雖非當行家」：「當」原作「嘗」；「吾鄉陳江皋先生所校」：原脱「所」字；「十餘年前購之」，原文「年」後衍「來」字；「彼此俱各正誤焉」：「彼此俱」原作「□去」，「焉」原作「字」，據《丁丑叢編》本《勞氏碎金》校正。

宋二家詞清勞曁卿校趙氏小山堂鈔本。

演山先生詞二卷黄裳相山居士詞一卷王之道。

勞氏跋曰：「《相山詞》一卷，《書録解題》著録長沙百家詞本，即此本也。《宋史·藝文志》附集本，名《相山長短句》，且二卷。今四庫館纂修《大典》集本有《詩餘》三卷，較此少二十餘闋。而《如夢令·如張文伯木犀》一闋、《采桑子·孫中益集於西齋》一闋、《菩薩蠻·采蓮語》一闋、《賀新郎·送鄭宗承》一闋，可補此本之佚。《一剪梅》後半脱句賴以補全，其它脱誤亦改正不少。《相山詞》長調雋爽，小令尤婉秀，微嫌存之稍濫耳。咸豐癸丑五月晦，飲香詞隱勞曁卿力疾校畢題記。穠女來滬喜亭問疾，是月小盡。」

有「曁卿」、「勞季言」、「木芙蓉館」、「方功惠審定」印。

宋四家詞

烘堂集一卷盧炳　審齋詞一卷王千秋

杜壽域詞一卷杜安世　知稼翁詞一卷黃公度

清錢遵王校明鈔本。半葉八行，行二十字。書衣韓氏朱書題曰：「咸豐□□□，得于士禮居。錢遵王校并補闕文。」

錢氏手題曰：「戊午又三月十四日，述古主人錢遵王讎校一過，補録闕文。」有「虞山陸袠」、「冶先」、「陸貽袠」、「清暉館」、「黄丕烈」、「蕘圃」、「孫祖詒」、「古婁韓氏應陛載陽父子珍藏善本書籍記」印。

典雅詞十種

雙溪詞馮取洽　袁宣卿詞袁去華　程文簡公詞程大昌　撫掌詞歐良

燕喜詞曹冠。淳熙丁未陳、詹二序。　拙菴詞趙𤄲志　碎錦詞李好古。附補遺。　東澤綺語張輯。附補遺。

清江漁譜張輯　梁溪詞李綱。嘉熙元年劉克遜序。附補遺。

清勞季言手鈔本。書衣題曰：「咸豐壬子夏，知不足齋藏曝書亭傳録宋鈔本影寫。丹鉛生題。」有「勞權」、「丹鉛精舍」印。

朱竹垞跋曰：「《典雅詞》不知凡幾十册，予未通籍時得一册于慈仁寺。集𠕁皆羅紋，惟書法潦草，蓋宋時胥吏所鈔南渡以後諸公詞也。後予分纂《一統志》，崑山徐尚書請于朝，權發明文淵閣書用資考證，大學士令中書舍人六員編所存書目，中亦有《典雅詞》一册。予亟借鈔其副，以原書還庫，始知是編爲中秘所儲也。既而工部郎靈壽傅君以家藏鈔本詞一册貽予，則尺度題牋與予曩所購無異。考正統中《文淵閣書目》，止著《諸家詞》三十九册，而無『典雅』之名，疑即是書，著録者未之詳爾。予所得不及十之二，合離聚散之故可以感已。」

十家宫詞十二卷

宋陳氏書棚刻本。存《宣和御製詞》三卷、《張公庠詞》一卷、《王仲修詞》一卷、《周彦質詞》一卷。半葉十行，行十八字。白口。宋諱「慎」、「敦」字，皆缺筆。

王建、花蕊夫人、王珪、和凝、宋白、張公庠、周彦質、王仲修、胡偉集句各一卷，宣和三卷。

宋金元六十九家詞明鈔本。藍格。附《花間集》不全。

東坡詞二卷蘇軾。附補遺。
樂章集三卷柳永
渭山詞二卷陸游
白石詞選一卷姜夔
逃禪詞一卷楊旡咎
竹山詞一卷蔣捷
稼軒詞丙集辛棄疾
竹屋癡語一卷高觀國
知稼翁詞一卷黄公度
西樵語業一卷楊炎正
孏窟詞一卷侯寘
初寮詞一卷王安中
蘆川詞一卷張元幹
石屏詞一卷戴復古
省齋詩餘一卷廖行之
苕溪詞一卷劉一止
簡齋詞一卷陳與義
斷腸詞一卷朱淑真
石林詞一卷葉夢得
丹陽詞一卷葛勝仲
東山詞一卷賀鑄
樵隱詩餘一卷毛幵
竹洲詞一卷吴儆
蘆溪詞一卷王廷珪
溪堂詞一卷謝逸
平齋詞一卷洪咨夔
歸愚詞一卷葛立方
王周士詞一卷王以凝
竹坡老人詞三卷周紫芝
東浦詞一卷韓玉
滄浪詞一卷嚴羽
于湖長短句五卷張孝祥
竹齋詞一卷黄機
審齋詞一卷王千秋
姑溪詞一卷李之儀
竹友詞一卷謝邁

克齋詞一卷沈端節	樵歌二卷朱敦儒	鶴山詞一卷魏了翁
梅溪詞一卷史達祖	龍川詞一卷陳亮	文溪詞李昂英
履齋詩餘一卷吴潛	相山詞一卷王之道	酒邊詞一卷向子諲
澗泉詩餘二卷韓淲	坦菴長短句一卷趙師俠	片玉集十卷周邦彦
空同詞一卷洪瑹	烘堂詞一卷盧炳	僑菴詩餘一卷
信齋詞一卷葛剡	龜峰詞一卷陳經國	笑笑詞一卷郭應祥
虚靖詞一卷張繼先	玉林詞一卷	夢菴詞一卷
樂齋詞一卷向滈	虚齋樂府二卷趙以夫	金谷音一卷石孝友
得全居士詞一卷趙鼎	遯菴居士詞一卷金段成己	菊軒居士詞一卷金段克己
雲林樂府一卷元倪瓚	松雪詞一卷元趙孟頫	圭塘詞一卷元許有壬
玉笥山人詞一卷元張憲	白雪詞一卷	秋澗詞四卷元王惲

樂齋詞毛氏題曰：「乙未人日，從顧裕愍家藏本校一過。毛扆。」

秋澗詞「己未七月二十八日，借俞邰集本校于大江舟次。毛扆。」

毛氏朱筆手跋曰：「乙丑六月十一日，從周氏舊録本校一過。《百字謡》周本亦缺，更脱《水調歌頭》三首耳。次序俱標于上，然無足取。彼爲分調，此則編年，當以此本爲勝也。校畢，雨窗漫紀。毛扆。」「戊申重陽前四日，從錫山秦翰林留仙得鈔本宋元詞十四册，中有《秋澗詞》一卷，即此册也，惜逸其後三卷。後十年，己酉中元後二日，復過錫山，訪于孫氏，又得宋元詞五十餘册，中有《秋澗詞》兩卷。是時薄遊金陵，即攜至秦淮寓中。適訪黄俞邰藏書，見《秋澗文集》，自八十四卷至八十七卷載樂府四卷，因與借歸。其孫氏所得二册即於歸舟校過，此册到家校之，其第四卷並擬舊式刻一格紙，命桐子鈔補，遂成完書矣。己未八月初三日，虞山毛扆識于汲古閣下。」

陸氏手跋曰：「前三卷黼季已校過，并此卷重用集本校一過。己未九月十有八日，觀菴典記。」

有「毛晉」、「子晉」、「汲古主人」、「汲古閣」、「西河季子」、「士禮居」印。

幼髯傳奇三種

東城老父鬬鷄懺傳奇二卷　璿璣錦雜劇一卷

女專諸雜劇一卷嘉慶五年序。

清孔廣森撰稿本。乾隆五十九年自序。

孔氏手跋曰：「右《東城老父鬭鷄懺傳奇》，草創于丙申，脱稿于甲寅。甲寅而後訖于辛未，稿又十有四易。前諸稿紕繆太甚，惜深藏，愧良賈，多爲戚友攜去，每礫然于心。雖未敢以此爲定本，然前稿瑕疵似已十之八九，智盡能索，窮乎技已。愛我者幸將前攜去悉付丙丁，爲藏拙乎！此本已清録，游戲翰墨，中更别之，以應索觀者。嘉慶十八年歲癸酉長至之辰，幼髯識。」

新編四季五更駐雲飛一卷

不著編輯名氏。明成化刻本。題作大字，黑口。卷末有成化□□「金臺魯氏刊本」六字木記。

跋一

右《文禄堂訪書記》五卷，爲吾友王晉卿文進所纂也。晉卿業於書，少稱穎悟，博聞强記，恂恂然如學者，士大夫皆樂與之游。癸酉春，獨營書肆於琉璃廠。先文和公素稱之，曾贈以聯額，深致期許。晉卿每得佳刊善本，輒奉而請益，公亦樂爲講述，諄諄無倦容。晉卿觸類旁求，反復問難，必盡知其所不知者乃止。公嘗謂，廠肆中業書者固多，然誠能考其源流、别其真僞者，昔有正文齋之譚篤生及勤有堂之楊維周，今則晉卿一人而已。其得公稱許者如是。故其出入吾家，儼然立雪者二十餘年。晉卿既博於聞見，有所得輒記之，三十年來未嘗輟筆，積稿盈尺，今取其中之精確者若干種，勒爲五卷，爰以聚珍印行，以代抄胥。余嘗思人莫不有所業，能擇其業而業之實難，又能不負其所業爲尤難，至於更以其所業而能傳世益人者，世有幾人哉！昔者王承福、郭橐駝者皆能不負其所業者也，考其嘉言善行皆足以傳世益人，而以其所業微賤莫能自傳，必待賢士大夫而爲之傳焉，不然將碌碌等於衆，與草木同腐耳。晉卿幼而好學，擇業不違其志，其志高而識遠，豈世之孶孶爲利者所得平視？並昔者圬藝之賢亦且遠而過之。坐擁百城，寢饋典册，目不暇瞬，手不停披，口不絶談，晉卿之志遂矣！而其學境之造詣日進矣！故其言辭容止，粹然學者之風。樂其志，安其素，知其所養者敦厚醇深也。謂其善擇業，更能不負其所業，豈爲過行之譽乎！慨夫古之經史典籍，代增剞劂，浩瀚如雲海，佳刊絶本，率皆珍粹，流佚蕩失，識者惋傷。而有好古之士偶得酉編，什襲庋藏，視等瓌寶，秘不示人，乃使古之吉光，無聞於後世。先文和公嘗云，古人著述所以輔翼名教，津梁後學者也，不可自我而絶，故一生藏書雖富，未嘗私秘。晉卿知公之志，而思所以傳世益人者，故有《訪書記》之作，余曷能不感且喜哉！且其《記》中考證精碻，實勝於近世錢聽默、何厚甫輩，直可與宋之陳道人思後先媲美。闡幽紹絶、嘉惠士林之功豈稱淺鮮，其可信今傳後，若持左券。辛巳春，余調長燕京道篆，因復與之往還甚密。書成出以示余，乃力勸付印。今觀其成，爲述其淵源，以爲跋尾。

倉龍壬午上元節，德化李劭暐鄴亭父識。

跋 二

歲在壬午，《訪書記》編成。所見四部，凡北宋本一，南宋本二百五十八，金本十三，元本九十九，明本八十三，明銅活字本十六，校汲古閣本十五，清刻本十五，宋鈔本二，元鈔本二，明鈔本六十九，毛鈔本十三，名人手鈔本二十八，清黄蕘圃校本三十五，各家校鈔本一百九，都七百五十餘種，附唐人寫經三卷。人間秘笈，未爲全豹，然荏苒三十年，間關五千里，專心致力，夙夜于茲，蔽帚自珍，不賢識小，緬懷往迹，可略陳焉。余著籍河北省之任邱縣，家世農業。八歲失怙，又值拳匪之亂，農田荒蕪，惟恃吾母十指以存活。十一歲，入鄉塾，得略識字。十三歲，以貧輟業。長兄子龢設德友堂書肆于京師文昌會館，招余來學，時光緒三十二年九月也。日司炊事，躬執賤役，以其餘閒，學裝訂，習修補，于目録蓋闇然也。辛亥以後，始委司交易，乃漸解分别板本。民國十四年，余别設文禄堂于東南園。十七年，長兄病歿，德友堂遷新華街。二十二年，文禄堂遷琉璃廠，以至于今。寄迹書林，粗識板本，販鬻所接，罔非士林，挹彼口角之餘，成吾耳食之學。曾記宣統三年夏季，譚公組菴爲宋本《北磵集》來，蒙賜聯扇，命字晉卿。癸丑冬季，董公綬經因宋本《草窗韻語》至，交易而還，頗見賞譽。自時厥後，以書來往者，則有德化劉公幼雲、莆田江公杏村、江陰繆公筱珊、夏公潤枝、番禺徐公固卿、揭陽曾公剛甫、長沙鄭公叔進、汾陽王公書恒、遼陽楊公雪橋、湘潭周公印昆、袁公伯夔、貴筑姚公茫父、漢陽李公星樵、武進陶公蘭泉、南陵徐公積餘、武林葉公揆初、許公季湘、慈谿李先生鄼侯、閩侯陳先生人鶴、丹徒吴先生眉孫、江都秦先生曼青、衡陽陳先生澄中、武進陶先生北溟、吴興張先生葱玉、長樂鄭先生西諦、烏程蔣先生穀孫、南宫邢先生詹亭、武强賀先生性存。其掌國家藏書，得藉瞻仰，而又兼收藏者則有傅公沅叔、徐先生森玉、趙先生斐雲。其往來日久，時聆績論，俾有所知，則有李公木齋、朱先生翼盦、張先生庾樓、周先生叔弢、彦先生明允。承其參校指正者劉先生雲平、顧先生起潛、趙先生元方。若吴江沈先生羹梅，博學通識，余昔年嘗乞張重威先生爲余介，執贄門下，先生不以余不學而屏之，侍坐年餘，指示途徑，自慚負販少暇，終無所成，有負師門矣。至于藏書家歷年散出者，如民國戊午南皮張氏，丙寅臨清徐氏，次有海豐吴氏，庚午聊城楊氏，癸酉松江韓氏，庚辰江寧鄧氏，其虞山瞿氏鐵琴銅劍樓藏宋本十種，甲戌見於武林王先生綬珊之九峰舊廬。凡遇目善本，必極力收購，雖以販鬻爲歸，不無賞奇之癖也。此編所記，衹詳板本，不俾流略，余終愧焉。昔李南澗叙琉璃廠書肆至數十家，今無存者；錢聽默與黄蕘圃往來數十年，乃一無記述，考古者每以爲憾。余賈人也，豈敢望南澗，今茲所述，雖謏聞小識，或可補聽默之遺乎。

中華民國三十一年壬午六月望日，任邱王文進晉卿謹識。

參考文獻

卷一

五經　明覆宋刻白文小字本
周易正義十四卷　宋監刻《五經》單疏本
周易注疏十三卷　宋紹熙浙東庾司刻本
周易本義十二卷　宋臨安刻本
易傳六卷　宋江西刻大字本
大易粹言七十卷　宋劉叔剛刻本
周易傳義附録十七卷　元至正刻本
周易會通十四卷附録一卷　元建刻本
李氏易傳十七卷　清朱秋崖校雅雨堂刻本
易翼述信不分卷　清陳昌圖校舊鈔本

尚書十三卷　宋刻本

尚書注疏二十卷　宋紹熙浙東庾司刻本

尚書集傳六卷拾遺一卷　宋刻大字本

會通館校正音釋書經十卷　明華燧刻活字本

毛詩注疏二十卷　金平水刻本

詩集傳二十卷　宋臨安刻本

毛詩不分卷　宋建刻巾箱本

呂氏家塾讀詩記三十二卷　宋建刻本

詩經疑問七卷　清初影鈔元本

毛詩旁注四卷　元建刻本

明經題斷詩義矜式十卷　元建刻本

詩經不分卷　清郭仲穆手鈔本

周禮十二卷　宋相台岳氏刻本

纂圖互注周禮十二卷　宋建刻本

纂圖重言重意互注周禮十二卷　宋麻沙刻本

周禮疏五十卷　宋紹熙浙東庾司刻本
周官講義十四卷　宋臨安刻本
𩇕齋考工記解二卷　宋江西刻本
儀禮注疏十七卷　清吴志忠校汲古閣刻本
儀禮十七卷儀禮圖十七卷旁通圖一卷　元謝子祥合刻本
儀禮集説十七卷　元大德刻本
儀禮鄭注句讀十七卷　清舊鈔本
儀禮正義四十卷　清道光木犀香館刻本
禮記二十卷　宋刻大字本
禮記釋文四卷　宋淳熙撫州公使庫刻本
纂圖互注禮記二十卷　宋建刻本
京本點校附音重言重意互注禮記二十卷　宋刻巾箱本
監本纂圖重言重意互注禮記二十卷　宋建刻本
禮記正義七十卷　宋紹熙浙東庾司刻本
禮記注疏六十三卷　清吴志忠录校汲古閣刻本

附釋音禮記注疏六十三卷　清彭元瑞校和珅影覆宋劉叔剛本
禮記集説一百六十卷　宋紹定刻本
大戴禮記十三卷　元至正刻本
文公家禮十卷　宋建刻本
皇朝五禮精義注十卷　清初鈔本
春秋經傳集解三十卷　宋蜀刻大字本
京本點校附音春秋經傳集解三十卷　宋建刻巾箱本
附釋音春秋左傳注疏六十卷　宋劉叔剛刻本
春秋經左氏傳句解七十卷　元建刻本
左氏傳説二十卷　明藍格鈔本
公羊穀梁不分卷　宋合刻白文小字本
春秋公羊注疏二十八卷　清姚世鈺校汲古閣刻本
春秋穀梁注疏二十卷　清姚世鈺校汲古閣刻本
春秋傳三十卷　宋豫章官學刻本
春秋胡氏傳纂疏三十卷　元建刻本

春秋集注十一卷綱領一卷　宋臨江刻本
春秋諸國統紀六卷　元建刻本
春秋諸傳會通二十四卷　元至正刻本
春秋金鎖匙一卷　清吴兔床校鈔本
鄭志三卷　清吴兔床、陳仲魚校武英殿聚珍活字本
經典釋文三十卷　清王菉友校通志堂刻本
新編十一經問對五卷　元至正刻本
經傳考證八卷　清許印林校原刻本
中庸或問二卷　元至元泳澤書院覆宋本
論語十卷　元至元泳澤書院覆宋本
監本纂圖重言重意互注論語二卷　宋建刻本
尹和靖論語解二卷　明祁承㸁鈔本
論語注疏解經二十卷　宋紹熙浙東庾司刻本
孟子注疏解經十四卷　宋紹熙浙東庾司刻本
孟子集注十四卷　宋浙刻本

四書經疑問對八卷　元至正刻本
四書通證六卷　明毛子晉影鈔元本
瑟譜十卷　明毛子晉鈔本
樂述三卷　清毛乾乾稿本
爾雅三卷　元平水刻本
刊謬正俗八卷　清何義門校舊鈔本
群經音辨七卷　宋汀州刻本
急就篇不分卷　清黄丕烈校明鈔本
説文解字三十卷　宋乾道刻本
説文篆韻譜五卷　元延祐刻本
説文解字注匡謬不分卷　清徐承慶撰稿本
佩觿三卷字鑒五卷　清何小山校張氏澤存堂刻本
古器款識二卷　明沈竹東手鈔本
復古編二卷　元至正刻本
班馬字類二卷　清馬氏小玲瓏山館覆宋本

龍龕手鑒四卷　宋浙刻本
六書正譌五卷　元至正刻本
隸韻十卷　宋刻拓本
漢隸分韻七卷　元至正刻本
廣韻五卷　元泰定刻本
增修互注禮部韻略五卷　宋嘉定國子監刻本
附釋文互注禮部韻略五卷條式一卷　清初影鈔宋本
善本排字通并禮部韻略五卷　元至正刻本
書學正韻三十六卷　元浙江儒學刻本
古今韻略五卷　清王西莊校宋犖刻本
四聲韻譜不分卷　清楊錫震輯稿本
六藝綱目二卷附录一卷　明毛子晉影鈔元本

卷二

史記一百三十卷　宋乾道刻本

漢書一百二十卷　宋紹興刻大字本
後漢書一百二十卷　宋紹興刻大字本
三國志六十五卷　宋蜀刻小字本
晉書一百三十卷　宋秋浦郡齋刻大字本
宋書一百卷　宋紹興刻大字本
南齊書五十九卷　宋紹興刻大字本
陳書三十六卷　宋紹興刻大字本
魏書一百十四卷　宋紹興刻大字本
唐書二百二十五卷釋音二十五卷　元大德九路刻本
石壁精舍音注唐書詳節□□卷　宋建刻巾箱本
五代史記七十五卷　宋慶元刻本
遼史一百十六卷　元大德九路刻本
竹書紀年一卷　明馮巳蒼校鈔本
漢紀三十卷後漢紀三十卷　清黄丕烈校明黄省曾刻本
資治通鑑二百九十四卷　宋建刻本

資治通鑑釋文三十卷　宋建刻本
陸狀元集百家注資治通鑑詳節一百二十卷　元建刻本
司馬温公經進稽古録二十卷　清黄丕烈校明弘治刻本
資治通鑑綱目五十九卷　宋浙刻大字本
續資治通鑑節要十三卷　宋乾道刻本
皇朝中興繫年要録節要□□卷　宋乾道刻本
通鑑紀事本末四十二卷　宋湖州刻大字本
三朝北盟會編二百五十卷　明王肯堂鈔本
古史六十卷　宋衢州刻本
契丹國志二十七卷　清汪士鐘影鈔元本
大金國志四十卷　明天一閣鈔本
國語二十一卷　清陸敕先、葉石君校景宋明道本
國語補音三卷　清何小山校明刻本
新雕重校戰國策三十三卷　宋剡川刻本
鮑氏國策十卷　宋浙刻本

貞觀政要十卷　明洪武刻小字本
東觀奏記三卷　清吴枚庵手鈔本
唐余紀傳二十四卷　明陳霆輯刻本
建炎時政記三卷　清黄丕烈校舊鈔本
建炎復辟記一卷　明姚舜咨手鈔本
靖康孤臣泣血録不分卷　清黄丕烈校明萬曆刻本
金國南遷录一卷　清黄丕烈校舊鈔本
皇明肅皇外史四十六卷　明吕新吾鈔本
石林奏議十五卷　明毛子晉影鈔宋本
國朝諸臣奏議一百五十卷　宋淳祐刻本
會通館校正宋諸臣奏議一百五十卷　明華燧刻活字本
晏子春秋四卷　明郭紹孔校鈔本
韓文公别傳注一卷　元祥邁注刻本
劉向古列女傳八卷　清黄丕烈據宋校明黄魯曾刻本
五朝名臣言行録五集宋麻沙刻本

四朝名臣言行録□□卷　宋刻巾箱本
新刊名臣碑傳琬琰之集一百七卷　宋建刻本
唐才子傳十卷考异一卷　清陳仲魚校陸香圃刻本
天順元年進士登科録不分卷　明天順官刻本
皇明獻實三十九卷　明鈔本
郭天錫日記不分卷　清鮑以文校鈔本
文文肅公日記不分卷　明文震孟手寫本
漢雋十卷　宋乾道刻本
通鑒總類二十卷　宋潮陽刻本
南詔野史一卷　明祁承㸁鈔本
釣磯立談一卷　清王乃昭手鈔本
蜀檮杌二卷吴曦之叛一卷　清黄丕烈校舊鈔本
滇載記一卷　明祁承㸁鈔本
宋遺民録十五卷　清黄丕烈校吴枚庵手鈔本
南夷書一卷　明鈔本

元和郡縣圖志四十卷　清陳仲魚校陳冶泉鈔本
新編方輿勝覽七十卷　宋建刻本
大元大一統志一千卷　元官刻大字本
新定九域志十卷　清吴兔床校鈔本
剡録十二卷　清黄丕烈校傳鈔宋本
四明志二十一卷　宋浙刻本
景定建康志五十卷　清錢大昕鈔本
咸淳臨安志一百卷　宋刻大字本
至元嘉禾志三十二卷　清黄丕烈校袁又愷鈔本
至正金陵新志十五卷　元奉元路學古書院刻本
江都縣志二十三卷　明刻本
武功縣志三卷　明刻本
茅山志十五卷　元張雨寫刻本
水經四十卷　明鈔本
肇域記六卷　清韓應陛録校舊鈔本

吴地記一卷　明鈔本
桂林風土記一卷　清吴枚庵手鈔本
會稽三賦一卷　宋史鑄注刻大字本
大唐西域記十二卷　明文氏玉蘭堂鈔本
宣和奉使高麗圖經四十卷　清叶石君鈔本
真腊風土記一卷　清吴枚庵手鈔本
中興館閣録十卷續录十卷　清黄丕烈据宋校錢大昕手鈔本
大唐六典三十卷　宋臨安刻本
通典二百卷　宋浙刻本
西漢會要七十卷　宋嘉定刻本
東漢會要四十卷　宋寶慶刻本
漢官儀三卷　宋臨安刻本
大唐開元禮一百五十卷　清黄中理鈔本
故唐律疏議三十卷　元至順刻大字本
内閣藏書目八卷　清錢遵王鈔本

國史經籍志六卷　清金俊明手鈔本
千頃堂書目三十二卷　清吴兔床校鈔本
讀書敏求記四卷　清胡菊圃校沈明經刻本
欽定天禄琳琅書目十卷　清陳仲魚校鈔本
存素堂書目四卷續一卷書畫録一卷　清鈔本
隸釋二十七卷　明秦四麟鈔本
石刻補叙二卷　明鈔本
蘭亭續考一卷　宋浙刻大字本
寶刻叢編二十卷　宋鈔本
秦漢印存不分卷　清馬搗莽鈐本
史通二十卷　清汪由敦校明萬曆刻本
致堂讀史管見三十卷　宋衡陽郡學刻本
舊聞證誤四卷　明毛子晉影鈔宋本

卷三

荀子二十卷　宋監刻本
劉向新序十卷　清黄丕烈據宋校明刻本
説苑二十卷　宋浙刻本
揚子法言十三卷音義一卷　宋監刻本
顔子七卷附录一卷　元大德刻本
程氏遺書二十五卷附録一卷　宋淳祐刻本
晦庵先生朱文公語録四十三卷　宋浙刻本
朱子成書十集　元刻本
新編音點性理群書句解十八卷　元建刻本
大學衍義四十三卷　宋端平刻小字本
胡子知言六卷附録一卷疑義一卷　明嘉靖正心書院刻本
十一家注孫子三卷　宋乾道刻本
司馬法集解三卷　明成化馮氏刻本

武經龜鑒二十卷　宋浙刻本

張氏集注百將傳一百卷　宋浙刻本

韓非子二十卷　明刻《道藏》本

宋提刑洗冤集録五卷　元余氏勤有堂刻本

齊民要术十卷　清邵浪仙據宋校明刻本

黄帝内經素問二十四卷　金平水刻本

經史證類大觀本草三十卷　元大德刻本

醫説十卷　宋嘉定刻本

備全總效方四十卷　宋臨安刻本

新編歷法集成四卷　元刻本

五曹算經五卷附數术記遺一卷算學源流一卷　宋汀州刻本

太玄經十卷　清袁又愷鈔本

玉靈聚義五卷　元天曆刻本

監本補完地理新書十五卷　宋刻本

洪範政鑒十二卷　宋内府寫本

法書要録十卷　明王敬美手鈔本
米元章書史一卷　宋刻《百川學海》本
圖繪寶鑒五卷補遺一卷　元至正刻本
清河書畫舫十一卷　清宋賓王校就堂和尚手鈔本
一角編不分卷　清鮑以文手鈔本
琴史六卷　清吴尺鳧校明鈔本
嘯堂集古录二卷　宋淳熙刻本
文房四譜五卷　清黄丕烈校舊鈔本
頤堂先生糖霜譜一卷　明趙清常鈔本
鶡冠子三卷　明碧雲館刻活字本
新刊淮南鴻烈解二十一卷　宋茶陵譚氏刻本
獨斷二卷　明弘治刻本
東觀余論二卷　宋紹興刻本
猗覺寮雜記二卷　清吴枚庵録何義門据宋校鈔本
西溪叢語二卷　清黄丕烈校明鈔本

容齋隨筆十六卷續筆十六卷三筆十六卷四筆十六卷五筆十卷　明華燧刻活字本

程氏演繁露十六卷續演繁露六卷　明姚舜咨手鈔本

蘆浦筆記十卷　清初鈔本

賓退録十卷　明鈔本

困學紀聞二十卷　元泰定刻大字本

灌畦暇語一卷　明王肯堂鈔本

宋景文筆記三卷　清吴枚庵鈔本

古迂陳氏家藏夢溪筆談二十六卷　元大德陳仁子刻本

珩璜新論一卷　明王肯堂鈔本

春渚紀聞十卷　明范氏天一閣鈔本

石林燕語十卷　明正德刻本

墨莊漫録十卷　明唐六如校鈔本

新刊履齋示兒編二十三卷　元江西刻本

愧郯録十五卷　宋浙刻本

湛淵静語二卷　清張充之手鈔本

守溪筆記一卷　明王肯堂鈔本
焠掌録二卷　清汪啓淑輯刻本
談叢四集　明鈔本
玉堂綵鑒八种　明蜀藩五色繪圖寫本
碧溪叢書　清初鈔本
菊徑漫談十四卷　明刻本
疑砭録二卷　清吴枚庵手鈔本
類説五十卷　明祁承㸁鈔本
重刊增廣分門類林雜説十五卷　元鈔大定本
新雕白氏六帖事類添注出經三十卷　宋衢州刻本
標題徐狀元補注蒙求三卷　宋臨安刻本
册府元龜一千卷　宋蜀刻本
藝文類聚一百卷　明華氏蘭雪堂活字本
古賢小字録一卷　明王肯堂鈔本
回溪先生史韻四十二卷　宋江西刻本

前漢六帖十二卷　宋江西刻本

古今合璧事類備要前集六十九卷後集八十一卷續集五十六卷别集九十四卷外集六十六卷　宋建刻本

新箋决科古今源流至論前集十卷後集十卷續集十卷别集十卷　元延祐刻本

漢唐事箋對策機要十二卷後集八卷　元至正刻本

姬侍類偶一卷　清吴枚庵校鈔本

西京雜記六卷　清黄丕烈校明萬曆陝西布政司刻本

唐國史補三卷　清葉石君鈔本

南部新書十卷補遺一卷　清毛斧季校鈔本

歐陽文忠公歸田録二卷　明刻活字本

萍州可談三卷　清徐氏傳是樓鈔本

邵氏聞見録二十卷　清陳仲遵據宋校鈔本

清波雜志十二卷　宋慶元刻本

玉壺清話十卷　明鈔本

畫墁録一卷　清胡心耘校明鈔本

冀越集二卷桐宅管説一卷　清黄丕烈校吴枚庵手鈔本
經鋤堂雜志八卷　明姚舜咨手鈔本
穆天子傳六卷　清顧抱冲據宋校明范欽刻本
茅亭客話十卷　清黄丕烈據宋校明鈔本
劇談録二卷　清黄丕烈校汲古閣刻本
青瑣高議前集十卷後集十卷别集七卷　明鈔本
新刻夷堅志十集　清繆藝風校清初鈔本
述异記一卷　清葉石君校明覆刻宋本
一切經音義二十六卷　清莫友芝鈔北藏本
釋藏六种　金平水刻本
顯揚聖教論二十卷　唐寫本
佛説阿彌陀經一卷附阿彌陀佛説咒　唐寫本
妙法蓮華經七卷　唐寫本
大積寶經一百二十卷　宋粤刻摺本
撰集百緣經十卷　宋福州刻摺本

首楞嚴經十卷　宋福州刻本

大佛頂首楞嚴經會解十卷　元刻本

六祖大法師寶壇經一卷　元刻本

景德傳燈録三十卷　宋紹興台州刻本

嘉泰普燈録三十卷　宋嘉定刻本

太上靈寶感應篇詳解八卷　宋嘉熙刻本

翻譯名義集七卷　宋吴郡刻本

注心賦四卷　宋紹興刻本

端必瓦成就同生要一卷　清錢遵王鈔本

四分律行事鈔資持記□卷　宋明州刻本

雲峰悦禪師語録一卷　宋刻本

鎮州臨濟慧照禪師語録一卷　宋刻本

密庵語録一卷　宋臨安刻本

紹興重雕大藏音三卷　宋刻本

雪竇和尚拈古一卷瀑泉集一卷　宋刻本

新雕大唐三藏法師取經記一卷　宋刻本
慶元府阿育王山廣利禪師語録一卷　宋刻本
舒州梵天琪和尚注永嘉證道歌一卷　宋刻本
大慧普覺禪師普説一卷　宋刻本
大慧普覺禪師年譜一卷　宋寶祐刻本
永明智覺禪師方大寶録一卷　宋刻本
雪堂行和尚拾遺录一卷　宋臨安刻本
邛山偈一卷　金平水刻本
廬山蓮宗寶鑒十卷　元至正刻本
析疑論一卷　元至元刻本
湖州雙髻禪語録一卷杭州西天目山師子禪院語録一卷示禪人語一卷　元杭州刻本
迴光和尚唱道一卷　元至元刻本
老子二卷　明錢磬室手鈔本
道德真經指歸六卷　清黄丕烈據《道藏》校胡震亨刻本
南華真經十卷　宋蜀刻大字本

分章標題南華真經十卷　宋建刻本
莊子鬳齋口義十卷　宋建刻本
列子鬳齋口義二卷　宋建刻本
文子纘義十二卷　清盧抱經據《道藏》校武英殿聚珍本
三十代天師虚靖真君集一卷　清黄丕烈校舊鈔本
雲笈七籤一百二十二卷　金平水刻本
棲霞長春子丘神仙磻溪集三卷　金平水刻本

卷四

楚辭集注八卷後語六卷辨證二卷　宋嘉定同安郡齋刻大字本
离騷草木疏四卷　清方甘白手鈔本
蔡中郎文集十卷外傳一卷　明華氏蘭雪堂刻活字本
新刊蔡中郎伯喈文集十卷詩集二卷獨斷二卷　明鄭氏覆刻蘭雪堂本
曹子建文集十卷　宋江西刻大字本
陶靖節先生文集十卷　宋江西刻大字本

陶靖節先生詩四卷　宋湯漢注刻本
箋注陶淵明集十卷　元建刻本
鮑氏集十卷　明毛子晉影鈔宋本
謝宣城詩集五卷　宋嘉定刻本
梁昭明太子集五卷　清張紹仁校明遼國寶訓堂刻本
支遁集二卷　明馮巳蒼鈔本
貞白先生陶隱居文集一卷　明馮巳蒼鈔本
東皐子集三卷　清孫星衍鈔本
李太白文集三十卷　宋蜀刻小字本
分類補注李太白詩二十五卷　元勤有堂刻本
杜工部草堂詩箋四十卷　外集一卷　宋蔡夢弼箋刻本
集千家注分類杜工部詩二十五卷文集二卷　元勤有堂刻本
集千家注批點杜工部詩集二十卷文集二卷附録一卷　元會文堂刻本
孟浩然詩集三卷　宋蜀刻本
岑嘉州集四卷　宋陳氏書棚刻本

常建詩集二卷　宋陳氏書棚刻本

皇甫冉詩集二卷　宋陳氏書棚刻本

杜審言詩不分卷　宋陳氏書棚刻本

顏魯公文集十五卷補遺一卷　明安國刻活字本

隨州集十卷外集一卷　明弘治刻本

蘇州集十卷附録一卷　宋紹興刻大字本

須溪先生校點本韋蘇州集十卷附録一卷　元建刻本

毗陵集二十卷補遺一卷附録一卷　清趙坦校鈔本

陸宣公文集十卷奏議十二卷　宋蜀刻本

經進陸宣公奏議二十卷　宋郎曄注刻本

注陸宣公奏議十五卷　元劉君佐翠巖精舍刻本

新刊權載之文集五十卷　宋蜀刻本

音注韓文公文集四十卷外集十二卷　宋祝充注婺州刻本

昌黎先生集四十卷外集十卷　宋廖瑩中注刻本

朱文公校昌黎先生集四十卷外集十卷　宋朱熹注刻大字本

韓集舉正十卷外集舉正一卷　宋淳熙刻大字本
河東先生集四十五卷外集二卷　宋廖瑩中注刻本
重校添注音辨唐柳先生文集四十五卷外集二卷　宋嘉興刻大字本
劉賓客文集三十卷外集十卷　明鈔本
張文昌文集四卷　宋蜀刻本
皇甫持正文集六卷　宋蜀刻本
李文公集十八卷　清錢遵王鈔本
李元賓文集五卷　明鈔本
歐陽行周文集十卷　清龔藹人校明鈔本
孟東野詩集十卷　宋蜀刻本
長江集十卷　清錢求赤校汲古閣刻本
李長吉文集四卷　宋蜀刻本
李長吉歌詩四卷外集一卷　清何義門校明崇禎刻本
李長吉集四卷外集一卷　清黎二樵校金惟駿刻本
沈下賢文集十二卷　清鮑以文鈔本

追昔游詩三卷　明馮巳蒼鈔本

李衛公文集二十卷別集十卷外集四卷　明鈔宋本

元微之文集六十卷　宋蜀刻本

元氏長慶集六十卷　明華氏蘭雪堂刻活字本

白氏文集七十一卷　宋紹興小字刻本

白氏長慶集七十一卷　明華氏蘭雪堂刻活字本

金荃集七卷别集一卷　清毛文光校汲古閣刻本

許用晦文集二卷總録一卷拾遺一卷　宋蜀刻本

增廣音注唐郢州刺史丁卯詩集二卷　元大德刻本

丁卯集二卷續集一卷　清毛奏叔據宋校汲古閣刻本

孫可之文集十卷　宋蜀刻本

唐求詩集一卷　宋陳氏書棚刻本

麟角集一卷附録一卷補遺一卷　清丁松齋校鈔本

張承吉文集十卷　宋蜀刻本

蘇廷碩文集二十卷附録二卷隴上記一卷　清初鈔本

重刊校正笠澤叢書四卷補遺一卷續補遺一卷　清吴枚庵校馮定遠鈔本
笠澤叢書八卷　明鈔本
新雕注胡曾詠史詩三卷　宋建刻本
鄭守愚文集三卷　宋蜀刻本
雲臺編三卷　清葉石君校明嚴嵩刻本
司空表聖文集十卷　宋蜀刻本
甲乙集十卷　宋陳氏書棚刻本
李中碧雲集三卷　清錢求赤校鈔本
晝上人集十卷　明錢磬室手鈔本
徐公文集三十卷　清盧抱經校鈔本
河東集十五卷　清王蓮涇校清初鈔宋本
咸平集三十卷　明祁承㸁鈔本
忠愍公詩三卷　明謝在杭鈔本
王黄州小畜集三十卷　清宋漫堂鈔本
武溪集二十卷　清王漁洋批明嘉靖刻本

穆參軍集三卷遺事一卷　清朱臥庵鈔本

范文正公集二十卷別集四卷尺牘三卷　元天曆刻本

范忠宣公文集二十卷　元天曆刻本

古靈先生文集二十五卷末一卷　宋贛州刻本

蘇學士文集十六卷　清何義門據宋校徐七來刻本

温國文正公文集八十卷　宋紹興刻本

元豐類稿五十卷　宋刻本

歐陽六一居士文集五十卷　宋衢州刻大字本

歐陽文忠公居士集五十卷　宋周必大吉州刻本

伊川擊壤集二十卷　宋建刻本

王文公文集一百卷　宋浙刻大字本

臨川先生文集一百卷　宋紹興刻本

東萊標注老泉先生文集十二卷　宋紹熙刻本

蘇文忠公文集四十卷　宋眉山刻大字本

東坡文集四十卷　宋淳熙刻本

東坡先生奏議十五卷　宋慶元刻本
東坡先生外制集三卷　宋慶元刻本
經進東坡文集事略六十卷　宋建刻本
王狀元集諸家注分類東坡先生詩二十五卷　宋建刻本
增刊校正王狀元集注分類東坡先生詩二十五卷紀年録一卷　元建刻本
東坡先生編年詩五十卷　清查慎行注彭元瑞批香雨齋刻本
蘇文定公文集五十卷　宋眉山刻大字本
類編增廣黄先生大全文集五十卷　宋劉仲吉刻本
豫章黄先生文集三十卷外集十四卷　宋乾道刻本
山谷黄先生大全詩注二十卷外集七卷别集二卷　宋建刻本
後山先生集三十卷　清顧千里臨何義門校明弘治刻本
後山詩注六卷　宋蜀刻本
後山詩注十二卷　宋建刻本
張右史文集六十卷　清謝浦泰手鈔本
張文潛文集十三卷　清徐澹如據宋校明郝梁刻本

淮海先生文集四十卷後集六卷　宋眉山刻大字本
淮海集四十卷後集六卷長短句三卷　宋浙刻本
淮海集長短句一卷　清錢遵王、何小山據宋校明李建芝刻本
青山集三十卷　宋浙刻本
倚松老人詩集三卷　宋黄汝嘉刻本
慶湖遺老詩集九卷拾遺一卷補遺一卷　明謝在杭鈔本
謝幼槃文集十卷　清謝珊嶠校清初鈔本
西渡詩集一卷補遺一卷　清宋漫堂鈔本
松隱文集四十卷　清彭元瑞校鈔本
李學士新注孫尚書内簡尺牘十六卷　元葉氏刻本
豫章羅先生文集十七卷　元豫章書院刻本
高東溪先生文集不分卷　明建刻本
宋著作王先生文集八卷　宋舊鈔本
默堂先生文集二十二卷　清初影鈔宋本
于湖居士文集四十卷　宋嘉定刻本

宋貞士羅滄洲先生集五卷　清戈小蓮校鈔本
育德堂集五十卷内制三卷外制八卷　宋蔡氏家刻本
朱文公文集一百卷　宋江西刻本
晦庵先生文集一百卷　宋浙刻本
周益文忠公全集二百卷附録五卷　明鈔本
周益文忠公書稿十五卷　宋慶元刻本
東萊吕太史集十五卷别集十六卷外集五卷附録三卷　宋浙刻本
止齋先生文集五十一卷附録一卷　宋永嘉郡齋刻本
攻愧先生文集一百二十卷　宋樓氏家刻本
義豐文集一卷　宋淳祐刻大字本
盤洲文集八十一卷　清洪振安鈔本
新刊劍南詩稿二十卷　宋嚴州刻本
放翁先生劍南詩稿六十七卷　宋浙刻本
客亭類稿十五卷　宋刻巾箱本
南軒先生文集四十四卷　元大德刻本

瓜廬詩一卷附録一卷　明鈔本

重校鶴山先生大全文集一百十卷　宋蜀刻本

冷然齋詩集八卷補遺一卷　清鮑以文手鈔本

玉楮詩稿八卷　明宗室高唐王鈔本

竹溪鬳齋十一稿續集三十卷　明謝在杭鈔本

友林乙稿一卷　明覆刻宋本

北磵文集十卷　明謝在杭鈔本

默庵遺稿二卷　清趙一清鈔本

草窗韻語六稿　宋周氏家刻本

豫章熊先生家集七卷　清彭元瑞校鈔本

宋國史秋堂公詩文集二卷補遺一卷　清戴松門手鈔本

陵陽先生集二十四卷　清初鈔本

汪水雲詩一卷　清黄丕烈校清初鈔本

湖山類稿六卷　清黄丕烈校清初鈔本

待清軒遺稿一卷　清鮑以文校鈔本

古逸民先生集一卷　清趙氏小山堂鈔本
古梅遺稿六卷　清勞畀卿手鈔本
王梅邊集不分卷　清黄丕烈校曹古林鈔本
滏水文集二十卷附録一卷　清何義門、黄丕烈校就堂和尚手鈔本
闲闲老人滏水文集二十卷附録一卷　清陳蘭鄰校張青芝手鈔本
遺山先生詩集二十卷　明汝州刻本
遺山先生文集四十卷附録一卷　明張德輝刻本

卷五

湛然居士文集十四卷　清蔣西圃校鈔本
張文忠公文集二十八卷附録一卷　清邵二雲鈔本
虛谷桐江續集四十四卷　清孔葒谷校鈔本
月屋漫稿一卷　清王乃昭鈔本
任松鄉先生文集十卷　元至元刻本
松雪齋文集十卷外集一卷　元至元刻本

静修先生文集三十卷　元至順刻本

許白雲先生文集四卷補遺一卷附録一卷　清戈小蓮校宋賓王鈔本

秋澗先生大全集一百卷附録一卷　清金星軺校鈔本

默庵安先生文集五卷附録一卷　清劉燕庭鈔本

漢泉曹文貞公詩集十卷附録一卷　明毛子晉影鈔元本

石田先生文集十五卷　元刻大字本

雍虞先生道園類稿五十卷　明初刻大字本

道園遺稿六卷　清初鈔本

伯生詩續編三卷　元至正刻本

楊仲弘詩集八卷　元刻本

范德機詩集七卷　元刻本

淵穎吴先生集十二卷附録一卷　明初宋璲寫刻本

金華黄先生文集四十三卷　元至正刻本

順齋先生闲居叢稿二十六卷　元至正刻大字本

圭塘款乃集一卷　清鮑以文鈔本

燕石集十五卷附録一卷　清宋賓王校鈔本
吴正傳集二十卷附録一卷　明鈔本
吴禮部別集二卷　清黄丕烈校舊鈔本
薩天錫詩集三卷外集一卷　清毛破崖、沈寶研校汲古閣刻本
傅與礪文集十一卷附録一卷　明洪武刻本
滋溪文稿三十卷　元刻本
五峰集七卷補遺三卷文集一卷雁山十記一卷　清鮑以文鈔本
僑吴集十二卷附録一卷　明張習刻本
貢禮部玩齋集十卷拾遺一卷　清初鈔本
謝宗可詠物詩一卷　明蔣絢臣校鈔本
師山先生文集十一卷　元至正刻本
江月松風集十二卷續集一卷　清翁又張手鈔本
龜巢稿十五卷補遺一卷附録一卷　清宋賓王校鈔本
石初集十卷附録一卷　明鈔本
九靈山房集三十卷　明正統刻本

雲間清嘯集桂軒詩集不分卷　清王蓮涇校清崑山葉氏鈔本
牧萊脞語二十卷二稿八卷　清初鈔本
東維子文集三十卷附録一卷　元至正刻本
楊鐵崖詩稿不分卷　元楊維楨手稿本
鐵崖先生古樂府十六卷　元至正刻本
存复齋文集十卷附録一卷　明初刻本
松雨軒集八卷補遺附録　清勞録卿手鈔本
秋堂邵先生文集□卷　元刻本
拱和詩集一卷　清鮑以文校鈔本
雪崖先生詩集五卷　明初刻本
蘭雪集二卷　元舊鈔本
覆瓿集二十四卷　明初刻本
宋學士文粹十卷補遺一卷　明洪武刻本
翠屏集四卷　清初梁氏鈔本
逃虚子詩集十卷續集一卷類稿五卷　清金星軺鈔本

高太史大全集十八卷　明景泰刻本
姑蘇雜詠一卷　明洪武刻本
西庵集十卷　明弘治金蘭館刻活字本
説學齋稿附續集不分卷　清金星軺鈔本
解學士先生集三十卷　明初刻本
靜居集六卷附録一卷　明張習刻本
眉庵集十二卷補遺一卷　明張習刻本
蘇平仲文集十六卷　明正統刻本
思玄集十六卷　明弘治刻本
文肅公圭峰羅先生文集三十七卷　清錢湘靈批崇禎刻本
吴日千先生文集不分卷　清初鈔本
甘白先生文集六卷　清就堂和尚手鈔本
文選六十卷　北宋天聖明道刻本
六臣注文選六十卷　宋建刻本
增補六臣注文選六十卷　元茶陵陳仁子增注刻本

玉臺新咏十卷　明五云溪館刻活字本

河嶽英靈集二卷　宋陳氏書棚刻本

才調集十卷　明毛子晉影鈔宋本

篋中集一卷　清繆藝風據宋校明嘉靖刻本

搜玉小集一卷　明馮巳蒼校明嘉靖刻本

中興閒气集二卷　明馮巳蒼、清黄丕烈校明嘉靖刻本

竇氏聯珠集不分卷　清袁又愷鈔本

文苑二十一卷　宋淳祐刻本

文苑英華一千卷　宋臨安官刻本

文苑英華纂要八十四卷　宋嘉定刻本

會通館印正文苑英華纂要八十四卷辨證十卷　明華燧刻活字本

文章正宗二十四卷　宋江西刻大字本

文粹一百卷　宋紹興官刻本

新刊國朝二百家名賢文粹三百卷　宋蜀刻本

聖宋文選三十二卷　宋乾道刻本

類編層瀾文選前集十卷後集十卷續集十卷别集十卷　元刻本
皇朝文鑒一百五十卷　宋端平刻本
國朝文類七十卷　元劉君佐翠巖精舍刻小字本
老泉先生文粹十一卷　宋乾道婺州刻本
三蘇先生文粹七十卷　宋乾道婺州刻本
重廣眉山三蘇先生文集八十卷　宋饒州刻本
吴都文粹九卷　清初鈔本
吴都文粹續集五十六卷補遺一卷　清初鈔本
唐僧弘秀集十卷　宋陳氏書棚刻本
樂府詩集一百卷　宋紹興刻本
遯庵先生集六卷菊軒先生集五卷　清鮑以文鈔本
吴氏遺集不分卷　明吴寬撰鈔本
古樂府十卷　元刻本
分門纂類唐歌詩一百卷　清毛斧季影鈔宋本
唐詩鼓吹十卷　元日新堂刻本

唐元光嶽英華詩集十五卷　明許中麓編刻本

唐音遺響集注七卷　元刻本

詩人玉屑二十卷　宋黄氏刻本

增廣聖宋高僧詩選前集一卷後集三卷續集一卷　明毛子晉影鈔宋本

類編群英詩選前後集二卷　元至正陳氏刻本

梅礀詩話三卷　明袁陶齋鈔本

葉生詩話三卷　元陳仁子刻本

月泉吟社一卷　清林吉人手鈔本

絶妙詞選十卷　宋建刻本

增修箋注妙選群英草堂詩餘前集二卷後集二卷　明洪武刻本

酒邊集一卷　明毛子晉影鈔宋本

稼軒長短句十二卷　明嘉靖刻本

雲莊張文忠公休居自適小樂府一卷　明成化刻本

梨園按試樂府新聲三卷　明毛子晉影鈔宋本

張玉田詞二卷　明林氏鈔本

鶴山長短句一卷　清陳江皋、勞畀卿校舊鈔本
宋二家詞　清勞畀卿校趙氏小山堂鈔本
宋四家詞　清錢遵王校明鈔本
典雅詞十种　清勞季言手鈔本
十家宫詞十二卷　宋陳氏書棚刻本
宋金元六十九家詞　明鈔本
幼髯傳奇三种　清孔廣森撰稿本
新編四季五更駐雲飛一卷　明成化刻本

書名索引

（按音序排列）

D

E

F

G

H

J

K

L

T

W

X

Z